맞춤형 글쓰기

인문계열

인문계열 맞춤형 글쓰기

초판 2쇄 2020년 2월 15일

지은이 박승희·서희정·최윤정
펴낸이 노석균
펴낸곳 영남대학교출판부

출판등록 1975년 9월 5일 경산 제16-1호
주소 경북 경산시 대학로 280
전화 053) 810-1801~3
FAX 053) 810-4722
홈페이지 book.yu.ac.kr

ISBN 978-89-7581-530-0 04800

맞춤형 글쓰기

인문계열

박승희·서희정·최윤정

영남대학교출판부

머리글

'맞춤형 글쓰기'는 지금 우리나라 대학 글쓰기 교육의 큰 흐름이다. 맞춤형 글쓰기란 전공과 계열을 최대한 고려하고, 그 직업 세계에서 전문가로서 활동하는 데 필요한 글쓰기 능력을 키우기 위해 2004년 우리 대학에서 최초로 시도한 글쓰기 교육의 이름이다. 그것이 전국적으로 확산되어 이제는 대학 글쓰기 교육의 주요한 방향이 되고 있다.

이 책은 2004년 맞춤형 글쓰기의 목적과 내용을 계승 발전시킨 것이다. 계승한 것은 전공과 계열을 고려한 글쓰기와 전문적인 직업 세계에 필요한 글쓰기를 계열별 글쓰기와 실용 글쓰기란 이름으로 수용한 것이다. 또한 변화 발전한 것은 자칫 기능적인 글쓰기 교육에 머물러 놓치기 쉬운 지성인으로서의 사유와 표현의 연관성 문제를 교육 과정에 담았다는 것이다. 또한 사유의 지평을 넓히기 위해 명저 읽기를 함께 구성한 것도 나름의 변화라 할 수 있다.

생각해 보면, 대학에서 학생들이 접하는 글은 전공과 계열에 따라 매우 다르다. 내용과 표현 방식은 물론이고 심지어 어휘까지도 큰 차이가 있다. 맞춤형 글쓰기는 이런 현실에 대응하기 위해 그동안 동일한 내용과 방식으로 진행되어 오던 글쓰기 교육의 틀을 바꾼 역사적인 의미가 크다. 자신에게 주어진 글쓰기 상황과 괴리된 글쓰기 수업이 얼마나 교육적일 수가 있겠는가. 이러한 문제적 상황을 해소하고 학생들의 현실적 욕구에 대응하기 위해 전공과 연계된 글쓰기 교육을 한다는 것은 학생들이 글쓰기를 스스로 실감하도록 한다는 점에서 중요한 의미를 지닌다. 그것은 곧 미래의 직업 세계와도 연계되어 학생들에게 실질적인 의사소통 경쟁력을 높이는 계기가 되기도 한다.

그러나 한편, 우리가 배우는 글쓰기의 목표가 단순한 글쓰기의 기술 습득에만 있다면, 그것은 진정한 글쓰기의 지향과는 거리가 있다. 글쓰기는 글쓴이의 주체적 삶의 표현이자 그 정신과 가치를 드러내는 자기 정체성의 실현 방식이다. 이 책의 집필에 참여한 저자들이 특별히 고민한 부분도 바로 이것이다. 대학생으로서 스스로 갖추어야 할 지적 사유들, 예를 들면 인간에 대한 다양한 이해력, 사회 공동체나 세계의 공존적 가치에 대한 깊은 생각, 학문을 탐구하는 이유와 자신의 삶에 대한 주체적 성찰 등은 글쓰기의 주인공으로서 대학의 지식인들이 갖추어야 할 전제들이다. 이 책은 이러한 지성적 사유와 그것을 표현하는 글쓰기를 함께 구성하고 교육시켜야 한다는 저자들의 생각을 담고 있다. 이는 교재를 집필하는 저자들이 대학 글쓰기의 방향과 교육적 목표에 대해 오랫동안 고민한 결과이기도 하다.

그런 의미에서 잠시 이 교재의 집필 과정에 대한 설명을 보태어 그 의미를 되새기고자 한다. 이번 교재 집필에 참여한 저자들은 우리 대학 문과대학 국어국문학과와 사범대학 국어교육과, 그리고 교양학부의 교수들이다. 저자들은 먼저 글쓰기 교재의 방향과 구성, 내용에 대하여 지난 1년여 간 논의와 회의를 진행하였다. 국내외 대학의 사례를 살피고, 관련 자료를 찾아 분석과 정리를 하는 한편, 글쓰기 교육의 철학과 정신, 가치와 필요성 등에 관해서도 깊은 이야기를 나누었다. 그 결과 글쓰기 교육이 교양 교육의 영역이면서도 모든 학문과 교육의 토대가 된다는 기본적인 인식을 공유하였다. 이를 바탕으로 학생들에게 글쓰기 교육의 정신과 함께 사유와 표현의 연관성, 전공 공부를 하는 데 필요한 글쓰기, 나아가 이후 직업 세계에서 필요한 글쓰기 능력 배양 등을 큰 목적으로 하여 교재를 편찬하자는 데 뜻을 같이 하였다. 편찬 과정은 우선 계열별 교재의 방향과 목적, 기본적인 구성을 상호 공유한 후, 계열별로 집필 작업에 들어갔다. 그리고 교재는 최종적으로 다음과 같은 네 계열로 나누어 그 내용을 구성하게 되었다.

① 인문 계열 맞춤형 글쓰기

-인문정신과 글쓰기, 생각하기와 글쓰기, 인문학적 글쓰기와 사유의 심화(에세이, 인터뷰, 비평, 논설), 인문학 전공자를 위한 실용 글쓰기(자기 소개서, 보고서, 발표, 인문콘텐츠 기획서)

② 사회 계열 맞춤형 글쓰기

-사회과학적 글쓰기의 방향, 글쓰기의 기초, 글쓰기의 확장(성찰적·소통적·비평적·융합적 글쓰기), 글쓰기의 실용(과제 제안서, 기획서, 프레젠테이션, 보도·홍보자료, 자기 소개서, 이력서)

③ 이공 계열 맞춤형 글쓰기

-과학 기술자의 글쓰기, 과학 기술 글쓰기의 기초, 과학기술 글쓰기의 심화(보고서, 논문, 에세이 작성), 과학기술자의 사회적 의사소통(이력서, 자기 소개서, 제품 설명서, 프레젠테이션, 디지털 글쓰기)

④ 사범·예체능 계열 맞춤형 글쓰기

-글쓰기의 중요성, 글쓰기의 기초, 전공 글쓰기, 실용 글쓰기(프레젠테이션, 자기 소개서/이력서, 기획서, 디지털 글쓰기)

이 책은 맞춤형 글쓰기의 전체적인 방향 속에서 계열별로 나름의 특징을 최대한 살려 구성하였다. 그러므로 글쓰기 교육에 대한 공동의 방향성과 함께 계열별 개성을 최대한 수렴한 책이라 할 수 있다. 또한 맞춤형 글쓰기 교육의 흐름을 나름대로 창의적으로 계승하였다는 점에서 작은 자부심을 가진다. 이는 교재 집필에 참여한 교수들의 노력과 쉽지 않은 집필의 과정이 있었기 때문에 가능한 것이었다. 그러나 여전히 고치고 보태야 할 것이 많은 책이다. 그런 의미에서 교재 집필에 참여한 저자들을 계열별로 밝혀 그동안의 노고에 대한 격려와 책임감을 함께 느끼고자 한다.

① 인문계열 맞춤형 글쓰기 교재는 박승희, 서희정, 최윤정 교수, ② 사회계열 맞춤형 글쓰기 교재는 김문주, 김세환, 신태수 교수, ③ 이공계열 맞춤형 글쓰기 교재는 김기호, 김원준, 조보라미 교수, ④ 사범·예체능 계열 맞춤형 글쓰기 교재는 박은정, 신승용, 정정순 교수가 집필에 참여하였다.

이 책이 나오기까지 열악한 상황 속에서도 좀 더 나은 책으로 학생들을 만날 수 있도록 노력을 아끼지 않은 영남대학교 출판부의 이종백 실장님과 그 외 담당자 분들에게도 감사의 말씀을 드린다. 교재 한 권이 교육 전체를 책임질 수는 없다. 다만, 이 교재가 대학생들에게 글쓰기를 공부하는데 좋은 길라잡이가 되길 바라며, 나아가 글쓰기 수업 이후에도 대학생들과 함께하는 좋은 친구로 남길 바랄 뿐이다.

2016년 8월

영남대학교 '맞춤형 글쓰기' 집필진 일동

책 안내

'인문계열 맞춤형 글쓰기'는 이제 인문학을 시작하는 새내기들이 인문학적 사유를 통해 대학은 물론 직장에서 요구하는 글의 기본적인 구성 및 작성 방법을 익히고, 다양한 형식의 글을 접함으로써 자신만의 목소리가 담긴 글을 완성하도록 하는 데 목적을 둔다.

총 15주에 걸쳐 진행되는 '인문계열 맞춤형 글쓰기'는 총 4부 12장으로 나뉜다. 글쓰기 교과는 크게 일반 과정과 심화 과정으로 나눌 수 있는데, 제1부 인문 계열과 글쓰기, 제2부 생각하기와 글쓰기는 일반 과정의 내용을, 제3부 인문학적 글쓰기와 사유의 심화·확장, 제4부 인문학 전공자를 위한 실용 글쓰기는 심화 과정의 내용을 담고 있다.

제1부에서는 인문학적 상상력과 사유를 글에 담는 것의 중요성, 인문 정신이 표출된 글쓰기의 사회적 기능을 간략하게 살펴본다.

제2부는 생각하기와 글쓰기의 과정 등 두 개의 장으로 나뉜다. 1장 생각하기에서는 글쓰기의 시작이라 할 수 있는 '생각 만들기' 방법을 소개하며, 자신의 과거와 현재, 그리고 미래에 대해 성찰하는 과정에 중점을 둔다. 2장 글쓰기의 과정에서는 자신만의 창의적인 글쓰기를 위한 브레인라이팅과 아이디어 지도 그리기, 비주얼싱킹, 마인드맵의 가치와 방법을 공부하게 된다. 또한, 글쓰기 과정 중에서 주제 설정, 구상, 개요 작성, 퇴고 등에 대해 살펴보게 될 것이다.

제3부는 에세이('자아'에 대한 성찰적 글쓰기), 인터뷰('타인'과 교감하는 글쓰기), 비평('문화' 생산력으로서의 글쓰기), 논설('세계'와 소통하는 글쓰기) 등 네 개의 장으로 구성된다. 각 장은 세 개의 과정으로 이루어지는데, 첫 번째 과정에서는 인문학적 글쓰기 양식으로 분류된 네 가지 범주의 글이 지닌 특징을 '맛보기' 형식으로 읽어 보게 된다. 즉, 1장 에세이에서

는 하나의 글감이 개성적인 필자에 의해 어떻게 사유의 변환 지점이나 깨달음의 과정이 되는지 확인하게 되며, 2장 인터뷰에서는 정보와 독자에 따라 질문이 어떻게 구성되어야 하는지를 경험하게 된다. 3장 비평에서는 문화 전반에서 나타나는 현상이나 대상이 어떠한 관점에서 비판되거나 재고되어야 하는지를, 4장 논설에서는 세계가 지닌 문제에 대해 학문적이고 전문적인 지식으로 어떻게 해결 방안을 모색해 가는지를 이해하게 된다. 두 번째 과정은 글쓰기 전략이다. 여기에서는 '맛보기'에서 읽은 네 가지 글의 양식이 갖추고 있는 특징을 실제 쓰기 연습을 통해 익힌다. 세 번째 과정에서는 네 개의 양식으로 쓰인 인문학적 주제의 텍스트를 읽고 생각을 심화·확장하는 과정이다. 에세이, 인터뷰, 비평, 논설 양식에 해당하는 인문학적 주제의 좋은 글을 읽고, 그것을 바탕으로 생각을 나누고 공유하면서 지금까지 자신이 가지고 있던 생각을 깨고 확장하는 계기를 만드는 과정이라 할 수 있다.

제4부는 자기소개서, 보고서, 발표, 인문 콘텐츠 기획서 등 인문학 전공자를 위한 네 가지의 실용 글쓰기로 구성되며, 각 장은 가급적 실제 자료를 활용한 연습문제로 마무리된다. 1장 자기소개서에서는 자기소개서 작성을 위한 준비 사항과 작성 방법을, 2장 보고서에서는 대학 생활 및 직장 생활에서 필수적인 보고서의 구성과 작성 방법을 익히게 된다. 3장 발표에서는 발표의 요건과 파워포인트 작성 방법, 4장 인문 콘텐츠 기획서에서는 인문 콘텐츠 기획서의 요건과 구성을 공부하게 된다.

차 례

제1부

인문 계열과 글쓰기

1. 인문 정신과 글쓰기

대학에서 글쓰기를 배우는 이유는 무엇일까. 전공과 개인적인 상황에 따라 그 이해는 다르겠지만 일반적으로 학문적인 표현의 수단이나 지식인으로서 기본 소양을 위해서 우리는 글을 배우고 쓴다. 나아가 이후 직업과 진로를 위해 우리는 대학에서 글쓰기를 배운다. 그러나 글쓰기는 이 모든 이유 그 이상의 의미를 지니고 있다. 글쓰기가 지식인의 존재 방식이자 존재 이유이기 때문이다. 좀 더 구체적으로 이야기 하자면, 어떤 글이던 글쓰기는 지식인으로서 감각하는 법, 사유하는 법, 상상하는 법, 그리고 실천의 방법까지도 스스로 점검하고 익혀 나가는 무척 섬세하고도 중요한 과정이다. 나아가 좋은 글을 쓰기 위해 고민하고 노력하는 과정 자체로서 보다 강렬한 삶을 지향하는 정신적 태도를 지니고 있다.

그런 의미에서 글쓰기는 글을 쓰는 행위를 넘어 한 인간의 정신과 가치 실현을 위한 중요한 방법이자 길이라 할 수 있다. 즉 글쓰기는 정신의 문제이며 삶의 가치에 관한 일이다. 그러므로 글을 쓰는 일은 표현이나 수사적인 것, 또는 기교적인 수준으로만 이해될 수 없는 그 너머의 영역이다. 글쓰기는 인문학의 세계이며 교양의 문제인 것이다. 인문학을 인간의 사상과 문화에 대한 가치 탐구와 그 표현활동이라 할 때, 글쓰기는 인문학의 정신과 가치를 실현하는 중요한 통로이자 표현의 과정이 된다.

주지하다시피 인문학은 오랫동안 교양교육은 물론 학문의 토대이자 기초로서 그 가치와 영역을 지속해 왔다. 그러나 자본을 중심으로 하는 시대에 인문학은 위기의 학문으로 평가되고 있다. 그리고 다시 인문학을 이야기 하는 시대가 되었다. 자본 사회의 황폐감과 인간 삶에 대한 파괴적 상황, 그리고 이에 대한 성찰과 인본적 가치의 재발견이 절실해졌기 때문이다.

이러한 시대 상황에서 글쓰기의 목적을 인문학에서 찾는 것은 중요한 의미를 지닌다. 전통적으로 그리스·로마 시대부터 인문학은 교양인을 양성하기 위한 교육이었다. 주지하듯이 서양에서 인문학은 파이데이아(paideia)와 후마니타스(humanitas)를 개념적 기원으로 하고 있는데, 파이데이아는 교육 혹은 학습의 의미를, 후마니타스는 인간의 본성이라는 뜻을 가지고 있는 말이다. 즉, 인문학은 인간 본성에 대한 교육이나 학습을 중요개념으로 한다.

이러한 인문학적 이해에 기초한 글쓰기의 의미를 좀 더 생각해보자.

발터 벤야민에 의하면 좋은 산문을 쓰는 작업에는 크게 세 단계가 있다. 즉 구성을 생각하는 음악적 단계, 조립하는 건축적 단계, 그리고 마지막으로 짜맞추는 직물적 단계가 그것이다. 달리 말해 벤야민에게 좋은 글을 쓰는 과정이란 단어나 문장을 처음부터 끝까지 직물처럼 '구성'해 가는 과정이다.

그러나 이를 위해 발터 벤야민은 매우 특별한 조건을 이야기 한다. 그 조건이란 첫 문장을 물음으로 시작하는 글을 써보라는 것이다. 첫 번째 문장을 물음으로 시작하는 글쓰기는 자연스럽게 그 다음 문장부터는 물음의 문제를 해결하는 문제해결의 사고과정이 전개될 수밖에 없다. 따라서 이러한 전략적 구성은 자연스럽게 사고력 신장의 글쓰기로 귀결된다. 그리고 여기서 물음을 묻는 과정이야말로 인문학적 정신의 요체이고 본령이라 할 수 있다.

인문학의 본질을 물음에서 찾는 지적 흐름은 여러 인문학자들에게서 발견되는 공통된 경향이다. 국문학자 조동일에게 인문학은 무엇보다도 물음의 학문이다. 최한기의 추측론을 중심으로 인문학을 근본적으로 재정의하고자 하는 조동일에게 인문학은 '학문학'인데, 학문이란 다름 아닌 배우고 묻는 것을 뜻한다. 대학의 자유, 학문의 자유란 '질문하는 능력의 확장을 보장'하기 위해 사회가 대학에 부여하는 높은 특권 그 이상이 아니라는 도정일 교수 역시 인문학을 물음에서 출발한다. 그에게 인문학적 사고능력은 무엇보다도 어떤 질문을 던지고 그것에 대해 생각하는 능력이다. 요컨대 인문학은 답을 가르쳐주는 학문이 아니라 질문하는 힘을 길러주는 학문인 것이다. 그런데 이러한 인문학에 대한 이해는 교양에 대한 전통적 이해과도 일치한다는 것을 확인할 수 있다. 그런 점에서 "교양이란 우리가 관심을 갖는 모든 문제에 있어 세계에서 생각되고 말해진 최상의 것을 알게 됨으로써 전면적인 완성을 추구하는 것이며, 이 지식을 통해 고정관념과 습관에 신선하고 자유로운 생각의 물줄기를 갖다 대는 것"이라는 역사학자 매슈 아놀드의 말은 더욱 의미 있게 들린다. 따라서 인문학적 사고를 실천하는 글쓰기의 첫 번째 조건으로 첫 문장을 물음으로 시작해 보라는 학습 요구는 인문 교양의 핵심 과제를 집약하는 것이라 할 수 있다.

2. 인문 글쓰기와 직업

인문학의 위기를 이야기하는 사람들이 많다. 인문학 전공 졸업생들의 어려운 취업 상황 속에서 인문학의 비생산성을 지적하는 목소리도 들린다. 그러나 이 말은 지극히 범박한 이들의 편협한 해석이자 인문학에 대한 근본적인 이해의 부족에서 비롯된 것이다. 인문학은 우리 사회의 구성원인 인간의 의식과 문화, 인식체계 등에 대한 공부이다. 인간을 둘러싼 과거와 현재 그리고 미래를 연구하는 인문학은 곧 우리 사회의 생산적 주체인 인간에 대한 깊은 탐구라 할 수 있다. 흔히 말하는 사회적 생산력이란 결국 인간에 의한, 인간을 위한 생산이다. 그런 의미에서 인문학은 사회 생산력과 인간의 삶을 위한 핵심적 과제이자 방향이며 그 토대라 할 수 있다.

다만, 지난 시기 인문학을 인문학 내부의 학문적 성취로 결론짓거나 고전적 학문 분류표 속에만 인문학을 위치시킨 것은 깊은 성찰을 요구하는 부분이다. 그런 의미에서 인문학 전공자들이 자신의 전공을 확장하거나 현실 속에서 실현하는 일은 지금의 인문학 전공자들이 해결해야 할 과제인 것은 분명하다. 이는 인문학의 현장성이란 실천적 가치를 실현하는 의미이기도 하다. 특히 인문학의 토대라 할 수 있는 글쓰기 교육이 이러한 인문학의 확장과 현장 실현을 위한 중요한 과정이 될 수 있다는 새로운 목소리를 우리는 주목할 필요가 있다.

'인문 글쓰기와 직업'이라는 말은 다소 기이하게 보일 수도 있을 것이다. 흔히 '직업'이란 말과 인문학은 왠지 거리감이 있는 관계로 여겨진다. 대체로 취업은 상경이나 법학, 이공계열과 가까운 것처럼 보이는 것이 사실이다. 이들 계열의 졸업생이 대학에서 배운 것을 얼마나 그대로 활용하는지는 몰라도, 학문의 성격상 이들 실용적인 계열과 실용적인 직장(회사나 관공서)의 연결은 우선 자연스러워 보인다. 이들 회사나 관공서는 '물건'을 만들어 팔거나 '서비스'를 제공하는 곳이기 때문에, 아무래도 경제적 또는 행정적 성과가 최우선이기 마련이다.

그런데 인문학이란 그 본질부터가 이러한 회사들과는 일정한 거리를 둔, 폭넓은 인문적 소양에 바탕을 둔 문학 철학 역사 등-전통적으로는 '문철사(文哲史)'라 하는-을 배우는 것이다. 인문학도들에게 무엇보다 중요한 것이 '사람'이므로, 돈을 벌기보다는 인간의 내면을 풍요롭게 하고 사회를 문화적으로 윤기 있게 만드는 것이 더 중요하다고 배워온 사람들이다.

더구나 자본주의의 발전과 함께 기업체나 관공서는 점차 조직화, 대규모화하고 국가 단위를 넘어 확대되기도 하면서, 인간의 직업 세계를 대표하는 것이 되어버렸다. 큰 뜻(야망)을 펼치기 위해서는 이런 대규모 직장에 들어가야 하고 큰 뜻을 실현시키는 데는 실패하더라도 그런 회사를 다닌다는 '간판'이 유용한 시대가 되어버린 것이다.

그러다 보니 개인 단위의 독자성을 중시하는 인문학도들의 진로는 갈수록 좁아지는 듯하다. 그리하여 인문학도들이 순수하게 자기 전공을 살리면서 갈 수 있는 대규모 회사란 교육 기관 정도가 아닌가 싶을 정도로 제한되어 있다. 그 외 언론사나 출판사 등이 추가될 수 있을까. 대학에서 '인문학의 위기'를 말해 온지가 제법 되었지만, 그것은 '인문학'이라는 학문의 위기일 뿐 아니라 인문학을 공부한 '인문학도'의 진로의 위기이기도 하다.

이런 상황에서 인문학도들의 진로는 크게 두 가지로 나눌 수 있어 보인다. 하나는, 다른 계열을 전공한 학생들과 경쟁하여 기업체나 관공서를 들어가는 것이고, 다른 하나는 '오라는 데는 없어도 갈 데는 많은' 인문적 직업 세계의 특성을 살려 좀더 소규모의 개성 있는 회사를 찾거나 이른바 '프리랜서'의 세계를 택하는 것이다.

전자의 경우, 취업에 관련된 '부전공'이나 '복수전공'을 통하여 경쟁력을 키울 수도 있고, 아니면 아예 '정공법'으로 인문학도로서의 정체성을 확실하게 하여 수많은 비슷한 전공자들 사이에 나 같은 인문학도도 필요하다는 것을 내세울 수도 있다. 그러나 어느 경우이든 일단 회사에 들어가기만 하면, 그 회사에서 인문학도의 역량이 필요할 때 여러분은 우선적으로 호출될 것이다. (마치 군대에서 연애 편지 쓸 때면 꼭 어문계열 전공자를 찾듯이 말이다.)

그 때 인문학도로서 우선적으로 요구되는 것은 무엇일까? 물론 '인문적 소양'과 '글쓰는 능력'일 것이다. 그런데 인문적 소양은 다소 모호하기 때문에 잘 드러나지 않고 다른 전공자도 책을 읽어 급한 불을 끌 수 있다고 생각한다. (게다가 다들 자기가 교양 없다는 소리는 듣고 싶지 않아 한다.) 그러나 글쓰기는 좀 다르다. 그들은 글쓰는 문제에 부닥치면 인문학도에게 맡기고는 저만치 도망가 버리기 일쑤인 것이다. 이는 그만큼 글쓰는 일이 전문적이며 특화된 영역이라는 사실을 증명한다.

심지어 글쓰기 능력을 특화하여 글쓰기를 직업으로 하는 경우도 있다. 작가, 비평가와 같은 전문적인 직업은 물론이고, 소규모 언론, 출판, 광고 카피라이터, 드라마 작가, 스토리 텔러, 여러 종류의 기획가와 평론가 등 여기에서 거론하기 힘들 정도로 다양한 직업 세계가 존재한다. 그리고 계속 새로운 직업이 생겨나는데, 예를 들면 '출판 칼럼니스트', '논술 지도사', '여행 작가' '음식 평론가' '웹툰 작가', '게임 스토리 텔러', '테크니컬 라이터' 등이 그런 것들이다. 이들은 소규모 회사에 모여 일하거나 아니면 프리랜서로 자유롭게 자기 공간에서 일을 하기도 한다.

이들 중 한 예로 '웹툰 작가'를 보기로 하자. 웹툰 작가는 간단히 말하면 만화(Cartoon)를 그려 웹(Web)에 제공하는 일을 하는 작가를 말하는 것인데, 그 일은 주로 만화를 그리기 전 소재 발굴부터 기획, 구상, 취재를 거쳐 시나리오를 작성하는 과정, 그리고 그림 작업으로 구성되어 있다. 그림을 그릴 때는 콘티(만화 설계도)를 짠 다음 컷을 나누고, 스케치, 펜터치, 채색, 편집, 대사삽입 등의 순서로 후반작업이 이루어진다. 이러한 일의 과정에서 특히 중요하고 까다로운 과정이 시나리오를 만드는 일이라 한다. 글쓰기가 모태인 셈이다. 흥미로운 것은 웹툰 작가로 활동을 시작하는 신진 작가의 경우, 평균 월 200만원 이상의 원고료를 받고 있다는 사실이다. 이는 웹툰 작가에 대한 사회적 문화적 가치가 어느 직업과 비교해도 결코 뒤지지 않는다는 사실을 의미한다. 만화에 관심 있는 인문학도라면 충분히 도전해 볼만한 영역이 아닐 수 없다.

근래 인터넷 시대 혹은 다매체 시대를 맞아 종이가 사라질 것이라는 예상을 깨고 종이 소비가 늘었듯이, 글쓰기의 중요성도 더욱 부각되고 있다. 글쓰기가 중요한 무기이기 때문이다. 예를 들어 일간지, 잡지 등의 기존 활자 매체를 벗어나 <오마이뉴스(ohmynews)>, <프레시안(pressian)> 등의 인터넷 매체가 부상하면서 전문적 글쓰기 집단이 아닌 일반인들도 글을 통해 참여할 수 있는 길이 쉬워지면서 언론계 진입 장벽도 낮아졌다.

사실 인터넷이라는 새로운 공간은 거대한 '정보 공간'이면서도 아울러 '글쓰기 공간'이기도 하다. 누군가 글을 써넣어야 하기 때문이다. 물론 단순한 아마추어를 넘어 이런 인터넷 공간을 통해 자기 생계를 마련할 정도가 되려면 상당한 '내공(內攻)'을 닦아야 할 것이다. 그러나 어쨌든 이 새로운 매체는 그 이전보다 더 많은 글쓰기를 요청하고 있다는 점에 주목할 필요가 있는 것이다.

그리하여 기존의 활자 매체에서 활동하던 '자유기고가'가 인터넷 공간으로 영역을 확대하고 있고, '웹저널리스트'라는 이름도 생겨났다. 게다가 '블로거'등 신종 글쓰기꾼도 등장하여 활동 범위를 넓혀가고 있는 중이다. 이런 '저널리즘적 글쓰기'가 인문적 사유나 진지함 대신 가벼운 글쓰기를 조장한다는 비판도 있기는 하지만, 어쨌든 새로운 글쓰기 공간으로서의 가능성은 대단해 보인다. 상당수의 아마추어들이 활동하고 있지만, 그들 중 일부는 '직업적으로' 그 세계에서 살아남기 마련이다.

한편으로 인문학적 상상력과 사유를 기반으로 하는 '인문기획자'라는 새로운 영역이 관심을 모으고 있다. 인문학적 상상력이란 말 그대로 인문학을 기반으로 하는 생각과 상상적 세계를 현실세계에서 구현하는 것이다. 예를 들면, 최근 마을 공동체를 복원하는 사업에 참여하고 있는 인문기획자들을 이야기 할 수 있겠다. 이들은 인간과 자연, 역사와 문화를 동네 혹은 마을을 구성하는 핵심 가치로 보고 이를 구현하는 다양한 사업을 펼치고 있다. 역사와 현재가 공존하고 사람과 문화, 상품이 함께 공존하는 작은 단위의 사회를 만들어보고자 하는 것이 이들의 목표이다. 그 외에도 요즘 이야기 하는 문화 콘텐츠 영역도 인문기획자들이 참여하고 있는 새로운 직업 세계이다. 역사문화자원이나 지역문화자원을 문화 콘텐츠로 전환시키는 생각과 실천력을 갖춘 인문기획자들이 이 곳에서 자신들의 역량을 발휘하고 있다. 그것은 때로 디지털 체계 속에서 새로운 문화 상품으로 등장하기도 하고 영화나 연극, 뮤지컬, 만화와 같은 다양한 영역으로 나타나기도 한다. 물론 이 모든 영역은 글쓰기를 기본으로 하는 직업들이다.

인문학을 공부해서 과연 무엇을 할 것인가. 걱정이 많은 인문학도들은 이제 '인문학을 가지고 어디까지 가 볼 것인가'란 것으로 생각을 전환하는 시점에 서 있다. 인문학을 제대로 공부하고 있는지 점검하고 새로운 영역과 무한한 직업의 세계에 도전하는 그 곳에 곧 길이 있을 것이다. 글쓰기는 그 길에 큰 힘이 될 것이다.

제2부
생각하기와 글쓰기

제1장

생각하기

1. 글쓰기와 생각하기

글쓰기를 어떻게 시작할 것인가. 우리는 보통 글을 시작할 때 글의 주제를 먼저 생각한다. 그러나 도대체 주제에 관한 생각은 어떻게 하는 것인가. 또는 주어진 주제라 하더라도 그 주제를 가지고 글의 의미는 또 어떻게 만들어내야 한다 말인가. 일반적으로 글을 배우거나 가르칠 때 제일 먼저 이야기 되는 것이 주제 설정이다. 그러나 그것을 실현할 수 있는 생각의 과정은 글쓰기 교육에서 일반적으로 배제되어 왔다. 글쓰기가 필자의 생각을 스스로의 표현 방식을 통해 실현하는 것이라고 한다면 우선, 그 생각을 만드는 과정이 무엇보다도 중요하다. 그러므로 글쓰기의 시작은 주제 선정에 앞서 생각하기 혹은 사고하기로부터 출발해야 한다. 이 책이 생각하기 과정을 글쓰기 첫 번째 과정으로 정한 이유도 이러한 이유에서이다.

생각하기란 무엇인가. 글쓰기에서 생각하기란 사전적으로 어떤 대상을 파악하고 판단하는 과정에서 내용을 조직하고 구성하는 모든 정신적 활동을 말한다. 우리는 이를 철학적 사유 혹은 비판적 사유 능력이라 말한다. 비판적 사고라고 하면 보통 논리적인 사고를 생각하기 쉽다. 그러나 비판적 사고는 단지 논리적 사고만을 의미하지 않는다. 그것은 매우 복합적이고 총체적인 사고를 의미하는데, 즉 주어진 규칙이나 틀에 맞추어 기계적으로 옳고 그름을 평가하는 사고가 아니라, 스스로 사고의 과정을 이해하고 판단하는 과정과, 능동적으로 의식하면서 사고하는 것을 비판적 사고라 말한다. 우리는 이것을 달리 생각하기라고 부른다.

생각의 형태는 크게 두 가지로 나눈다. 즉 주어진 정보를 기억하고 암기하는 능력 또는 그것을 단순히 반복해 사용하고 전달하는 것을 기본적인 사고능력이라 하고, 주어진 정보를 인지하고 변형 없이 반복적으로 전달하는 능력을 뛰어넘어 정보를 자기가 원하는 형태로 변형해 사용할 줄 아는 능력을 고차적인 사고능력이라 말한다.[1]

글쓰기에서 이러한 생각하기 과정은 다양한 방법을 통해 실현될 수 있다. 이와 관련된 방법들을 구체적으로 알아보자.

2. 생각 만들기

생각을 만든다는 말이 다소 어색할지 모르겠다. 그러나 생각은 주어지는 것이 아니라 스스로의 노력과 일정한 과정을 통해 능동적으로 생성되는 것이라고 한다. 그런 의미에서 생각을 만드는 일은 글쓰기를 위한 최초의 과정이라 할 수 있다. 그리고 생각 만들기는 대부분 자신에 대한 이해를 기반으로 하여 시작된다.

생각 만들기를 위한 사전 준비[2]

| 나에 대한 이해 |

생각은 먼저 자신에 대한 이해로부터 시작하는 것이 좋다. 나의 장점, 단점, 버릇, 습관, 좋아하는 것, 싫어하는 것, 내가 보는 나, 다른 사람이 보는 나, 적성검사 결과로 본 나 등 여러 시각에서 나를 조명해 보는 것이다. 나라는 사람을 하나의 탐구 대상으로 정하고 질문에 하나하나 답을 찾아가다 보면 그 원리를 이용하여 다른 사람은 물론 사회적 탐구까지도 가능하게 된다. 글을 쓰는 것도 글을 읽는 것도 모두 사람의 일과 삶에 대한 글이 주를 이루므로 나와 사람에 대한 관심과 탐구는 글쓰기의 기본적인 과정이라 할 수 있다.

---

1. 서민규, 「비판적 사고와 창의적 문제해결」, 『교양교육연구』 제6권 제3호, 교양교육학회, 2012, 9, 224쪽.
2. 최혜령, 「생각하기와 글쓰기」, 『프레라이팅』, 미출간. 이하 생각 만들기의 주요 내용은 이 자료를 참고함.

| **과거에 대한 이해** |

과거 속에는 여러 가지 삶의 흔적과 글쓰기의 소재들이 존재한다. 그러나 우리는 매순간 과거를 기억하며 살아가지는 않는다. 그러므로 자신의 과거 속에서 적극적으로 소재를 끄집어내어 글을 쓰는 훈련을 통해 좋은 글의 아이디어를 찾을 수 있다. 예를 들어 '인생 연보 작성하기'를 통해 사건이 일어난 연도나 나이를 중심으로 과거의 자료들을 수집하는 과정은 글쓰기에 있어 아주 의미 있는 활동이라 할 수 있다. 또한 인생고개 그리기를 통해 내 인생의 흐름을 현재의 관점에서 재평가하는 것도 자신에 대한 이해와 인간에 대한 이해를 넓히는 하나의 방법이 된다. 방법은 대체로 다음과 같다.

<인생 고개>

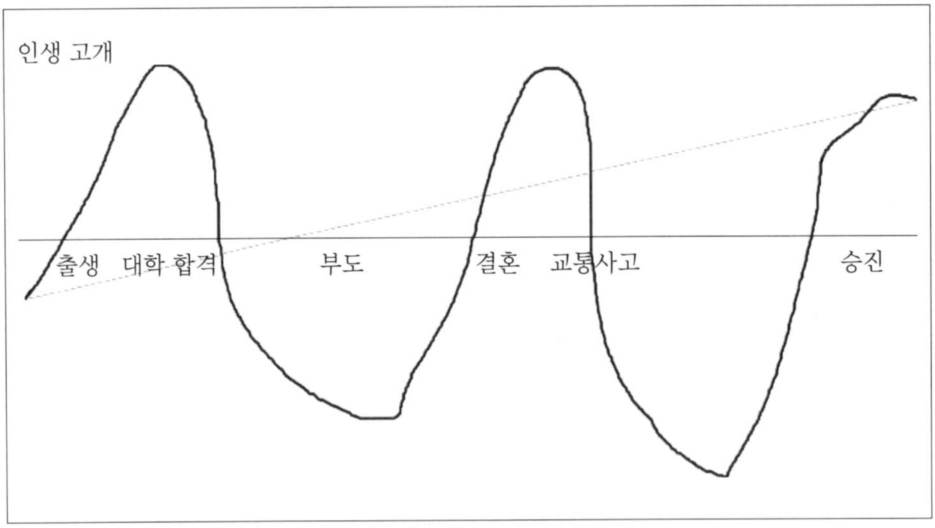

① 먼저 출생에서 현재까지 기준이 되는 선을 하나 그린다.

② 연도 중심으로 의미 있는 사건들을 기입한다. 인생에 있어 기억에 남을만한 사건들이 일어난 지점들을 선 위에 하나씩 채운다.

③ 사건들이 인생에 있어 상승기인지 하강기인지를 선으로 연결하여 보고 내 인생의 흐름을 살펴본다. 이를 미래까지 확장하고 싶으면 끝점을 본인이 원하는 지점으로 확장할 수도 있다.

<인생 연보>

_______________의 인생 연보

년도(나이)	사건이나 경력

① 연도나 나이를 중심으로 출생에서 현재까지 또는 미래까지 기입한다.

② 기억나는 사건을 중심으로 빈 칸을 채워나간다. 정확한 시점이 기억나지 않는 경우에는 추측으로 적절한 지점에 일단 넣어두고 다시 재점검하는 과정을 거친다.

③ 관련 있는 주요 사건만 생각 만들기에 사용될 가능성이 많다. 내 삶 속에 어떤 이야기 거리들이 숨어있는지를 발굴하는 기분으로 최대한 많이 끄집어내어 그 중에 적절한 것을 아이디어 생성에 사용하는 것이 좋다. 이를 확장하여 자서전 쓰기로까지 진행할 수도 있다.

| 현재 점검하기 |

이 과정은 현재 내가 어떤 모습으로 살아가고 있는지, 지금의 삶에 만족하는지 등을 점검하며 미래 설계의 초석을 세우는 일이다. 여기서는 우선 자신을 지배하는 가치에 대한 질문을 제기하는 것이 중요하다. 내가 세상에서 가장 소중히 여기는 것은 무엇이며 어떤 일에 시간과 돈을 쓰고 있는지, 어떠한 가치에 더 힘을 싣고 있는지 등을 점검하여 자신에 대한 이해를 키우는 과정이다. 다음 항목에 대해 우선 순위를 매겨보라.

<우선 순위와 지배가치에 관한 질문>

우선 순위 항목
가족/ 직장/ 명예/ 돈/ 음악/ 미술/ 여행/ 독서/ 재미/ 애완동물/ 타인의 평가/ 낚시/ 게임/ 술/ 담배/ 사랑/ 국가/ 요리/ 창작/ 운동/ 친구/ 이웃/ 친척/

지배가치 질문
1. 내 주변을 채우고 있는 것은 무엇인가?
2. 시간을 어떻게 보내는가?
3. 어디에 열정을 쏟는가?
4. 돈을 어디에 쓰는가?
5. 어떤 부분에서 가장 체계가 잘 잡혀있는가?
6. 어떤 부분에서 가장 훈련이 잘 되었는가?
7. 무슨 생각을 주로 하는가?
8. 무슨 상상을 하는가?
9. 혼잣말로 무슨 말을 하는가?
10. 사람들과 무슨 이야기를 하는가?
11. 어떤 일에 반응을 보이는가?
12. 목표가 무엇인가?

| 미래 설계 |

나는 어떤 사람이 되기를 꿈꾸는가. 꿈은 막연하게 생각해서는 이루기가 어렵다. 꿈을 현실로 만들기 위해서는 목표를 향한 과정을 설계해야 한다. 그런 의미에서 현재와 미래를 연결하는 꿈 목록 작성과 같은 다리를 놓아야 한다. 질문에 대한 답은 아래 질문지의 ①이 먼저일 수도 있고, 다른 것이 먼저일 수도 있다. 어느 것이 먼저이든 꿈 목록을 작성하는 것은 내가 어떤 사람이 되고 싶고, 어떤 삶을 살고 싶은지의 답을 찾아가는 과정이므로 미래의 커다란 그림과 그것을 채워줄 세부조항들을 채워가는 방향으로 답을 찾아가야 한다.

<꿈 목록 작성 질문>

꿈 목록 작성하기
① 5년 내에 이루고(하고) 싶은 일 5가지 ② 10년 내에 이루고(하고) 싶은 일 5가지 ③ 20년 내에 이루고(하고) 싶은 일 5가지 ④ 20년 이후에 이루고(하고) 싶은 일 5가지 ⑤ 꿈 목록을 이루기 위해 1년 내에 해야 할 일 5가지 ⑥ 꿈 목록을 이루기 위해 지금 해야 할 일 5가지

| 독자에 대한 고려 |

단순히 자기만족을 위해 글을 쓰는 경우도 있겠지만 대다수의 사람들은 다른 사람들을 전제로 한 글쓰기를 한다. 반드시 큰 작품을 쓰거나 세상에 독보적인 글을 보여주는 경우가 아니더라도 글쓰기는 나만 읽고 말 것이라는 생각을 하고 쓰는 경우는 극히 드물다. 그러한 생각을 하고 쓰는 경우에도 자기만족이라는 원래 목적 때문이라기보다는 다른 독자에게 보여주기에는 창피한 수준이라고 생각하는 경우가 더 많다. 결국 글쓰기는 독자를 의식하고 쓰는 경우가 대다수이다. 그러나 정작 글을 쓰는 사람들은 자신 중심적인 글쓰기를 많이 한다. 즉, 내가 쓰고 싶은 것을 자기 중심적인 표현이나 생각을 가지고 글을 쓴다. 상대적으로 어떤 독자를 대상으로 할 건지에 대해서는 막연한 경우가 많다.

물론 글은 글쓴이의 것이다. 그러나 어떤 독자를 대상으로 글을 쓸 것인지를 고려할 필요가 있다. 이는 설득, 소통, 글의 통일성을 위해서 중요한 과정이다. 독자의 연령층이나 기호, 인식 및 문화 수준 등 어떤 독자를 염두에 두고 있냐에 따라 글의 강조점이나 문체, 풀어가는 방법 등이 달라지기 때문이다. 역으로 이러한 고려는 글의 방향을 제시해주기도 한다. 물론 모든 독자를 만족시키는 글은 없다. 그러나 자신의 글을 읽어줄 독자가 누구인지 신지하게 고민해보는 과정은 꼭 필요히다.

3. 창의적인 생각과 글쓰기

쓰기 전(prewriting) 활동이 글쓰기 과정에서 실제로 차지하는 비중이 70% 이상이라는 연구 보고가 있다.[3] 쓰기 전 활동이란 다시 말해 생각하기의 과정이다. 생각하기가 활성화 될 때, 그만큼 글쓰기에 대한 능력도 활발해진다. 특히, 쓰기 전 활동에서 낯익은 것들의 새로운 측면들을 밝혀내고 스스로를 외부의 시선으로 바라보는 과정은 창의적 의식과 관점을 형성하는데 중요한 역할을 한다.[4] 창의적 기법이나 발상의 방법은 주로 '풍부하게 생각하기', '대상을 비판적으로 바라보기', '사물의 관련성 찾아내기', '다른 관점에서 생각하기', '사물의 이면 쳐다보기', '뒤집어 생각하기' 등 여러 가지 방식들이 있다.[5]

여기서 소개하는 글쓰기 방법은 소재나 주제 등에 대해 최초의 생각이나 이해가 필요한 이들이 스스로 창의적인 생각을 끄집어낼 수 있게 하는 것이 목적이다. 그것은 글쓰기를 혼자 시도하려는 초보자들에게 매우 유용한 방법이 될 수 있다.

개인 글쓰기

글쓰기를 잘하기 위해서는 여러 가지 준비가 필요하다. 그 중에서 글쓰기 연습을 꾸준히 할 수 있도록 먼저 혼자서도 할 수 있는 글쓰기 방법을 제시해보자. 모든 이론이 그렇듯이 아는 것과 할 수 있는 것은 큰 차이가 있다. 진정한 앎이란 머리로만 아는 것이 아니라 반복적인 연습을 통해 앎을 자신의 것으로 만드는 것이다. 다음의 방법들이 자신에게 중요한 방법이 될 수 있으려면 반복적인 연습이 필수적이다.

| 삶과 연관짓기 |[6]

글쓰기를 잘하기 위해서는 다른 사람과는 다른 생각을 하는 것, 즉 차별화된 글쓰기가 필요하다. 하지만 글쓰기를 망설이는 사람들 대부분은 이 과정을 막연해하거나 어

3. 이재승, 「글쓰기 교육의 원리와 방법-과정 중심 접근」, 교육과학사, 2002, 276쪽.
4. 최선녀, 「빙고-스토리텔링을 활용한 동시 창작 지도 방안 연구」, 영남대학교 대학원 박사학위논문, 2014, 30쪽.
5. 김성수, 「창의적 글쓰기 교육의 구성방안 연구-대학 글쓰기의 경우」, 『현대문학의 연구』 제38집, 한국문학연구학회, 2009. 335쪽.
6. 최혜령, 「아이디어 생성을 통한 글쓰기 교육 방안-라이프 커넥션을 중심으로」, 『대학작문 13호』, 대한작문학회, 45~48쪽.

려워한다. 여기 하나의 방법이 있다. 단순히 무엇에 대해 쓰기만 하는 것이 아니라 그것을 의미화하기 위해서는 비유라는 옷이 필요하다. 그 비유를 찾아가는 과정에서 내가 써야할 소재와 주제를 구체화할 수 있다. 그러나 여기서 비유가 사물과 사물의 닮은꼴 찾기 수준에서 그치다면 그것은 공허한 말장난일 뿐이다. 중요한 것은 그러한 비유를 통해 쓰고자 하는 소재나 주제가 우리 인간의 삶과 어떻게 연결될 수 있는지를 파악하는 것이다. 연상으로 시작된 비유가 삶과의 연결고리를 찾을 수 있도록 확장시키는 것이 필요하다.

이때 소재는 외부에서 주어질 수도 있고, 자신이 임의로 정할 수도 있다. 처음에는 주어진 과정을 따라 연습을 하지만 숙련되면 여러 단계를 머릿속으로 정리한 뒤 글쓰기로 바로 진입할 수 있다. 그 과정은 다음과 같다.

① 연상하기 : 하나의 소재를 정하고 그것을 생각하면 떠오르는 것들을 적어본다. 일종의 브레인스토밍 과정이다. 시간을 정해두고 적어도 되고, 생각이 끝날 때까지 적어도 된다. 반복적으로 연습할 경우에는 하나의 소재를 정하지 말고 생각나는 것을 먼저 펼쳐보고 그 중 하나를 선택해도 된다. 연상은 단어로 쓰든 문장으로 쓰든 제약이 없다. 팀 활동으로 사용하고 싶을 때에는 시간의 제약이나 개수의 제약을 두어 누가 먼저 좋은 아이디어를 많이 제시하는 지로 경쟁할 수도 있다.

② 속성 찾기 : 소재가 가지고 있는 속성을 집중적으로 찾아보는 과정이다. 앞의 연상하기 과정과 겹치는 부분도 있고, 아닌 것도 있다. 처음에는 이를 구분하지 말고 속성 찾기로 연습을 하고, 익숙해지면 눈에 보이는 속성과 보이지 않는 속성으로 나누어 찾아보는 연습을 해보는 것도 좋다. 눈에 보이는 속성에만 초점을 맞추다 보면 깊이 있는 발견이 이루어지기 어려운 경우가 있기 때문이다. 물론 이때는 소재가 관념적인 것이 아닌 경우에만 해당한다.

③ 유사연상 : 앞서 찾은 아이디어들과 유사한 것을 찾아서 연관지어보는 과정이다. 창작에서 비유는 중요한 표현 방법이다. 그런 비유를 가능하게 만드는 것은 서로를 연결 지을 수 있는 연결고리 때문이다.

④ 삶과 연관짓기 : 앞에서 찾은 공통의 내용들이 자신이나 인간들의 삶과는 어떻게 연관되어 있는지를 탐색하는 과정이다. 아이디어와 생각들을 삶의 문제로 끌어오는 과정이다.

⑤ 뼈대 세우기 : ①~④의 과정에서 나온 아이디어를 바탕으로 내가 쓰고자하는 글의 뼈대를 세우는 과정이다. 3분이나 5분 정도의 시간을 정해두고 진행해도 좋고, 그냥 시간 제한 없이 적어도 된다. 이를 바탕으로 살을 붙여 글쓰기를 한다.

<삶과 연관짓기(예시)>

소재 : 고구마

① 연상
둥글다, 맛있다, 뿌리, 줄기, 잎, 영양분, 뚱뚱하다, 생고구마, 삶은 고구마, 농사, 할머니, 밭, 호박고구마, 농부, 흙냄새, 군고구마

② 속성 찾기
변비에 좋다. 달콤하다. 여러가지 종류가 있다. 껍질도 먹을 수 있다. 농사짓기 힘들다. 쪄먹어도 좋다. 밥에 넣어 먹을 수 있다. 식량 대용이다. 수분을 품고 있다. 잎은 예쁘다.

③ 유사 연상(연관짓기)
변비에 좋은 것은 귤, 달콤한 벌꿀, 여러 가지 종류가 있는 고추, 껍질도 먹는 사과, 농사짓기 힘든 벼, 변비에 좋은 것은 운동, 달콤한 엄마의 품속, 여러 가지 종류가 있는 마음, 아주 힘든 막노동

④ 삶과 연관짓기
수분을 잔뜩 담고 있을 때는 싱싱한 젊은 시절, 썩을 때나 삶아서 몰랑몰랑해진 고구마는 나이 든 시절이나 병든 삶, 익을수록 우러나는 진한 고구마 맛은 바로 중장년 이후의 성숙이 주는 삶의 진한 맛.

⑤ 뼈대 세우기
고구마는 둥근 몸속에 수분을 잔뜩 담고 있다. 생고구마는 단단함으로 다져져 있지만 할머니의 다 닳아빠진 이처럼 물속에선 몰랑몰랑 고구마로 물러진다. 자신의 단단한 외피와 속살이 전부 익어질 때쯤이면 그 노란 몸속에 영양분을 듬뿍 담고 농부의 흙냄새를 전해준다. 그 속에서 나는 삶이 성숙하는 진한 향기를 맡는다.

| 신문 읽고 생각하기 |

삶과 연관짓기 과정을 통해 글쓰기를 할 경우, 글쓰기 초보자들은 주로 자신의 삶을 중심으로 글쓰기에 쉽게 접근하는 장점이 있으나 그 생각의 폭이 한정될 수 있는 한계가 있다. 그러므로 항상 새로운 생각의 재료나 모티프가 필요하다. 이런 경우, 신문 등을 활용하면 매우 유용하다. 신문 속에는 타인의 삶이 다양하게 소개되고 있으며, 우리 시대의 여러 가지 이야기와 다양한 생각들이 담겨져 있다. 이러한 점을 적극적으로 살려 생각의 소재로 활용하는 것도 좋은 방법이 된다. 과정은 주로 다음과 같다.

① 신문의 기사를 검색한다. 가급적 소재별, 주제별, 섹션별 등으로 분류를 하며 살펴보는 것이 좋다.

② 어떤 문제의식을 가질 수 있는지 생각하고 메모한다. 사건에 대한 비판은 물론이고 자신이 그 상황에 있을 경우는 어떻게 할 것인지를 상상해보는 것이 좋다. 인물이나 시간과 공간적인 배경이 달라질 경우, 스토리는 어떤 변화를 겪게 되는지를 상상해 보고 메모한다.

③ 주어진 사건을 자신이 원하는 장르로 변형시켜 적어 본다. 삶의 이야기는 어느 장르에 구애되지 않고 사용할 수 있는 중요한 소재이다. 그러므로 신문을 활용한 글쓰기는 다양한 장르에 적용할 수 있는 방법이다.

④ 글을 쓸 때는 기사와 자신이 쓴 글을 함께 남긴다. 발상의 근원이 된 사건을 남겨두면 다음 작품을 창작할 때 앞서 사용한 방법을 변형시키거나 활용할 때 참고할 수 있다.

4. 브레인라이팅(BRAINWRITING)[7]

브레인스토밍의 대안, 브레인라이팅

미국의 광고회사 BBDO 창립자의 한 사람인 알렉스 오스본(Alex Osborn)은 많은 시간

7. 박준범, 「브레인 라이팅과 글쓰기」, 『프레라이팅』, 미출간. 이하 '브레인스토밍'과 '브레인라이팅'에 관한 주요 내용은 이 자료를 참고함.

을 창의성과 상상력에 관한 연구에 투자하였다. 그는 광고 회사의 회의실에서 말단 사원들이 회의 중 한 마디도 꺼내지 못하는 것을 보고 아이디어 발상을 위한 디스커션(discussion) 기법으로 브레인스토밍(Brainstorming: BS)을 1939년에 창안하였다. 그의 말에 따르면, 브레인스토밍은 "머리를 써서 어떤 문제를 공격하는 것(using the brain to storm a problem)"라고 정의할 수 있는데, 이 기법은 광고계뿐만 아니라 여러 분야에서 가장 활발하게 쓰이는 아이디어 발상법이다. 브레인스토밍의 가장 큰 장점은 어떤 아이디어에 대해 '좋다' 혹은 '나쁘다'라는 판단을 하지 않으면서 최대한 많은 아이디어를 생성하도록 한다는 것이다.

<브레인스토밍의 4원칙>

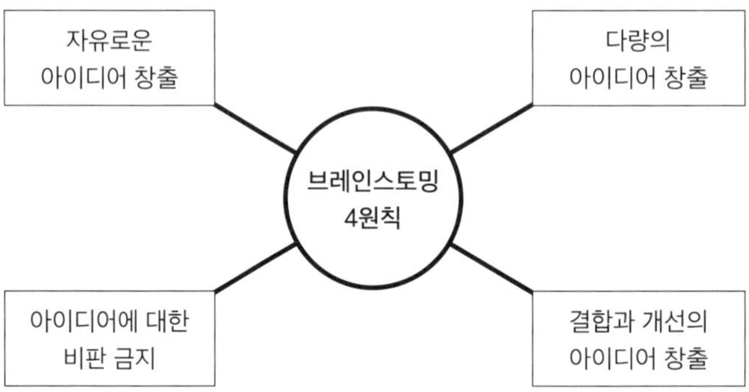

오스본은 브레인스토밍의 네 가지 원칙[8]에 대해 다음과 같이 설명하고 있다.

브레인스토밍의 첫 번째 원칙은 자유로운 아이디어 창출이다. 브레인스토밍은 참여자 누구나 주제 또는 논제와 관련하여 자신의 아이디어를 말할 수 있다. 두 번째 원칙

8. 세계적인 디자인 기업 IDEO(아이데오)는 다양한 브레인스토밍 방식을 적용하고 있는데, 이 기업은 브레인스토밍이 디스커션의 단계로만 끝나지 않고, 이러한 결과가 실질적인 결과물로 실현될 수 있는지의 가능성, 즉 실현가능성(practicality)으로까지 이어질 수 있도록 브레인스토밍의 원칙을 확장하여 'IDEO 브레인스토밍 7원칙'을 개발하였다. 이 7원칙은 고객의 요구나 서비스에 집중해서 문제를 명확하게 제시하는 초점(focus) 명확하게 하기, '양을 추구한다', '엉뚱한 아이디어를 격려한다', '시각화한다', '판단은 뒤로 미룬다', '한 번에 한 가지씩만 이야기한다'처럼 각각의 브레인스토밍 디스커션의 규칙 만들기, 아이디어에 번호 매기기, 아이디어 창출이 정체될 때는 사회자가 다른 논제(issue)로 넘어가기, 아이디어를 기록하기 위해 모든 공간을 활용하기, 워밍업 시간 갖기, 온몸을 활용하여 스케치하거나 프로토타입 만들기이다.

은 다량의 아이디어 창출이다. 브레인스토밍은 가능한 한 많은 아이디어를 생성하기 위한 디스커션이므로 아이디어의 질(quality)보다는 양(quantity)이 중요하다. 한 연구에서는 대안의 숫자가 많을수록 좋지만 8~15개를 요구할 때가 가장 안정적이며 1인당 25개를 요구할 때는 효과가 반감된다는 연구 결과도 있다(Bergh, Reid, & Schorin, 1983., 김병희, 2014. 재인용). 세 번째 원칙은 아이디어에 대한 비판 금지이다. 브레인스토밍에서 참여자 누군가의 의견에 대해 비판 내지는 비평을 가하게 되면 자유로운 아이디어 창출이나 다량의 아이디어 창출이라는 두 원칙을 유지할 수 없게 된다. 또한 누군가의 어떤 아이디어가 이후에 새로운 아이디어 창출에 어떠한 결과를 가져다줄 지는 아무도 알 수 없는 것이므로 이러한 아이디어에 대해 '좋다' 혹은 '나쁘다'라는 평가를 가하는 것은 적절하지 않다. 네 번째 원칙은 결합과 개선의 아이디어 창출이다. 하나하나의 아이디어가 그 나름의 역할을 할 수도 있으나 하나의 아이디어가 다른 아이디어와 결합하거나 아이디어를 개선하여 새로운 아이디어를 창출할 수도 있다. 기존의 아이디어를 여러 관점에서 살펴 결합시키거나 개선하는 것은 참신하고 창의적인 아이디어를 창출하고 이를 확장시키는 효과적인 방법이다.[9]

그러나 이러한 브레인스토밍도 몇 가지 문제점을 안고 있다. 그 중 한 가지 문제점은 브레인스토밍이 자유로운 아이디어를 창출할 수 있다는 원칙이 있으나 실제로 디스커션이 진행되면, 참여자는 성별이나 나이, 지위 등에 따른 상하 위계를 고려하지 않을 수 없다는 것이다. 상대적으로 낮은 위치에 있는 참여자들은 자신의 의견을 자유롭게 개진하지 못하는 문제가 발생하는 것이다. 또 하나의 문제점은 참여자 개인의 성향 때문에 충분한 의견 수집이 어렵다는 것이다. 참여자 중 내성적인 성격을 가진 몇몇은 디스커션 과정 중에 어떠한 의견도 개진하지 않거나 개진하지 못하는 경우가 있는데, 이러한 내성적이고 소극적인 참여자는 전체 디스커션에도 영향을 미칠 수 있다.

이러한 브레인스토밍의 단점을 보완하기 위해 고안한 것이 브레인라이팅(Brainwriting: BW)이다. 브레인라이팅은 1968년에 출간된 독일의 세일즈 매거진 'Absatzwirtschaft'에서 베른트 로르바흐(Bernd Rohrbach)가 선보였나. 로르바흐가 소개한 브레인라이팅은 6명의 참여자가 각자 3개의 아이디어를 5분 내에 기록하고 옆 사람에게 돌려 30분간 모두 108개의 아이디어를 창출할 수 있는 디스커션으로, 흔히 '6-3-5기법(Method 635)'[10]

9. 네이버 블로그 'KOO 퍼실리테이터' 참조.

이라고도 한다(Rohrbach 1969). 지금까지 이 기법은 비즈니스, 마케팅, 디자인, 글쓰기 등 매우 다양한 분야에서 활발하게 쓰이고 있다.[11]

브레인라이팅은 일반적인 과정이 함께 숙의하는 사람에 의해 모든 아이디어가 기록된다는 점에서 브레인스토밍과 유사한 디스커션 기법이다. 또한 브레인라이팅이 브레인스토밍의 4원칙을 기반으로 한다는 점도 이 두 디스커션이 유사한 기법임을 보여준다.

그러나 브레인라이팅은 세 가지 측면에서 브레인스토밍과 다르다. 첫째는 브레인스토밍은 아이디어의 창출을 위한 디스커션이지만, 브레인라이팅은 아이디어 창출뿐만 아니라 선정과 정리, 그리고 주어진 논제에 대한 어느 정도의 합의된 결론까지도 도출할 수 있는 디스커션이라는 것이다. 둘째는 브레인스토밍이 가진 문제점, 즉 자유로운 아이디어 창출을 전제하고 있으나 실제 현장에서는 디스커션의 상황이나 참가자의 성향에 따라 이러한 의견 개진이 원활하지 못한 경우도 있을 수 있는데, 이러한 문제점을 보완하기 위해 고안된 디스커션이 브레인라이팅이다. 다시 말하면 브레인라이팅은 자유로우면서도 동등한 의견 개진의 기회를 보장받는데, 이러한 점은 분명히 브레인스토밍과 다르다. 셋째는 브레인라이팅이 브레인스토밍과 같은 그룹 활동이면서도 이 디스커션만의 개인 활동도 동시에 할 수 있다는 것이다. 브레인라이팅의 개인 활동에는 독특한 특징이 있는데, 개인 활동 중에는 어떤 참가자도 말을 할 수 없다는 점이다. '말 대신 글'로 하는 디스커션의 특징을 고려하여, 이를 '침묵의 브레인라이팅'이라 부르기도 한다.

로르바흐의 브레인라이팅, '6-3-5 기법'

앞서 언급했듯이, '6-3-5 기법' 브레인라이팅은 1968년에 출판된 독일의 세일즈 매거진 'Absatzwirtschaft'의 베른트 로르바흐에 의해 개발된 것으로, 창의성 촉진을 목적으로 하는 구조화된 모둠 브레인라이팅 기법이다.

---

10. 브레인스토밍을 일컫는 용어는 매우 다양한 것 같다. 브레인스토밍의 약점을 보완하기 위해 고안된 이 방법은 참여자가 자신의 생각을 말이 아니라 글로 표현한다는 점에서 '침묵의 브레인스토밍'이라고도 하고, 핀 카드(pin card)나 포스트잇(post-it) 등을 활용하여 게시의 형태로도 진행할 수 있다는 점에서 '게시판 세미나'라고도 한다.
11. 네이버 블로그 'KOO 퍼실리테이터', 'SERVICE DESIGN FLATFORM' 참조.

'6-3-5 기법'은 주어진 활동지에 5분 안에 3개의 아이디어를 써야 하는 6명의 참가자가 한 모둠을 구성하는데, '6-3-5 기법'이라는 명칭은 이러한 디스커션의 특성을 반영한 것이다. 따라서 '6-3-5 기법'은 30분 동안 모두 108개의 아이디어를 얻을 수 있다.

'6-3-5 기법'의 과정은 단순하고, 반복적이며, 수렴적이다. 우선 본격적인 디스커션에 앞서 한 그룹의 참가자는 6명으로 하고, 각 참가자에게 다음과 같은 양식의 활동지를 한 장씩 나누어 준다.

<'6-3-5 기법' 활동지 양식>

Problem Statement : *How To* …			
	Idea A	Idea B	Idea C
1			
2			
3			
4			
5			
6			

먼저, 참가자들은 논제(problem statement)를 확정해야 한다. 일반적으로 논제는 '어떻게 ~ 할 것인가?'와 같은 문제로 정의하지만 이밖에 다양한 문제도 논제로 정의할 수도 있다.

<[절차1] 논제 확정>

Problem Statement : 어떻게 하면 비행기를 놓치지 않을 수 있을까?			
	Idea A	Idea B	Idea C
1			

그리고 각 참가자는 자신이 받은 활동지의 1행 Idea A, B, C에 5분 동안 아이디어를 하나씩 써서 채운다. 5분이 되면 각 참가자는 자신의 오른쪽 참가자에게 작성한 활동지를 전달한다.

<[절차2] 첫 번째 아이디어 생성>

Problem Statement : 어떻게 하면 비행기를 놓치지 않을 수 있을까?			
	Idea A	Idea B	Idea C
1	알람을 맞춘다.	택시를 탄다.	전날 공항 근처에서 잔다.
2			

<'6-3-5 기법' 활동지의 로테이션>

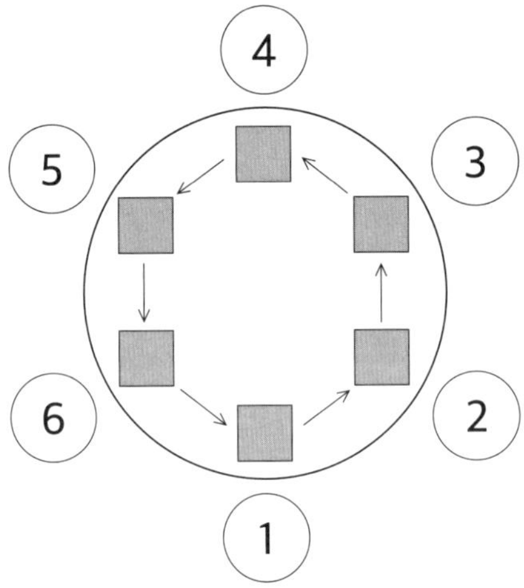

활동지를 전달받은 다음 참가자는 앞선 과정에서처럼 2행 Idea A, B, C에 5분 동안 아이디어를 하나씩 써서 채운다. 다만 앞선 과정과 다른 점은 자신이 앞서 적은 아이디어를 단순히 그대로 적는 활동을 하는 것이 아니라 앞의 참가자가 적은 1행의 아이디어를 참고하여 이를 더욱 발전시키거나 혹은 전혀 새로운 아이디어를 창출하여 제안한다는 것이다.

<[절차3] 두 번째 아이디어 생성>

Problem Statement : 어떻게 하면 비행기를 놓치지 않을 수 있을까?			
	Idea A	Idea B	Idea C
1	알람을 맞춘다.	택시를 탄다.	전날 공항 근처에서 잔다.
2	알람시계를 끌어안고 잔다. 알람을 여러 개 맞춘다.	택시를 미리 예약한다.	헬기 조종사를 고용한다.
3			

이와 같은 방식으로 3행부터 6행까지 모든 참가자가 한 번씩 활동지에 아이디어를

생성하여 적도록 한다. 이렇게 아이디어를 생성하는 개인 활동을 거치게 되면 공통된 논제에 대한 아이디어를 한 참가자마다 18개씩 가지게 되므로 한 그룹은 모두 108개의 아이디어를 갖게 된다.

<[절차4~7] 세 번째부터 여섯 번째까지 아이디어 생성>

Problem Statement : 어떻게 하면 비행기를 놓치지 않을 수 있을까?			
	Idea A	Idea B	Idea C
1	알람을 맞춘다.	택시를 탄다.	전날 공항 근처에서 잔다.
2	알람시계를 끌어안고 잔다. 알람을 여러 개 맞춘다.	택시를 미리 예약한다.	헬기 조종사를 고용한다.
3	친구들에게 전화해 달라고 부탁한다.	차가 밀릴 수 있으니 차라리 지하철을 이용한다.	아예 공항에서 잔다.
4	심부름 업체를 이용해 모닝콜을 부탁한다.	짐을 들어줄 사람을 따로 고용한다.	노트북을 들고 가 업무를 하며 공항에서 밤을 샌다.
5	2~3시간 일찍 도착해 카페에서 시간을 보낸다.	친구에게 같이 가 달라고 부탁하고 밥을 산다.	공항 근처에 시간을 보낼 만한 시설을 찾아본다.
6	전날 충분히 일찍 잔다.	다음 비행기를 탄다.	모닝콜을 수십 명에게 부탁해 놓는다.

참가자가 처음에 자신이 작성한 활동지를 돌려받았으면 18개의 아이디어 중에서 자신이 생각하는 좋은 아이디어를 고른다. 참가자가 고르는 아이디어의 개수는 정해져 있지는 않으나 보통 4~6개 정도가 이후에 다른 참가자들과 토론하기에 적당하다.

<[절차8] 좋은 아이디어 고르기>

Problem Statement : 어떻게 하면 비행기를 놓치지 않을 수 있을까?			
	Idea A	Idea B	Idea C
1	알람을 맞춘다.	택시를 탄다.	<u>전날 공항 근처에서 잔다.</u>
2	<u>알람시계를 끌어안고 잔다.</u> 알람을 여러 개 맞춘다.	택시를 미리 예약한다.	헬기 조종사를 고용한다.
3	친구들에게 전화해 달라고 부탁한다.	차가 밀릴 수 있으니 차라리 지하철을 이용한다.	아예 공항에서 잔다.
4	심부름 업체를 이용해 모닝콜을 부탁한다.	짐을 들어줄 사람을 따로 고용한다.	<u>노트북을 들고 가 업무를 하며 공항에서 밤을 샌다.</u>
5	<u>2~3시간 일찍 도착해 카페에서 시간을 보낸다.</u>	<u>친구에게 같이 가 달라고 부탁하고 밥을 산다.</u>	<u>공항 근처에 시간을 보낼 만한 시설을 찾아본다.</u>
6	전날 충분히 일찍 잔다.	다음 비행기를 탄다.	모닝콜을 수십 명에게 부탁해 놓는다.

참가자는 자신이 선택한 아이디어를 적절히 결합하고 개선하여 새로운 아이디어로 발전시킬 수 있다. 그리고 이를 다른 참가자들과 공유한다. 이때부터는 침묵의 시간은 끝나고, 활발하게 서로의 아이디어를 개진하게 되는데, 각 참가자들의 아이디어를 다시 한 번 결합하고 개선하여 이를 더 좋은 아이디어로 발전시킬 수 있다. 이와 같은 과정을 거치면서 디스커션이 마무리되면 주어진 논제에 대한 어느 정도의 해결방안까지도 마련할 수 있게 된다.

<[절차9] 아이디어 수렴하기>

항공권 기반으로 공항이나 항공사, 여행사 측에서 알림 서비스를 신청하거나 전날 미리 도착하는 승객들을 위해 제공되는 숙박 서비스를 신청한다.

브레인라이팅도 주의해야 할 몇 가지 문제점이 있다. 먼저, 브레인라이팅은 브레인스토밍보다 참가자들의 자발성이 떨어질 수 있다. 브레인스토밍은 자발적인 태도에서 아이디어가 생성되지만 브레인라이팅은 이러한 자발성을 전제로 아이디어를 생성하지 않기 때문이다. 그리고 브레인라이팅은 글을 쓰는 것 자체를 두려워하는 참가자가 대다수라면 생산적이지 못할 가능성이 있다. 브레인라이팅의 일차적인 과정인 참가자 개인의 아이디어 생성 과정은 침묵 속에서 말이 아닌 글로 진행되므로 글쓰기에 대한 두려움이 있는 참가자라면 아이디어 생성보다도 이에 대해 부담을 가질 수 있다. 끝으로 참가자들의 아이디어가 엇비슷해질 수 있으므로 다양한 아이디어를 생성하는 데 있어서는 효율적이지 못할 가능성이 있다. 따라서 참가자들에게 모방이 아닌 개선, 무(無)에서 유(有)를 창조하는 창의성이 아닌 기존의 아이디어를 결합하는 창의성에 대한 인식을 심어주는 것이 중요하다.

토론을 위한 브레인라이팅

브레인라이팅은 비즈니스, 마케팅, 디자인, 글쓰기 등 다양한 분야에서 활용되고 있는데, 이는 토론을 준비하는 과정에서도 유용하다. 학습자들을 대상으로 하는 일반적인 토론(academy debate)[12]에서는 논제(resolution/motion)에 대한 긍정(affirmative)과 부정(negative)의 입장에 따라 쟁점(stock issue)들을 세우고 이와 관련한 근거들을 마련하게 된다. 이때 논제를 결정하거나 쟁점과 근거를 마련하는 효율적인 방법 중 하나가 브레인라이팅이다. 특히, 브레인라이팅은 실제 학교 현장에서 주어진 논제에 대해 긍정과 부정의 입장에 따라 쟁점과 근거를 비교적 짧은 시간 안에 효율적으로 마련할 수 있는 디스커션 기법이다.

토론을 위한 브레인라이팅을 진행하기 위해서는 6명(4~7명)으로 한 그룹 단위를 구성하고, 각 그룹마다 긍정과 부정의 카드(핀 카드 또는 포스트 잇)를 게시할 수 있는 큰 종이(게시판) 한 장과 각 참가자들에게 긍정과 부정의 입장을 구별할 수 있는 서로 다른 두 색의 카드 3장씩을 나누어준다.

<토론을 위한 브레인라이팅의 기본 준비물 : '게시판'과 '카드'>

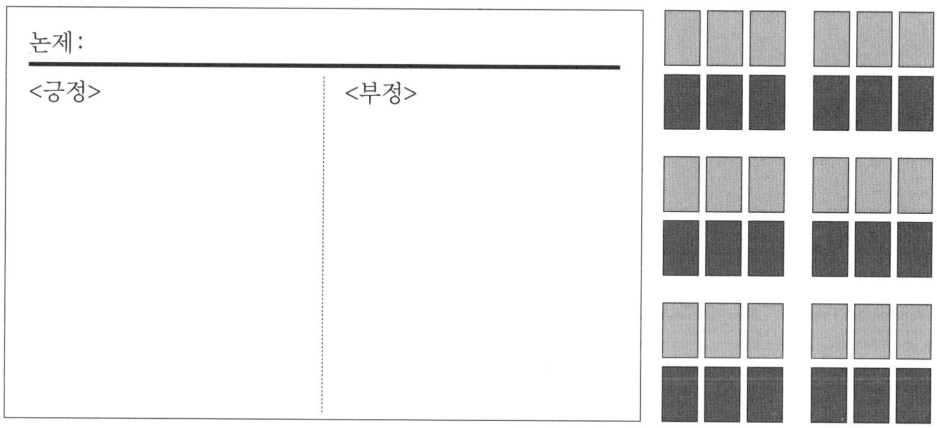

토론을 위한 브레인라이팅도 앞서 설명한 '6-3-5 기법'처럼 일차적인 절차는 개인 활동이 중심이다. 개인 활동에서는 참가자는 침묵을 유지해야 하고, 다른 참가자와 의견을 교환하지 않도록 해야 한다. 이 과정에서 참가자들은 주어진 논제에 대한 긍정과 부정의 입장을 자신에게 주어진 카드에 하나씩 적는다. 이때 카드의 두 색은 각각 긍정

---

12. 2010년 이후 우리나라의 거의 모든 대학에서는 읽기를 기반으로 한 말하기와 쓰기 교육이 핵심 교양 교과목으로 강조되고 있다. 각 대학의 특성을 살린 이 교과목들은 다양한 방식으로 운영되고 있으나 독서, 토론, 발표, 글쓰기 등의 공통적인 요소는 거의 동일하게 운영되고 있다. 여기서 언급한 '토론'은 이른바 학교의 학습자들을 대상으로 한 아카데미 토론을 말하는데, 'CEDA(Cross Examination Debate Association), 칼 포퍼(Karl Popper), PFD(Public Forum Debate)'가 대표적이다. 이 외에도 '의회식(Parliamentary Debate), 링컨-더글러스(Lincoln-Douglas Debate), WSDC(World Schools Debatting Championship)' 등이 있다.

과 부정의 입장에 해당함을 상징한다. 하나의 색이 긍정을 의미하면, 다른 하나의 색은 부정을 의미한다. 그리고 3장씩의 카드는 각각의 입장을 지지하는 주장을 참가자마다 3개씩 제시할 수 있음을 의미한다. 참가자들은 10분 동안 긍정과 부정의 입장을 지지하는 주장을 각 카드에 모두 작성한다.

<[절차1] 긍정과 부정의 입장을 지지하는 아이디어 생성하기>

논제: '아래로부터의 영향력'이 우리의 삶을 행복하게 만든다.

<긍정>

공동체 결속력 강화로 건강한 삶을 살 수 있다.	자연 친화로 환경문제에서 벗어날 수 있다.	소비지향주의에서 벗어나 '부'에 의한 분열을 막을 수 있다.

<부정>

전통적 삶에서 벗어나 다양한 경험을 취하고 싶은 이들이 있을 수 있다.	아래로부터의 영향력을 이끌어내기까지 오랜 시간이 걸린다.	공동체 구성원 각자의 의견을 수렴해야 되기에 새로운 분쟁이 발생할 수 있다.

참가자 각자의 카드가 완성되는 개인 활동 이후에는 모둠 활동이 진행된다. 참가자 중에 한 명이 자신의 카드를 읽고 게시판에 붙이면 다른 참가자들은 이 카드와 유사하다고 생각되는 자신의 카드를 옆에 함께 붙인다. 여기서 주의해야 할 점은 다른 참가자들이 자신의 카드를 함께 게시할 때 해당 아이디어에 대해서 참가자들 간에 토의가 진행되지 않도록 하는 것이다. 이 과정은 참가자들의 아이디어 카드를 임의로 모으는 과정으로, 토의는 이후에 진행되는 아이디어를 수렴하고 수정하는 과정에서 진행된다. 먼저 자신의 카드를 게시한 참가자의 긍정, 부정 카드가 모두 소진되면 카드가 남아 있는 다음 참가자가 앞선 참가자와 같은 방식으로 자신의 카드를 게시한다. 이렇게 모든 참가자의 카드가 게시판에 게시되도록 진행한다.

<[절차2] 긍정과 부정의 입장을 지지하는 아이디어 모으기>

논제 : '아래로부터의 영향력'이 우리의 삶을 행복하게 만든다.

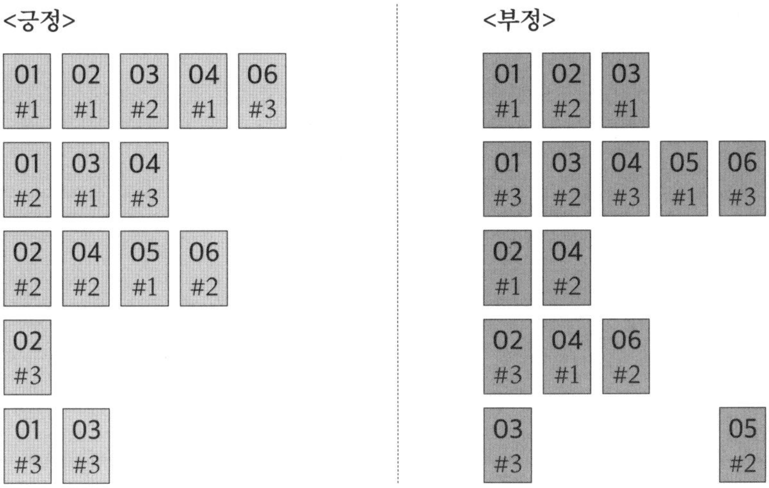

참가자는 모은 아이디어 카드를 수렴한다. 아이디어 카드의 수렴은 참가자들이 동일한 아이디어라고 생각한 카드들을 중심으로 진행된다. 참가자들은 동일한 아이디어로 생각한 카드들을 수렴할 수 있는 하나의 쟁점을 문장으로 적는다. 이때 참가자들은 자신의 아이디어 카드의 의미를 설명하고 다른 참가자의 의견과 상호 교환하는 토의의

<[절차3] 아이디어 수렴하기>

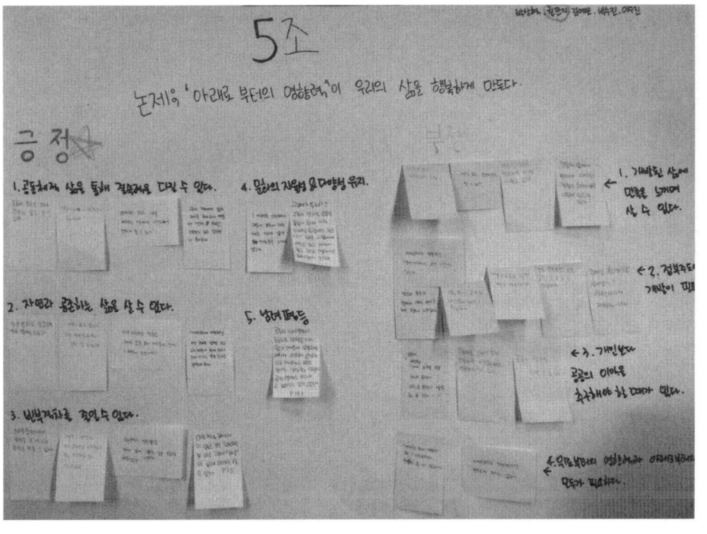

시간을 가진다. 만약 자신의 카드의 의미가 다른 참가자와 다르다거나 동일한 아이디어라 생각하지 않는다면, 다른 카드로의 이동이 가능하다. 심지어 긍정과 부정의 이동도 가능하다. 이렇게 참가자들은 자신의 아이디어의 의미를 설명하고 다른 참가자들과 의견을 교환해 가며 아이디어들을 하나하나 수렴해간다.

5. 아이디어 지도 그리기(idea mapping)[13]

아이디어 지도 그리기

아이디어 지도 그리기는 일반적으로 "추상적인 단어로 된 주제를 구체적인 이미지와 단어들로 변환함으로써 구체성을 띠게 하는 것"이라 정의하고 있다. 다시 말하자면 한 가지 주제(topic)와 관련해서 무작위적으로 종이 여기저기에 그 주제와 관련한 이미지들을 그리고, 그 주위에 단어들을 쓴 다음 그 이미지들을 말로 변환하는 것을 말한다. 간단한 사례를 들어보자. '좌절'이란 주제를 두고 아이디어 지도를 그릴 수 있다. '좌절'이란 추상적 단어를 바탕으로 그림과 간단한 단어들을 조합해 만들어낸 아이디어 지도는 좀 더 구체적인 정황을 보여준다. 특히 글을 쓰고자 하는 이는 '좌절'이란 추상적 주제를 자신이 처한 여러 구체적 상황과 결부해 아이디어 지도로 나타낼 수 있다. 이는 여러 사람이 자신이 겪은 것을 같은 종이 위에 돌아가면서 그려도 된다.

아이디어 지도(idea mapping) 그리기 순서

1. 주제(topic)를 자신이 글을 쓰고자 하는 상황과 연관 지어 본다.
2. 주제와 관련이 있는 상징이나 스케치, 낙서, 이콘(icon) 등 이미지를 그린다.
3. 이미지와 관련이 있는 단어나 (대화체의) 문장을 그 주변에 써 넣는다.
4. 주제(subject)에 관한 자유 연상을 통해 아이디어 지도 그리기를 반복한다.
5. 연상이 끝나면 가장 의미 있어 보이는 아이디어 지도를 골라낸다.
6. 골라낸 아이디어 지도를 온전한 문장으로 바꾸어준다.

---

13. 이정은, 「아이디어 맵핑」, 『프레라이팅』, 미출간. 이하 '아이디어 지도 그리기'의 주요 내용은 이 자료를 참고함.

예를 들어 5 과정에서 컴퓨터 그림과 '컴퓨터 다시 다운(computer down again!)!'이라 기록한 아이디어 지도를 6의 글로 바꾸어 볼 수 있을 것이다.

과정 6

⇨ **"지난 밤 컴퓨터가 또 문제를 일으켰다. 이번에는 거의 모든 문서 파일을 다 날려버렸다. 덕분에 나는 거의 미칠 지경이 됐다. 악몽 같은 밤이었다."**

아이디어 지도 그리기를 제안한 켈리의 말에 따르면, 이 작업 방식은 글 쓰려는 사람의 창의성을 자극할 수 있는 자유로운 글쓰기의 한 방법이다. 글을 쓰려는 이가 주제를 두고 단어를 쓰고 낙서와 스케치를 하는 동안, 그의 두뇌는 논리와 분석을 담당하고 있는 영역과 창의성을 담당하는 영역을 끊임없이 오가면서 그의 창의성에 끊임없이 자극을 준다는 것이다.[14]

이 아이디어 지도 그리기는 이미지와 간략한 표현을 써서 생각을 순간적으로 잡아챈 것인 만큼 양자가 서로 모자란 점을 보충해 효과를 낼 수 있게 해야 한다. 그렇게 하지 않으면 일정 시간이 지난 후 그에 대해 원래 생각했던 바를 제대로 생각해내지 못해 아이디어를 잃어버릴 수도 있기 때문이다.

아이디어 지도 그리기에서 유의할 점

1. 그림과 그림에 덧붙인 글에서 자신의 심리적인 긴장이 그대로 드러나게 해야 한다.
2. 이미지의 힘과 회화적 움직임을 조절해 생명력을 불어 넣어야 한다.
3. 이미지가 갖고 있는 반복, 연속, 진행, 해설의 요소를 응용해야 한다.

이 작업 방식을 다시 한 번 간략히 정리하면 다음과 같다. 일단 추상적인 주제(topic)에 관해 생각한 후 이미지를 만들고, 거기에 단어나 (대화체의) 문장을 결합해 구체적인 주제(subject)로 만든다. 그리고 이를 구체적인 문장으로 바꾸어주면 된다.

이 방식은 추상적 주제(topic)를 구체적인 주제(subject)로 바꾸는 가장 기초적인 작업이라 할 수 있다. 그만큼 아이디어 지도는 단편적·독립적 기록에 불과해 이것을 가지고 내용을 연쇄적으로 전개하기를 바랄 수는 없다. 개인의 경우 막연한 생각을 구체화할

---

14. William.J.Kelly& Deborah.L.Lawton, 『Odyssey』-from Paragraph to Essay, Longman, pp. 18-19.

때, 단체의 경우 브레인라이팅(Brain writing)처럼 추상적 주제를 구체화하게 할 때, 유용하게 사용할 수 있다.

비주얼 싱킹(Visual Thinking)

앞에서 본 것처럼 '아이디어 지도 그리기'는 추상적인 생각(Topic)을 구체적인 주제(subject)로 가져갈 수 있게 가교 구실을 해 준다. 하지만, 그 성격상 독립적 기록에 그칠 가능성이 많다. 이러한 약점을 좀 더 효과적으로 극복할 수 있는 방식이 '비주얼 싱킹(Visual Thinking)'이다.

이 작업 방식은 '아이디어 지도 그리기'처럼 이미지와 글을 함께 사용해 자기 생각을 정리하면 된다. 이미지를 그리는 것도 '아이디어 지도 그리기'처럼 개념과 사물의 특징을 빠른 시간 내에 간단하면서도 정확하게 표현하기만 하면 된다. 두 방식 모두 이미지는 기본 도형을 그릴 정도면 되고, 글로 변환할 때 바로 알 수 있는 정도면 아무 문제없다.

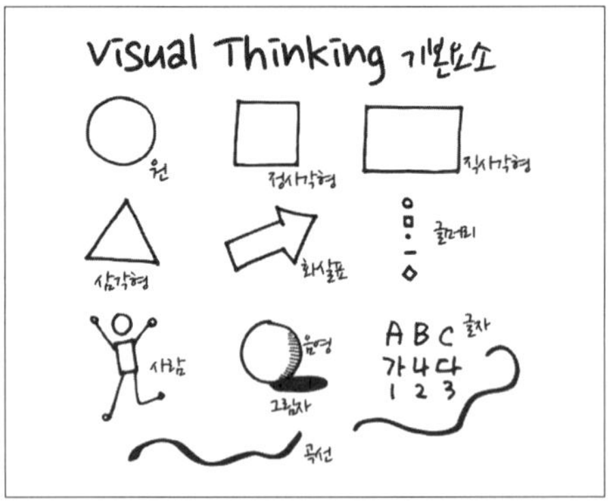

<그림 1>

비주얼 싱킹의 장점은 아래 사진과 그림이 잘 보여준다. 왼편 사진은 영화 <300>의 한 장면이고, 오른 편 그림은 그 장면을 비주얼 싱킹 방식으로 표현한 것이다. 비주얼 싱킹은 사진 속 복잡한 내용을 생략 축소해 강조하고 싶은 핵심만 드러낼 수 있게 해 준다.

<그림 2>

<비주얼 싱킹의 장점>

이 작업 방식은 불필요한 것들은 모두 없애고 이야기의 핵심만 제공함으로써 보는 사람이 바로 이해할 수 있게 하는 장점이 있다. 이해하기 쉬워서 사람들 간에 공감대를 형성하기도 쉬워 설득력을 높일 수 있고, 이는 의사결정을 빨리 할 수 있게 해 주어 시간과 경비를 절약할 수 있게 해 줄 것이다. 이를 정리하면 아래와 같다.

(1) 이해하기 쉽다.
(2) 공감대를 형성하기 쉽다.
(3) 설득력을 높일 수 있다.
(4) 의사결정 속도를 높일 수 있다.
(5) 시간과 경비를 절약할 수 있다.

눈치가 빠른 사람이라면 앞에서 살펴본 '아이디어지도 그리기(idea mapping)'와 이 '비주얼싱킹'이 얼핏 보기에는 비슷하지만, 중요한 점에서 다르다는 사실을 눈치 챘을 것이다. 쉽게 말하자면, 비주얼 싱킹은 복잡한 내용을 핵심만 간추려서 단순하게 '표현'하는 방식이라면, 아이디어지도 그리기는 복잡하게 표현할 문장을 '함축'를 통해 제시하는 방식이다. 그런 만큼 비주얼 싱킹은 상황에 대해 간략하면서도 논리적으로 명확한 진술을 요구하는 글을 쓰려고 할 때 활용하기 좋다. 이에 비해 아이디어지도 그리기는 함축적인 만큼 정서적인 반응을 문장으로 이끌어낼 때 유용할 것으로 보인다. 하지만, 정서적인 반응을 주로 다룬 글이라 해서 논리성이 없어도 된다는 말은 아니다. 아무리 정서적인 것이 주가 되는 글이라 해도 일관된 하나의 논리 체계를 갖추고 있지 않으면 좋은 글이라 할 수 없다. 그런 면에서 이 두 가지 방식을 적절하게 활용해서 글쓰기 작업을 좀 더 쉬우면서도 한 단계 더 높은 수준으로 이끌어갈 수 있을 것이다.

이러한 작업을 가능하게 해 줄 수 있는 사례를 한번 보자. 아래 그림은 비주얼 싱킹을 이용해 작성한 그림일기다.

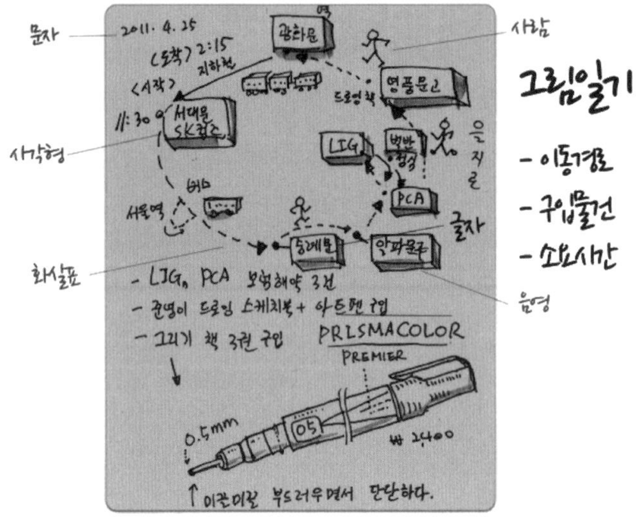

<그림 3. 비주얼 싱킹을 사용해 작성한 그림일기>

위 <그림 3>은 문자와 도형, 화살표, 사람을 지시하는 간단한 그림을 사용해 하루 동안 있었던 일 중에서 중요한 정보를 효과적으로 표현하고 있다. 일기는 하루 동안에 있었던 중요한 일을 기록하는 글이다. 위 그림일기는 자신의 동선과 거기에 걸린 시간을 원 모양으로, 그리고 그날 했던 의미 있는 일들을 기록하고 있다. 이는 글쓰기로 보면 글을 쓰기 위한 일단의 소재를 끄집어내는 작업과 유사하다.

글쓰기 하면 흔히들 처음부터 의미 있는 뭔가를 쓰려고 하지만, 바로 그렇게 할 수 있는 경우는 거의 없다. 주제를 받아서 쓰는 경우라 해도 상황은 별반 다르지 않다. 글 쓰는 이 자신이 처음부터 관심을 갖고 주의 깊게 관찰한 주제가 아니기 때문이다. 이런 경우에는 일단 글쓰기의 실마리부터 잡아가야 하는데, 이때 비주얼 싱킹은 그 실마리를 발견할 수 있게 해 주는 기초 작업 구실을 한다.

이 같은 비주얼 싱킹을 효과적으로 하기 위해 필요한 도구에는 어떤 것들이 있는지 알아보기로 하자.

<비주얼 싱킹의 도구>

(1) 휴대가 간편하고 잉크가 안 번지는 종이로 만든 스케치 북이나 공책

(2) 글씨를 쓰고 그림을 그릴 수 있는 펜 1자루씩

(3) 그림에 그림자와 음영을 드러낼 수 있는 회색 마커

(4) 주요 내용을 강조하기 위해 쓸 사인펜 1자루

<비주얼 싱킹 연습하기>

(1) 각종 화살표 그리기

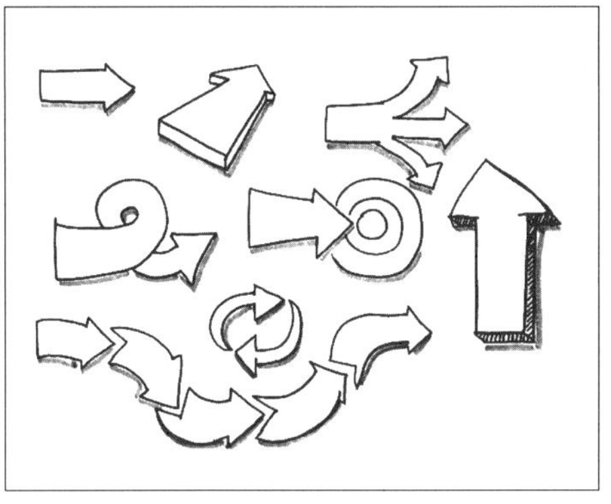

<그림 4>

이 그림은 정보 흐름 표현에 필요한 화살표를 그려 본 것이다. 이 그리기는 비주얼 싱킹에서 내가 쓰려고 하는 정보가 어떠한 흐름을 타고 있는지를 바로 알기 쉽게 해 준다. 이 그리기는 일부러 많이 연습할 필요는 없다. 어떠한 경우에 어떤 화살표를 그려야 가장 효과적으로 이해할 수 있을지 자신이 정확하게 인지할 수 있을 때까지만 연습하면 된다.

(2) 말풍선 그리기

<그림 5>

이 그림은 말하기, 생각하기, 정보, 중요한 것 등을 다양한 형태의 말풍선으로 표현해 본 것이다. 이 부분 역시 화살표 그리기와 마찬가지지만, 중요한 정보들을 써 넣는 칸이니만큼 경우에 따라 어떤 말풍선 표시를 쓰는지 정확히 인지할 수 있을 때까지 연습해야 한다.

⑶ 사람 모습 그리기

<그림 6>

이 그림은 동그라미와 각진 모양을 사용해 아주 단순하게 다양한 형태의 사람을 그려본 것이다. 이 그림 그리기에서 중요한 것은 사람이 몇 명이고, 그들이 어떠한 상황에서 각각 어떻게 행위하고 있는가를 그리는 일이다. 사람의 형상을 멋있게 그린다거나 하는 점은 전혀 신경 쓸 필요 없다.

⑷ 표정 그리기

<그림 7>

위 그림들은 사람들이 가장 흔히 드러내는 6 가지 표정인 기쁨, 우울, 환호, 화남, 당황, 놀람의 모습을 보여준다. 그다지 중요한 것은 아니므로 지나치게 감정을 섬세하게 표현하려 할 필요는 없다. 다만, 민감한 정서적 반응을 표현해야 할 경우에는 조금 신경을 써야 한다. 이 부분은 비주얼싱킹이 하는 정보의 흐름 전달에서 아이디어지도 그리기의 정서적인 감정 표현으로 들어가는 부분이 되기 때문이다. 이 부분은 약간의 연습이 필요하다.

(5) 사물 그리기 : 일상이나 업무에서 자주 접하는 사물을 단순·명확하면서도 빠르게 표현하기

<그림 8>

일상에서 늘 접하는 사물이라 해도 생각만 하면 그냥 쉽게 그릴 수 있는 것은 아니다. 대상이 되는 사물의 주요한 특징을 제대로 숙지하고 있어야 그렇게 하는 것이 가능하다. 평소 틈틈이 사물의 모습을 관찰하면서 그려보는 것이 중요하다.

앞서 정리한 것처럼 비주얼 싱킹에 필요한 펜과 노트를 항상 가지고 다니면서 자투리 시간이 날 때마다 생각을 그림으로 표현하는 연습을 계속하면 그리 큰 시간이 걸리지 않아도 자신의 일과 정도는 글과 그림으로 정리할 수 있게 될 것이다.

아래 <그림 9>는 '세상을 바꾸는 시간 15분 - 글을 진짜 잘 써야 하는 사람, 바로 직장인' 이라는 강의를 정리한 것이다.

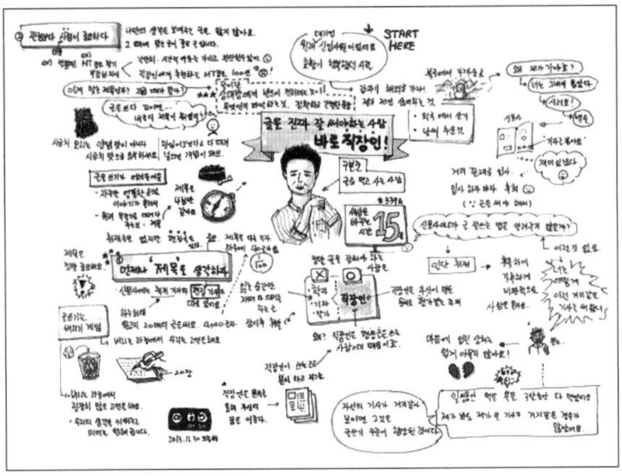

<그림 9>

마인드맵(Mind Map)

'마인드맵(Mind Map)'은 영국의 전직 언론인 토니 부잔(Tony Buzan)이 주장해 유럽에서 선풍을 일으킨 문제해결 방식으로 '아이디어 맵(Idea Map)[15]'이라고도 부른다.

마인드맵(mind map)에서 마인드(mind), 곧 아이디어(idea)는 글쓴이가 특정한 상황에서 수행해야 할 과제에 관한 생각이나 발상, 계획이란 의미로 쓴다. 맵(map)은 문자 그대로 '지도'를 뜻하는 말이다. 이 둘을 합해 보면 '마인드맵'이란 글쓴이가 자기 머릿 속에 있는 기억이나, 생각, 발상, 계획 등등을 종이나 퍼스널 컴퓨터, 스마트폰 화면 위에 지도 모양으로 그려 놓은 것이다. 글쓴이는 이렇게 해서 미처 생각지 못했거나, 생각은 했지만 제대로 정리하지 못한 것을 구조화·구체화할 수 있게 된다. 즉, 마인드맵이란 글쓴이가 어떤 특정한 대상에 관해 구상한 것을 시각화해 좀 더 쉽게 정리할 수 있게 도와주는 '생각 지도'라 할 수 있다.

이 방식은 특정 주제에 관한 글을 쓰는 이가 필요한 아이디어를 손쉽게 만들어낼 수 있게끔 도와주는 상당히 효율성 있는 도구다. 또, 이 방식은 생각을 체계적으로 정리할 수 있게 해 글 쓰는 일과 관련해 일어날 수 있는 문제를 쉽게 해결할 수 있게 도와준다. 마인드맵을 운용하는 기본 방식, 다시 말해 기본 구조는 아래 그림과 같다.

15. '마인드맵'을 가리키는 '아이디어맵(idea map)'과 앞에서 다룬 '아이디어지도 그리기(idea mapping)'는 별개의 대상이므로 혼동하면 안 된다.

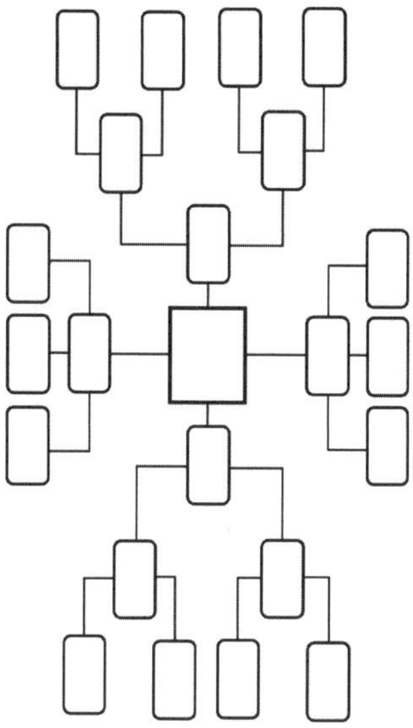

<그림 10>

앞서 살펴본 '아이디어지도 그리기'나 '비주얼 싱킹'같은 것은 성격상 퍼스널 컴퓨터나 스마트폰같은 도구를 사용하기보다는 손으로 그리는 것이 여러 모로 유리하다. 하지만, 이 마인드맵과 같은 경우는 손으로 하든 퍼스널 컴퓨터를 사용하든 둘 다 약점과 강점이 있다. 이 작업을 하고자 하는 사람 자신의 기호에 맞는 것을 선택하면 된다. 먼저 손으로 하는 작업에 관해 알아보자. 이 작업은 간단한 몇 가지 도구가 필요한데, 그 내용물은 앞서 살펴본 비주얼 싱킹에서 쓴 도구들을 그대로 쓰면 된다.

<마인드맵의 도구>

(1) 휴대가 간편하고 잉크가 안 번지는 종이로 만든 스케치 북이나 공책
(2) 글씨를 쓰고 그림을 그릴 수 있는 펜 1자루씩
(3) 그림에 그림자와 음영을 드러낼 수 있는 회색 마커
(4) 주요 내용을 강조하기 위해 쓸 사인펜 1자루

이렇게 기본 도구들을 준비했다면 마인드맵을 사용하는 방법에 대해 알아보자.[16]

16. 정진호, [마인드맵 이야기] ①창의적 인재를 위한 마인드맵 시작하기(http://social.lge.co.kr/view/opinions/mindmap)

<마인드맵의 구성요소와 사용 방법>

(1) **방사형 구조**: 중앙의 중심 이미지에 기반해 떠올린 다양한 생각을 가지로 표현한다. 가지가 뻗을수록 중심생각과 멀어지므로 가지 굵기를 점점 얇게 그려야 한다.

(2) **중심 생각**(이미지): 제목, 주제로 다른 생각과 구분할 수 있게 중앙에 가장 크게 써(그려야)야 한다.

(3) **주가지와 부가지**: 중심 생각에 바로 연결한 선이 주가지고, 거기서 갈라진 선이 부가지다. 같은 범주의 가지는 같은 색상을 쓰되, 중심에서 멀어질수록 점점 가늘게 그린다(색이 다른 포스트 잇 사용 가능).

(4) **핵심어**(key word): 가지 위에 써서 가지가 끊어지지 않게 하는데, 가지 당 하나씩만 써야 한다.

(5) **이미지**: 핵심어에 관한 이미지를 많이 그리되, 단순하지만 입체적으로 그리는 것이 좋다.

위 그림에서 보듯 마인드맵은 중앙의 중심 생각이나 중심 이미지를 기점으로 해서 주가지, 주가지에서 잔가지, 그 잔가지에서 다시 잔가지 식으로 방사형으로 생각을 뻗어 나가며 중심 이미지에서 멀어질수록 가지의 굵기가 점점 얇아지는 형태를 취하고 있다. 즉, 중심 생각에서 시작해 그와 연관이 되는 생각이나 이미지가 꼬리에 꼬리를 물고 진행하는 방식을 취한다.

아래 그림은 퍼스널 컴퓨터에서 쓸 수 있는 상용 프로그램을 써서 마인드맵 작업을 해 본 것이다. 앞서 종이에서는 칼라펜으로 작업을 했지만, 컴퓨터에서는 그 대신 한 범주에 속하는 곁가지들을 이렇게 모두 한 가지 색으로 통일하면 된다.

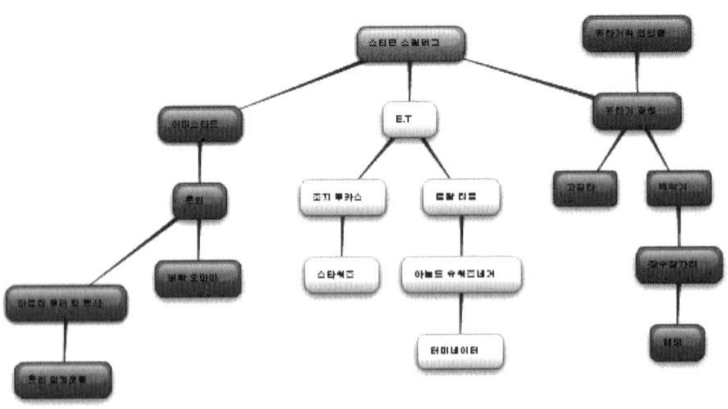

<그림 11>

마인드맵 작업은 그 성격상 큼직한 종이 위에 직접 단어를 쓰고 그림을 그려보는 것이 효과적일 때가 많다. 우연히 생각이 떠오르면 바로 그 자리에서 착상을 그대로 종이 위에 옮길 수 있기 때문이다. 한편의 긴 글을 쓰는 것이 아니기 때문에 마우스나 키패드, 자판을 이용하는 것보다 작업이 간편하고 그 속도도 무척 빠르다. 반면, 이 방식은 퍼스널 컴퓨터나 스마트폰 용으로 출시한 마인드맵 프로그램이나 앱을 사용하는 것보다 조금 불편한 점도 있다.

약점은 마인드맵 작업의 특징인 방사형 전개 방식에 있다. 큰 부가지로 계속해서 작은 가지를 만들다 보면, 전혀 다른 가지에 뻗은 것끼리 연결해야 할 때가 생긴다. 이런 것들은 새로 중요한 의미 단위를 이룰 수 있다. 다시 말해, 방사형 구조는 쉽게 생각을 뽑아낼 수 있는 장점이 있지만, 그것을 구조화하기 위해서는 이차 작업을 거쳐야 한다는 것이다. 물론, 이러한 불편함은 마인드맵 프로그램이나 앱, 등의 작업 방식을 채용한 것을 전제로 할 때로 한정된다.

수작업 방식이 여러 모로 편하기는 하지만, 특별히 이런 도구를 항상 준비성 있게 챙겨 다녀야 할 필요가 있는 사람이 아니라면 집 이외의 장소에서는 작업을 하기가 쉽지 않을 것이다. 이럴 경우 시간과 장소에 따라 퍼스널 컴퓨터용 마인드맵 프로그램이나 스마트폰 용 앱 중 적절한 것을 골라 써 보는 것도 좋다.[17] 요즘에는 대부분이 스마트폰이나 태블릿 컴퓨터를 들고 다니므로 이를 활용하면 된다. 또, 어지간한 곳에는 퍼스널 컴퓨터가 있으므로 이를 활용해도 된다.

디지털 기기를 사용하는 방식은 별도의 준비 없이도 언제·어디서나 할 수 있다는 장점이 있다. 수작업 방식이 상관 없는 가지 간에 서로 연관이 있는 내용을 연결할 수 없는데 반해, 이를 서로 연결할 수 있는 장점이 있다. 이는 뜯어붙이기(paste) 기능을 사용하면 된다. 또, 이 기능을 사용함으로써 마인드맵을 통해 구체화한 생각을 구조화해 바로 목차로 생성할 수 있다. 물론, 이 기능은 특정한 프로그램의 경우에만 한정된다.

---

17. 현재 많이 쓰고 있는 마인드맵용 프로그램을 소개하면 다음과 같다. 1) pc 기반의 알마인드(Almind), 2) pc 기반의 Freemind, 3) pc 기반의 Xmind(http://www.xmind.net/), 4) 태블릿pc 기반의 mindmaple, 5) 안드로이드와 pc 기반의 mindmeister(http://www.mindmeister.com), 6) 안드로이드 기반의 mindjet Maps, 7) 애플 디바이스 기반의 MindNode, 8) 아이폰 기반의 Mindjet Maps for iPhone, 9) 아이폰 기반의 ithoughts, 아이패드 기반의 ithoughts HD, 10) 아이패드의 popplet: 사진, 그리기 기능 첨부. 웹으로 협업 가능(www.popplet.com) 11) pc 기반의 bubbl.us: 웹 상에서 무료로 공동작업 가능(https://bubbl.us/)

이 작업 방식의 약점은, 마인드맵이 방사형 구조를 취하다 보니 작은 화면에서 직관적으로 내용을 파악하기가 어렵다는 점에 있다. 또 수작업 방식에서 쉽게 할 수 있었던 인상적인 이미지를 그려 넣는 일도 여기서 하기에는 대단히 불편하다.

제2장

글쓰기의 과정

1. 작문의 절차

흔히 글을 쓰는 일은 집을 짓는 일에 비유되기도 한다. 한 채의 집을 짓기 위해서는 먼저 집을 짓는 동기와 목적이 분명해야 하며, 그것에 알맞은 모형들을 참고하여 설계도를 만들고, 이 설계도를 바탕으로 집의 각 부분들을 질서 있게 구축하며, 마무리 작업으로서 건물 전체를 다듬는 손질을 하여야 한다. 한 편의 글이 만들어지는 과정이 이와 같이 판에 박힌 공정과 꼭 같을 수는 없겠지만 그와 유사하다는 점은 분명하다.

작문의 절차는 일반적으로 5 단계를 거친다. 한 편의 글을 쓰기 위해서는 무엇보다 먼저 자신이 쓰고자 하는 핵심적인 생각, 즉 주제가 정해져야 한다. 그리고 주제의 내용을 전개하거나 뒷받침하는 데 필요한 자료, 즉 제재를 수집하여 정리해야 한다. 이어서 글의 전체적인 짜임새를 머리 속으로 궁리하고 정리하는 개요 작성을 해야 한다. 개요가 작성되면 집필의 단계에 들어가고, 마지막으로 집필한 내용에 대해 검토·수정하는 퇴고의 작업을 해야 한다. 이러한 다섯 딘계의 과정을 다시 정리해 보면 다음과 깉다.

① 주제 설정 → ② 제재 마련 → ③ 개요 작성 → ④ 집필 → ⑤ 퇴고

물론 모든 글쓰기의 절차가 반드시 위의 과정과 같다는 것은 아니다. 글쓰기는 각자

편한 방법이나 절차에 따라 자유롭게 이뤄질 수도 있다. 글을 쓰는 상황이 다양하고 글을 쓰는 사람의 취향이 다르기 때문이다. 글을 쓰는 상황과 개인의 취향에 따라 일반적인 절차의 한 단계를 생략하거나 간략하게 한다든가, 각 단계의 순서를 다소 다르게 한다든가 또는 하나의 단계를 더 보탤 수도 있다. 그리고 글의 종류에 따라 차이가 날 수도 있다. 비교적 짧은 글을 쓰는 경우는 위와 같이 할 수 있지만, 한 편의 긴 논문을 쓸 때는 구상 및 개요(목차)에서 지속적인 수정을 거치게 된다.

그리하여 비교적 복잡한 주제이거나 긴 글의 경우, 주제를 설정하고 나서 바로 자신의 글의 짜임새를 가설적으로 한번 짜 보고, 그것에 따라 필요한 자료를 수집하는 것이 편리할 때가 많다. 즉, 예비 개요를 작성해 보면, 어떤 내용과 성격의 자료가 필요한 것인지를 알 수 있고, 자료 수집을 좀 더 구체적으로 진행할 수 있게 된다. 그리고 자료를 모아서 정리해 보면, 기존의 예비 개요를 수정할 필요성이 생길 수도 있다. 자료의 수집·정리를 통해 필자 자신의 인식의 폭과 깊이가 확대·심화되기 때문이다. 이 경우 위 절차를 다음과 같이 수정할 수도 있다.

① 주제 설정 → ② 예비 개요 작성 → ③ 제재 마련 → ④ 본개요 작성 → ⑤ 집필 → ⑥ 퇴고

그러나 아무리 글을 쓰는 상황과 글의 종류가 다양하다고 하더라도, 결국은 글을 쓰는 기본 절차의 수많은 변형일 수밖에 없다.

이상과 같은 작문의 여러 단계 중에서, 작문의 초보자들이 반드시 그 중요성을 명심하고 훈련해 두어야 하는 단계가 '주제 설정'과 '개요 작성'이다.

어떤 문제에 대해 의무적으로 글을 써야 하는 경우, 대부분의 초보자들은 자신의 확실한 생각을 정리하지 않은 상태에서 바로 집필에 들어가는 경우가 많다. 그러면 좋은 글을 쓰는 것은 불가능해진다. 대부분의 시간을 집필의 시간이 아닌 망설임의 시간으로 보내게 되고, 연필을 쥐고 또는 컴퓨터 앞에 앉아 우두커니 허공만 바라보게 되는 것이다. 좋은 글을 쓰기 위해서는 해당 문제에 대해 자신이 하고자 하는 이야기의 핵심적 내용을 가다듬어 놓는 것이 우선적으로 필요하다. 그것은 참주제를 설정하고 주제문의 작성하는 것으로 구체화되는데, 주제문을 작성한다는 것은 자신이 표현하고자 하는 핵심적 내용을 정리한다는 뜻이다.

개요 작성도 중요하다. 글을 써 본 경험이 적은 사람일수록, 자신이 쓸 내용들과 그 짜임새에 대해 일정한 체계로 정리하고 메모해 두지 않으면, 옆길로 새거나 특정한 내용을 빠뜨리거나 중복되게 하는 등의 실수를 범하기 쉽다. 자신도 의식하지 못하는 상황에서 엉뚱한 내용이 삽입되기도 한다. 따라서 여기서는 '주제 설정'과 '개요 작성' 과정을 중점적으로 살펴보기로 한다.

2. 주제 설정

글을 쓰려고 하는 사람이 제일 먼저 해야 할 일은 '무엇을 쓸 것인가'를 결정하는 것인데, 이 '무엇'에 해당하는 것이 곧 **주제**(主題)이다. 글을 쓰려면 반드시 명확한 주제를 갖고 있어야 한다. 주제는 글의 중심적인 내용, 혹은 필자가 말하고자 하는 핵심적인 내용을 뜻하는 것이 보통이다. 이런 뜻에서 주제란 말 대신에 '중심 사상'이란 말을 쓰기도 한다. 그런데 이 주제는 **제재**(題材)와는 별개의 것이다. 제재는 주제의 재료라는 뜻이다. 주제가 글의 중심 사상이라면 제재는 글의 소재이다. 사랑에 대해 글을 쓸 때, 이 주제를 구체화하기 위해 등장하는 청춘 남녀라든가, 이성이라든가 예수나 석가, 성춘향의 이야기 같은 것들, 즉 주제를 드러내는 데 필요한 재료가 바로 제재이다.

주제가 명확할수록 글을 잘 쓸 수 있다. 그렇게 하기 위해서는 주제를 한정할 필요가 있다. 단순히 알고 있거나 흥미를 가지고 있는 막연한 주제를 명확한 주제로 좁혀 결정해야 하는데, 그러한 막연한 주제를 **가주제**라 하고, 한정된 명확한 주제를 **참주제**라 하여 구분한다. 크고 불명확한 가주제를 그 일부분인 작은 문제로 한정하여 참주제로 만들지 않고서는 생생하고 구체적인 말로 표현할 수가 없다. 예를 들어, '우리나라의 산'에 대해 글을 쓴다고 한다면, 이는 너무 막연하고 광범위하여 가주제라 할 수밖에 없다. 그것과 관련된 경험을 세분하여 그 가운데서 '우리나라 산의 인상적 자태'와 같은 좀 더 구체적인 내용으로 한정하면 참주제가 될 것이다. 그러나 가주제 또는 참주제는 정도성의 문제여서 그것을 구분하는 명확한 기준이 있을 수는 없다. '우리나라 산의 인상적 자태'와 같은 내용도 적은 분량의 글을 염두에 둔 경우라면 가주제의 수준에서 벗어날 수 없는 내용이다.

잘 한정된 참주제라 하더라도 그것만으로 충분한 것은 아니다. 예를 들어 우리나라

산의 인상적 자태에 대해서는 여러 가지로 말할 수 있다. 그러므로 그것과 관련하여 자신이 말하고자 하는 핵심적 내용을 하나의 문장으로 구체화하는 것이 필요하다. 이를테면 '우리나라의 산은 각각 뚜렷한 개성을 품고 있다'는 식으로 하나의 문장으로 나타내는 것이다. 이것이 곧 주제문인데, 주제문은 주제 즉, 참주제에 대해 서술된 하나의 명제이다. 이렇게 주제문을 써 보아야만, 필자는 자기의 주제를 명확하게 자각하면서 글을 잘 쓸 수 있게 된다.

주제를 구체화하기 위해서는 이야기 거리가 있어야 한다. 이것이 바로 제재 또는 자료이다. 주제를 구체적으로 드러낼 수 있는, 또는 그것을 증명해 보일 수 있는 이야기 거리를 수집하여 필자의 의도에 맞게 정리하고 배열해야 내용이 풍부하면서 설득력 있는 글을 쓸 수 있다. 그러기 위해, 제재는 (1) 풍부하고 다양하며, (2) 확실하고, (3) 주제를 뒷받침할 수 있으며, (4) 관심을 모을 수 있는 것이어야 한다.

3. 구상

구상의 원리

주제가 결정되고 그것에 따른 자료(제재)의 수집과 정리가 끝난 다음에는 어떤 순서와 내용으로 글을 엮어 나갈 것인가에 대해 궁리해야 하는데, 이것이 곧 구상(構想)이다. 구상 과정에서는 ① 통일성(unity) ② 긴밀성(coherence) ③ 강조성(emphasis)의 세 가지 원리를 염두에 두어야 한다.

통일성의 원리는 글의 처음부터 끝까지가 주제에서 벗어나지 않는 내용이 되도록 해야 한다는 것이다. 성실한 자료 수집으로 다양한 제재들을 이용하게 되면 풍부한 느낌의 글이 될 것이다. 그러나 일부의 내용이라도 그 글의 주제에서 벗어난다면 글의 긴장도가 떨어져서 산만해 보일 것이고, 필자의 의도가 잘못 전달될 수도 있을 것이다.

하나의 문단은 하나의 소세계로 비유할 수 있거니와, 문단은 그야말로 하나의 소주제문으로 집약되는 독립적인 세계다. 여러 문장이 모여 문단을 이룰 때, 각 문장들이 하나의 소주제문으로 집중될 수 있을 때, 통일성 있는 문단이 된다. 통일성이 없으면, 문단이라고 말할 수 없다. 다음은 "생명의 존엄성은 모든 생명체에 적용되는 범생명적 진리인가?"라는 제목으로 어떤 대학생이 쓴 글의 도입부를 옮긴 것인데, 두 번째 문단의 소주제문이 ⓐ라면 문장 ⓔ의 내용은 엉뚱하다.

[예문 1]

생명의 존엄성이란 가치가 모든 동·식물에도 적용되는 것인가라는 문제를 우리는 가끔 논란의 대상으로 삼는다. 식탁 위에 오른 쇠고기나 돼지고기를 먹으면서, 본능적 공포감과 함께 도살장으로 끌려가는 짐승들의 행렬과 도살의 살벌한 과정을 머리 속으로 떠올린다고 가정하면, 인간을 제외한 여타의 생명체가 갖는 의미에 대해 한번쯤은 고민해 보게 될 것이다.

ⓐ모든 생명체도 그것이 엄연한 생명인 이상 동물이든 식물이든 동일하게 취급되어야 한다는 극단론도 없을 수는 없지만, 인간은 대개 동물들의 생명에 대해 독특하고 다양한 인식을 발달시켜 왔다. ⓑ모든 동물의 생명에 동일한 의미를 부여하여 살생을 금한다는 계율을 인간의 보편적 도리로 파급시키려는 불가(佛家)적 인식도 존재한다. ⓒ힌두교도가 소를 신성시하는 것은 잘 알려져 있다. ⓓ그리고 한국을 포함한 동양의 몇몇 나라에서는 개고기를 식용으로 이용하지만, 서양인은 대개 개와 같은 뛰어난 지능을 가진 동물을 먹는 것은 야만인과 같다고 본다. ⓔ사실 나는 내가 그토록 사랑하는 '두리'를 누군가가 군침을 삼키며 바라볼 수 있다는 사실을 생각하면 소름이 끼칠 뿐 아니라, 인간 그 자체에 대한 혐오감마저 생긴다. ⓕ그러나 개나 소나 돼지는 모두 동일한 짐승일 뿐이므로 구분하는 것 자체가 문화적 편견이라는 주장도 만만찮다.

다음, **긴밀성의 원리**란 선택된 자료들을 순리적이면서도 긴밀하게 연결하여 주제를 잘 드러내도록 하는 것이다. 문제의 자료들이 주어진 주제와 일정한 관련성을 가져야 한다는 것이 통일성의 원리라면, 긴밀성의 원리는 그러한 자료들을 논리적으로 전개하고 조직하는 방법을 일컫는 것이다.

이 긴밀성은 역시 한 문단 안에서도 필요하고 각 문단들을 연결하여 한 편의 글을 이루는 데도 필요하다. 가장 흔한 방법은 연결어를 적절하게 사용하거나 앞 뒤의 긴밀한 관계를 맺어주는 낱말을 쓰는 것이다. (위 예문에서 '그리고', '그러나'와 같은 연결어를 빼 보라. 뭔가 윤활유가 빠진 듯 매끄럽지가 못할 것이다.) 그리고 나아가서는 적절한 낱말의 반복이나 대조, 조사와 어미의 효과적인 사용 등을 통해서도 이루어진다. (적절한 낱말의 반복이나 대조는 통일성에도 기여하지만 그 규칙적인 흐름을 인식시켜주는 표지이기도 하다.) 그야말로 한 편의 글이 논리적으로 매끄럽게 흘러가고 있다는 것을 느낄 수 있도록 다양한 방법을 사용하는 것이다.

끝으로, **강조성의 원리**는 글의 주제를 강도 있게 드러내도록 하는 것이다. 자료의 선택이나 배열의 과정에서 주제와 더 밀접한 제재에 대해서는 양적으로나 질적으로 큰 비중을 두어 다룸으로써 주제를 더욱 돋보이게 드러내고자 하는 것이다. 이는 주제를 쉽게 파악하도록 하는 것이기도 하면서 아울러 글의 단조로움을 피하는 방법이기도 하다. (적절한 강조가 있는 말과 그렇지 않은 단조로운 말의 차이를 생각해 보라.)

구상의 유형

① 시간적 구상

사건의 시간적 순서에 따라 제재를 배열하고 그것으로써 글의 짜임새로 삼는 방법이다. 보통 일기, 기행, 역사, 소설, 신문 기사, 르포르타쥬(reportage) 등에 이런 구상법이 쓰인다.

이 구상법은 글에 강조점을 두기 어려워 글의 인상이나 호소력이 낮아질 가능성이 있고, 잘못하면 부분적인 사건 하나 하나가 사건 전체의 맥락 속에서 파악되지 못하고, 분리된 채로 인식될 가능성도 있다. 이러한 결점을 극복하기 위해 결말 부분을 먼저 제시하고 그 다음부터 순차적으로 배열하는 역순행(逆順行)의 방법이나 결말 부분부터 거슬러 올라가는 역행(逆行)의 방법을 이용하기도 한다.

② 공간적 구상

지리적인 형세, 생물의 형태, 기계의 구조 등을 기술하거나 설명할 때, 기관이나 단체의 기구·조직 등을 설명·기술할 때 이 방법이 효과적이다. 일반적으로 일정한 공간적 세계에 존재하는 것들의 구조를 밝히는 데 쓰이며, 먼저 전체의 윤곽을 제시하고 점차 각 부분이 전체와 어떻게 관련되어 있는가를 밝혀 나가는 것이 순서이다.

③ 논리적 구상

앞의 두 구상법을 합쳐서 자연적 구상이라고 하는데, 이는 우리가 사건이나 사물을 인식하는 과정에서 자연스럽게 쓰이는 방법이다. 그런 까닭에 이 두 가지 구상법은 서로 섞여 사용되기도 한다. 이와는 달리 사건이나 사물을 논리적인 관점에서 파악하고

서술할 수도 있다. 이때에는 특히 인과 관계를 중시하여 원인에서 결과로 나아가는 방식이나 결과에서 원인으로 나아가는 방식으로 짜여지기도 한다. 이런 방식의 구상을 논리적 구상이라고 하는데, 논리적 구상은 '도입-전개-정리'나 '서론-본론-결론'이니 하는 등의 3단 구성의 형식을 취하는 것이 보통이다. 그러나 경우에 따라서는 본론을 두 단계로 나눈 4단 구성이나 그 이상의 변형 구성으로 짜기도 한다.

④ 종합적 구상

한 편의 글은 결론이나 글의 핵심적 내용에 해당되는 부분, 또는 필자의 주장을 어느 위치에 둘 것인가에 따라, 두괄(頭括) 구상, 미괄(尾括) 구상, 쌍괄(雙括) 구상으로 나뉜다. 서술의 효과를 높여 독자에게 강력한 인상과 감명을 줄 수 있도록 하기 위하여, 중요하다고 생각되는 사항, 독자가 용이하게 받아들이고 승인할 수 있는 사항 등을 먼저 제시하는 방법이 두괄 구상이다. 독자가 느끼는 긴장감을 점차 고조시켜 마지막에 이르러 가장 큰 감명을 줄 수 있도록 제재를 배열하는 방법은 미괄 구상이다.

4. 개요 작성

개요의 정의와 유형

구상이 다 되었다고 하여 바로 글을 쓸 수 있는 것은 아니다. 글을 많이 써 본 사람이 적은 분량의 글을 쓰고자 하는 경우에는, 머리 속에서 궁리한 내용을 토대로 바로 집필에 들어갈 수도 있다. 그러나 대부분의 경우 그것은 어려운 일이다. 처음에 구상하였던 것을 잊어버려 글이 중간에서 막힌다거나, 순간적으로 떠오르는 생각에 의해 글의 방향이 바뀌어 일관성을 잃게 되는 경우가 생길 것이다. 이러한 실수를 막기 위해 구상의 내용을 도식화하여 글의 전체 구조를 한 눈에 볼 수 있도록 메모해 놓아야 한다. 글의 주제를 정점으로 하여 각각의 하위 내용들이 어떠한 짜임새로 형성되어야 할 것인가를 보여 주는 설계도를 작성하는 것이다. 이것이 바로 **개요**(outline)이다.

예를 들어 보자. 우리나라의 몇몇 유명한 산의 인상적인 자태에 대해, '우리나라의 몇몇 산은 각각 뚜렷한 개성을 품고 있다'는 내용으로 글을 쓰고자 한다면, 우리는 머리 속으로 대략 다음과 같은 내용으로 글의 짜임새에 대해 궁리할 것이다.

'남북한 각각 2개 정도의 산을 대상으로 삼는 것이 좋겠다'
'우리에게 잘 알려진 백두산 금강산 설악산 한라산 등이 좋겠다'
'그러한 산을 언급하는 순서는 지리적으로 북쪽에서 남쪽으로 내려가는 순서로 한다'
'백두산은 민족의 영산으로서 그 장엄한 자태가 웅장한 느낌을 주는 것 같다',
'그리고 나머지 산들도 각각 이러이러하다는 식으로 언급한다'
'첫째 문단은 도입부로서 금강산 관광을 언급하면서 우리나라 유명 산들로부터 받는 느낌이 어떤 것인지에 대해 물음을 던지는 형식을 취하는 것이 좋겠다'
'둘째 문단부터 차례대로 네 개의 산에 대해 언급한다'
'마지막인 여섯 번째 문단에서는 각각의 산들이 나름대로의 독특한 개성을 가지고 있는 것처럼 보인다는 내용으로 마무리한다'

이상과 같은 내용의 궁리가 곧 구상에 해당된다. 구상이 마무리되면 그것을 일정한 형식으로 메모함으로써 개요 작성이 이뤄진다. 개요란 글 쓰는 사람 자신이 집필의 준비 과정의 일환으로 마련하여 이용하는 내부 참고용 성격의 정리이므로 남에게 보이는 것이 아니다. 일정한 형식을 강조할 수는 없으며 자기 자신만이 알아 볼 수 있는 형식과 문체여도 크게 상관은 없다.

개요의 각 항목은 명사구 형식 또는 문장 형식으로 쓸 수 있다. 앞의 경우는 **화제 개요**로서, 개요의 각 항목을 글의 내용을 대변하는 핵심 어구로 간결하게 표현한 것이고, 후자의 경우는 **문장 개요**로서, 글의 내용을 하나의 완전한 문장으로 표현한 것이다. 그러므로 화제 개요는 명사구의 형식을 취하며, 문장 개요는 문장의 형식을 취한다. 앞에서 제시한 구상의 내용을 그러한 두 가지 개요로 만들면 다음과 같다.

[개요의 예①]: 화제 개요

제 목: 우리나라 유명 산들의 인상적 특징
주제문: 우리나라의 유명 산들은 각각 개성이 뚜렷하다
1. 도입부
2. 백두산의 웅장함

3. 금강산의 화려함

4. 설악산의 섬세함

5. 한라산의 수수함

6. 마무리

[개요의 예②] : **문장 개요**

제　목 : 우리나라 유명 산들의 인상적 특징

주제문 : 우리나라의 유명 산들은 각각 개성이 뚜렷하다

1. 도입부 : 우리나라의 유명한 몇몇 산들은 어떤 느낌으로 다가오는가?
2. 백두산은 웅장한 느낌을 준다
3. 금강산은 화려한 느낌을 준다
4. 설악산은 섬세한 느낌을 준다
5. 한라산은 수수한 느낌을 준다
6. 마무리 : 우리나라의 유명 산들은 각각 개성이 뚜렷하다.

화제 개요는 글의 짜임새를 간명하게 제시하는 장점이 있고 문장 개요는 내용을 구체적으로 제시하는 장점이 있다. 개요 작성은 건물 건축을 위해 설계도를 만드는 것에 비유될 수 있다. 설계도가 잘 만들어져 있어야 좋은 건축이 가능하듯이, 개요가 체계적으로 잘 작성되어야 좋은 글이 탄생될 수 있음은 자명하다. 이런 점에서, 가능하면 두 종류의 개요 작성법을 섞어서 이용하는 것보다는 한 가지 방법을 일관되게 적용하는 것을 권장하게 된다.

개요는 일정한 층위를 두고 짜야 한다. 서로 대등한 성격의 내용들은 동일한 층위로 다뤄야 한다.

[개요의 예③]

제　목 : ○○대학교의 전공 영역의 종류

주제문 : ○○대학교에는 다양한 전공 영역이 설치되어 있다

1. 도입부
2. 독어독문학 전공

3. 불어불문학 전공
4. 영어영문학 전공
5. 영어통번역 전공
6. 식물자원과학 전공
7. 동물생명과학 전공
8. 원예학 전공
9. 조경학 전공
10. 산림자원학 전공
11. 생물자원경영 전공
12. 마무리

이상과 같은 짜임새는 소개되는 각 전공 영역 사이의 친소 관계를 잘 보여 주지 못한다. 동일한 상위 부류로 묶일 수 있는 것끼리의 공통점을 드러낼 수 없는 구조다. (인터넷 검색 엔진의 가장 중요한 문제는 바로 이 분류의 층위 문제이다.) 보통의 글에서도 가능하면 여러 층위를 두고 구체적이고 자세하게 짜는 것이 좋다. 이런 경우 층위가 복잡할수록 동원되어야 할 숫자나 기호도 그만큼 복잡해지지만, 훨씬 체계적인 개요가 된다. 앞의 개요와 다음의 개요를 비교해 보라.

[개요의 예④]

제　목: ○○대학교의 전공 영역의 종류
주제문: ○○대학교에는 다양한 전공 영역이 설치되어 있다

1. 도입부
2. 문과대학
   (1) 유럽문화학부
      1) 독어독문학 전공
      2) 불어불문학 전공
   (2) 영어영문학부
      1) 영어영문학 전공
      2) 영어통번역 전공

3. 자연자원대학

(1) 생물자원학부

1) 식물자원과학 전공

2) 동물생명과학 전공

3) 생물자원경영 전공

(2) 자연자원학부

1) 원예학 전공

2) 조경학 전공

3) 산림자원학 전공

4. 마무리

개요 작성의 과정

개요는 앞에서 언급한 제재의 정리와 구상이 다 끝난 다음에 작성하는 것보다는 그러한 작업과 병행하는 것이 더 효과적일 수 있다. 제재를 정리하고 구상을 해 나가는 데에도 예비 개요가 있으면 도움이 되기 때문이다.

개요는 머리 속으로 궁리한 것을 그대로 종이 위에 적어 나가면 작성되는 것이다. 무슨 이야기를 가장 먼저 놓을 것인가, 어떤 형식의 구성이 좋을 것인가, 어떤 문제를 앞세우고 어떤 문제를 나중에 오게 할 것인가를 생각하여 메모해 내려가면 된다. 그리하여 1차적 예비 개요가 작성되면 그것을 바탕으로 자료를 수집하고 정리해 나가게 된다. 그렇게 하는 과정에서 필자는 해당 주제에 대한 인식의 폭과 깊이를 확대하게 되며, 더 세부적이고 체계적인 개요를 작성할 수 있게 되는 것인데, 그러한 작업이 몇 번 반복될 수도 있다.

개요를 처음 작성할 때에는 우선 주제문의 내용을 2개 이상의 **주요 논점**으로 나누어 본다. 예를 들어, '작가는 노동자이다'와 같은 주제문을 가지고 글을 쓴다고 하면, 일단 '교사'의 직업적 특성이 어떠한가의 문제와 '노동자'라는 용어가 어떠한 사람들을 가리키는 것인지를 따져 보아야 할 것이므로, ① 작가의 직업적 특성 ② 노동자의 의미 등의 논점을 우선 상정할 수 있다. 이러한 논점을 주요 논점이라고 한다. 이 주요 논점에 도입부와 마무리 부분을 보충하여 간략한 개요를 만들면 다음과 같다.

[개요의 예⑤][1차 개요]

제　목: 작가와 노동자

주제문: 작가는 노동자이다.

1. 도입부
2. 작가의 직업적 특성
3. 노동자의 의미
4. 마무리

이상과 같은 개요를 염두에 두고 자료를 찾아 정리해 나가면, 해당 주제에 대한 필자의 생각이 깊고 풍부해져 더 세부적인 수준의 개요를 작성할 수 있게 된다. 그것은 곧 주요 논점을 2개 이상의 **종속 논점**으로 세분화하는 것이다.

작가가 하는 일을 정신 노동으로 볼 수도 있고 육체 노동으로도 볼 수 있으므로, 그러한 내용의 2가지 종속 논점을 확보할 수 있다. 노동자라는 것도 우리가 전통적으로 그리고 관념적으로 생각하는 의미와 법률적인 의미가 다를 수 있을 것이므로, 이와 같은 2가지 종속 논점도 아울러 따져 볼 수 있다. 이를 보충하여 정리하면 다음과 같은 내용의 개요를 만들 수 있을 것이다.

[개요의 예⑥][2차 개요]

제　목: 작가와 노동자

주제문: 작가는 노동자이다.

1. 도입부
2. 작가의 직업적 특성
   1) 작가의 육체 노동적 특성
   2) 작가의 정신 노동적 특성
3. 노동자의 의미
   1) 전통적인 관념적 의미
   2) 새로운 법률적 의미
4. 마무리

앞의 경우와 마찬가지로, 이상과 같은 새로운 개요를 염두에 두고 추가적인 자료를 찾고 재정리해 나가다 보면, 더 세부적이고 구체적인 수준의 개요를 작성할 수 있게 된다. 그것은 곧 종속 논점을 '2개 이상'의 **세목**(細目)으로 세분화하는 것인데, 예를 들면 다음과 같다. 아래 처럼 세목이 불필요하면 그 경우는 안 해도 된다. 모든 논점이 기계적으로 2개씩의 세목으로 나뉘는 것이 아니라, 안 나뉠 수도 있고 2개 이상으로 나뉠 수도 있는 것이다.)

[개요의 예⑦][3차 개요]

제　목: 작가와 노동자

주제문: 작가는 노동자이다.

1. 도입부
2. 작가의 직업적 특성
   1) 작가의 육체 노동적 특성
      (1) 육체 노동적 피로감의 일반적 증상
      (2) 작가들이 호소하는 신체적 피로감
   2) 작가의 정신 노동적 특성
      (1) 정신 노동적 피로감의 일반적 증상
      (2) 작가들이 호소하는 심리적 피로감
3. 노동자의 의미
   1) 전통적인 관념적 의미
   2) 새로운 법률적 의미
      (1) 선진 외국의 경우
      (2) 우리나라의 경우
4. 마무리

만일 앞의 두 개요를 예비 개요라고 한다면, 바로 앞의 3차 개요는 본개요가 될 것이다. 물론 이 3차 개요의 내용도, 자료 수집이나 집필의 과정에서, 다시 수정될 수 있지만, 일단 집필에 들어가기 전 단계에서는 완성된 본개요인 것이다.

개요는 상세하면 할수록 좋은데, 비교적 짧은 글이라면 대개 하나의 문단에 하나의 세목이 대응되는 정도가 좋다. 즉 만약 여덟 개 문단 정도의 분량에 해당되는 글이라면, 개요에 등장하는 세목도 여덟 개 정도가 되도록 짜면 좋다는 뜻이다.

끝으로 개요 작성에서 주의할 것은 '**한 항목 층위**'는 곤란하다는 것이다. 예를 들어 위 [3차 개요]에서 3.2) '새로운 법률적 의미'는 (1)과 (2)의 두 하위 항목으로 되어 있는데, 만일 이 중 (1)을 빼기로 했다면, 3.2) '새로운 법률적 의미'로 끝나야지 그 밑에 3. 2), (2) '우리나라의 경우'와 같이 할 필요가 없다는 것이다. (비유하자면, 구성원이 자기 한 명뿐이라면 자기 밑의 '부하'가 있을 수 없는 것과 같다.)

5. 글의 마무리-퇴고

개요 작성이 끝나면 그 다음은 '집필'과 '퇴고(推敲)'이다. 글쓰기(특히 인문계열의 글쓰기)는 단순한 손재주나 기교일 수가 없다. 글쓰기는 기왕에 알고 있는 사실을 표현할지라도 자신의 사고력 혹은 논리력을 총동원해야 하는 대단히 포괄적인 활동인 것이다. 자기가 쓰고 싶은 내용이 아무리 좋아도, 그것만 갖고는 좋은 글을 쓸 수 없다. 무엇보다도 글을 쓰는 과정에서 새롭게 생성된 내용이 첨가되고 그 과정에서 처음 준비했던 생각의 상당 부분은 불필요하게 되기도 하는 것이다. 즉 글쓰기란 우리 머리 속에 완성된 형태로 있는 어떤 것을 그대로 적어내는 수동적인 과정이 아니라, 그 자체로서 창조적이며 적극적인 과정이다. 즉 우리 머리 속의 모호한 것을 정리하고 새로운 형태로 이루어(형성, 구조화)해내는 과정인 것이다.

그러므로 엄격히 말하자면 글쓰기의 '완성'이란 없다고 해도 과언이 아니다. 다만 지속적인 '퇴고'를 거쳐 완성에 가까이 가도록 노력하는 것이다. 자기가 쓴 글을 '지겨울 정도로, 최대한으로' 계속 고쳐봄으로써 글도 좋아지고 글 솜씨도 느는 것이다. 자동차는 가끔 아주 빠른 속도로 달려봐야 속도상의 기능을 유지할 수 있고, 충전기는 최대한으로 충전을 해주어야 충전 용량이 줄어들지 않는다고 한다. 자기 자신의 능력을 80% 정도밖에 발휘하지 않는 글만 써 온 사람은 자기 능력을 더 이상 키우지 못하고 80%로 고정시켜 버리는 사람이다.

한 편의 글이란, 그것이 길건 짧건 최선을 다해야 하는 한 편의 완결된 생명체이다. 그것은 처음 쓰고 나서 한두 번 수정을 할 때까지는 그 과정도 쉽고 성과도 눈에 잘 띈다. 그러나 수정의 횟수가 늘어날수록 고치기도 힘들고 성과도 미미하게 된다. 그래서 적당한 선에서 포기하게 되는데, 글쓰는 능력을 키우는 진짜 단계는 여기서부터라고 할 수 있다. 그리고 이 지점이야말로 남과는 다른 자신의 독자성이 드러나는 단계인 것이다.

'퇴고' 고사로 유명한 당나라 시인 가도(賈島: 776-843)는 <두 구를 삼 년만에 얻어, 한 번 읊으니 두 줄기 눈물이 흐르네(二句三年得,一吟雙淚流)>라 했고, 고려 시대의 문인 이규보(李奎報: 1168-1241)는 <낮이나 밤이나 마음을 깎아 / 몇 편의 시를 짜내었다네 / 비계나 기름은 말할 것 없고 /살갗조차 남아나지 않겠네 / 뼈만 남아 괴롭게 읊는 / 이 모습 참으로 가소롭구나>([詩癖]의 일부)라 했다. 이들은 학생들과는 달리 전문적인 문인이었지만 이렇게 고통스럽게 글을 썼던 것이다.

천재는 '영감'에 의해 단숨에 글을 써내려간다는 말이 있는데, 이는 서양의 경우 '낭만주의' 시대에 과장된 '신화'로 형성된 것이다. 실제로 어느 유명한 작가는 자기는 늘 천재적 영감으로 글을 쓴다고 자랑했는데, 그의 사후 수많은 수정 자료가 발견되어 그것이 거짓임이 드러나기도 했다. '천재는 99%의 노력과 1%의 영감으로 이루어진다.'는 말은 글쓰기에도 어느 정도는 해당되는 말인 것이다.

제3부

인문학적 글쓰기와 사유의 심화·확장

우리의 옛말에 글을 잘 짓는 비결로 '삼다(三多)'가 필요하다고 했다. 多讀, 多作, 多商量이 바로 그것이다. 이는 많이 읽고, 많이 쓰고, 많이 생각하는 것이 글을 잘 쓰는 데 반드시 필요한 덕목이라는 점을 주지시킨 것이다. 이러한 옛말을 교훈 삼아 본 교재는 3부의 각 장을 세 개의 부분으로 나누었다. 3부의 각 장은 글쓰기 형식과 인문학적 주제를 연계해서 글쓰기 형식을 경험하고 인문학적 사유를 심화·확장하는 과정이 될 수 있도록 구성했다. 따라서 본 교재는 인문학적 글쓰기 양식을 에세이, 인터뷰, 비평, 논설로 분류하고, 글의 종류에 따른 쓰기 방식과 구조적 짜임을 경험하고 연습하도록 했으며, 각각의 글의 양식에 해당되는 텍스트를 읽고 자아, 타인, 문화, 세계와 관련된 다양한 문제들을 생각해보는, 즉 사유를 심화·확장하는 단계로 나아가게 구성했다.

본 교재에서 구분한 4개의 글의 양식은 절대적인 범주는 아니다. 예를 들어, 에세이라는 범주를 포괄적으로 규정할 경우, 비평까지 아우를 수 있기도 하고, 비평이 시사비평과 같은 성격을 가질 경우 논설과 구분이 모호할 수도 있다. 다만, 본 교재에서는 주관적이고 감상적인 '나'의 표현으로부터 타인과 문화공동체, 세계로 인식의 확장이 이루어질 때, 객관적이고 논리적인 글의 형식으로 나아간다는 점을 인지시킬 필요에서 편의적으로 4개의 장르를 제시하고 있는 것이다. 자아를 넘어 타인과 이웃인 공동체, 그리고 세계로의 인식의 확장은 이해와 공유의 과정이다. 자아를 넘어 타인과 생각을 공유하고 자아의 생각을 이해시키고 설득하는 것은 갈등과 대립을 지양하고, 공동체나 세계의 문제를 해결하는 과정이 되는 것이다. 이때, 중요한 매체로서 작동하는 말과 글은 보다 설득적이고 논리적인 형식이 되어야 한다.

따라서 본 교재에서는 흔히 경수필이라는 에세이가 자아의 생각이나 감정을 솔직하게 표현하는 양식이라는 측면에서 '자아'에 대한 성찰의 경험을 가장 효과적으로 진행할 수 있는 장르라고 판단했다. 또한 인터뷰는 나와는 다른 삶을 살아가는 타인들에 대해 알아가거나, 타인의 시각과 관점을 통해 현실이나 사회를 경험하는 과정이 될 수 있다는 측면에서 타인과 교감하는 형식의 글쓰기로 비교적 적절한 장르라 파악했으며 이에 반해 비평은 '나'라는 자아와 '너'라는 타인을 아우르는 '우리'라는 공동체가 만들어 내는 문화의 생산력이라는 점에 초점을 맞추었다. 어떠한 대상이나 사회 현상에 대해 평가하는 과정을 통해 대상이나 현상의 현재를 지양하고 발전적인 지향을 유도하는 측면에서 비평은 우리 공동체의 문화를 추동시키는 글쓰기 양식이라 할 수 있다. 마지막으로 논설은 비평과 그 범주가 중첩되는 영역의 글이라 할 수 있다. 하지만 본 교재에서는 보다 학술적이고 전문적인 논문에 가까운 글이라는 점에 초점을 맞추었다. 전공 영역의 글인 논문의 학술성과 전문성은 대중들과 유리된 글이 되기 쉽다. 그러한 논문의 한계를 극복하는 하나의 글쓰기 양식으로 논설을 규정했다. 즉 전문적이고 학술적인 논문 형식의 글이 대중화되는 지향성을 가지게 되는 것이 논설이라는 양식이라 제한한 것이다. 전문적이고 학술적인 어려운 지식을 대중과 소통할 수 있게 가공하는 글의 형식이 논설과 같은 양식이라는 측면을 본 교재에서는 초점화한 것이다.

3부의 세 개의 과정은 다음과 같다. 첫째, 인문학적 글쓰기 양식으로 분류된 4개 범주의 글이 지닌 특징적인 측면을 맛보기 형식으로 읽어 보는 것이다. 즉 에세이에서는 하나의 글감이 개성적인 필자에 의해 어떤 사유의 변환지점이나 깨달음의 과정이 되는지 확인하게 되며, 인터뷰에서는 정보와 독자에 따라 질문이 어떻게 구성되어야 하는지를 경험하게 되며, 또한 비평에서는 문화 전반에서 나타나는 현상이나 대상이 어떠한 관점에서 비판되거나 재고 되어야 하는지, 논설에서는 세계가 지닌 문제에 대해 어떻게 학문적이고 전문적인 지식을 대중적으로 쉽게 가공할 수 있으며, 어떤 방식으로 논리를 획득하고 설득해가야 하는지를 이해하게 된다. 둘째의 '글쓰기 전략'은 그러한 <맛보기>에서 읽은 4가지 글의 양식이 갖추고 있는 특징적 요건을 실제 쓰기 연습을 통해 익혀가는 과정이다. 마지막으로 셋째는 4개의 양식으로 쓰여진 인문학적 주제의 텍스트를 읽고 생각을 심화·확장하는 과정이다. 에세이, 인터뷰, 비평, 논설 양식에 해당하는 인문학적 주제의 좋은 글을 읽고, 그것을 바탕으로 생각을 나누고 공유하는 작업을 통해 지금까지 자신이 가지고 있던 생각을 깨고 확장하는 계기가 될 수 있도록 하는 과정이라 할 수 있다.

에세이-'자아'에 대한 **성찰적 글쓰기**

1. 에세이 개념과 자아에 대한 성찰

에세이로 시작하는 글쓰기

에세이가 무엇인지 찾아보면, 우리는 인터넷이나 사전을 통해 다음과 같은 보편적인 답변을 얻게 된다. 즉 그 답은 "형식에 얽매이지 않고 듣고 본 것, 체험한 것, 느낀 것 따위를 생각나는 대로 쓰는 산문형식의 짤막한 글"이라는 것이다. 일단, 이 문장을 통해 우리는 형식에 얽매이지 않는 글이라는 점에서 에세이가 다른 글쓰기와 달리 글쓰기의 부담이 적은 글쓰기 양식임을 인지하게 된다. 또 에세이는 내가 체험한 것, 느낀 것을 글감으로 한다는 점에서 쉽게 글의 재료를 취할 수 있다는 장점을 가진 글쓰기임을 간파할 수 있다. 그리고 내가 글의 중심이라는 인식을 심어주기 때문에 나에게 많은 권한이 주어짐으로 자유롭게 쓸 수 있는 글이라는 자신감을 갖게 하는 양식의 글임을 간과할 수 없다. 게다가 '산문형식의 짤막한 글'이라는 마지막 문구는 일상적으로 우리가 쓰고 있는 글쓰기 양식과 별반 다르지 않은 글 양식으로서, 기술적 측면이 요구되지 않는 간단한 글쓰기라는 인상을 제시하기도 한다.

에세이의 글감 분류 항목	텍스트 종류
내가 들은 것	다른 사람의 일화·생애(자서전)나 사회에 이슈화 되고 있는 사건, 옛날이야기 등 무수한 이야깃거리가 글의 시작이 될 수 있다. 그 이야깃거리는 '나'에게 성찰의 계기로 작용한다.
내가 본 것	내가 본 장소(기행문, 여행기)나 대상(관찰기)에 대한 것으로 전개되는 글, 그 장소나 대상은 어떤 정보로써 제시되며, 이는 '나'의 성장의 계기가 된다.
내가 체험한 것	나의 일상(일기)이나 내가 참여 한 봉사활동(수기)이나 공모전 또는 대회 등의 경험이 '나'를 성장시킨 하나의 계기로 이야기될 수 있다.
내가 느낀 것	'나'의 느낌(감상문)을 중심으로 전개되는 글. 어떤 대상이나 존재에 대한 나의 인상이나 생각이 하나의 글이 될 수 있다.

사실 내가 '들은 것'이나 '본 것', 그리고 '체험한 것', '느낀 것'은 그렇게 명확하게 구분되지 않는다. 이 모두는 내가 경험한 것이라는 의미의 자장 안에 포괄될 수 있는 것이다. 그러나 이렇게 구분해 본 것은 글감이 다양할 수 있다는 것, 다양한 글 양식이 여기에 포함될 수 있다는 것을 보여주기 위해서이다. 내가 들은 것은 하나의 엿듣는 방식인 자서전과 같은 글이 될 수 있다. 자서전은 저자가 자신의 삶을 들려주는 방식의 글이라 할 수 있다. 또 '내가 본 것'은 장소, 풍경과 관련된 기행문이나 여행기와 같은 형식의 글이 될 수 있으며, 내가 '체험한 것'은 일기나 수기 등이 될 수 있다. 그리고 내가 '느낀 것'은 감상문과 같은 글이 될 것이다. 이 모든 장르는 에세이라는 글의 양식에 포괄되는 것인 만큼, 분류된 글감의 항목과 글 양식이 명확하게 일대일 대응되는 것은 아니지만, 대체로 그러한 글쓰기 양식들이 글감 분류 항목 중 한 항목을 초점화할 경우 에세이의 다양한 형식들로 표출될 수 있음을 확인할 수 있다.

'나'가 쓰는 '나'에 대한 글쓰기

식민지 근대 시기에 최고의 문장가였던 이태준 선생은 "글은 그 사람이다."라고 했다. 또 "아무리 짧은 글이라도 그 글을 읽고 나면 그 사람의 마음이 눈에 보인다."고도 했다. 글쓰기는 여기서부터 시작된다. 나를 표현하는 글쓰기, 내 생각과 마음을 담아내는 글쓰기로부터 좋은 글, 잘된 글이 비롯될 수 있는 것이다. 글쓰기의 주체인 '나'가 중요한 또 하나의 이유는 글의 소재인 글감은 글을 쓰는 '나'의 시점에 의해 다양한 이야기로 변주될 수 있기 때문이다. 이런 점을 고려해 볼 때, 에세이라는 글의 형식은 이러한 '나'가 쓰는 '나'에 대한 글쓰기에 가장 용이한 글쓰기 유형이라 생각된다. 자유롭게 나를 드러낼 수 있는 가장 쉬운 글쓰기 형태로서 에세이 쓰기가 제시될 수 있다는 것이다. 그리고 에세이의 글감은 무궁무진하다는 점에서 글쓰기의 어려움을 해소할 수 있는 이점이 있다. 따라서 우리는 에세이라는 글의 형식을 빌려 쉽게 나를 표현하는 글쓰기를 수행할 수 있게 된다. 우리 교재에서 에세이 쓰기를 3부 첫머리, 즉 1장에 구성한 것은 그런 이유에서이다. 우선 우리는 에세이 양식을 통해 "내 생각과 마음을 담아내는 글쓰기", 즉 나를 표현하는 글쓰기 연습을 시작하자.

다음 <에세이 맛보기>를 통해 하나의 글감이 개성적인 자아에 의해 어떠한 의미로 초점화되고 자아성찰의 지점이 되는지 경험해 보자.

<에세이 맛보기>

다음 글의 필자는 자신이 본 것을 소재로 삼아, 자신의 일상을 성찰해보는 계기를 가지게 된다. 그리고 그 성찰을 통해 무엇인가를 깨닫게 되는 자신을 발견한다. 이처럼 에세이는 '나'의 주변에 있는 다양한 소재를 활용해서 자신이 깨닫게 된 것이나 변화하게 된 것을 서술하는 방식의 글쓰기라 할 수 있다. 그렇다면, 다음의 글을 읽고 필자가 깨닫게 된 것이 무엇인지 생각해보고 자신의 삶에 대해 성찰해보자.

버들치들은 한사코 물을 거슬러 오르려 한다. 얼른 보기엔 꼭 붕어 같다. 그러나 수건을 물 속에 펴놓고 그 위에 오는 놈을 건져 보면 몸이 홀쭉하고 개름한 것이 붕어와는 딴판이다. 계곡의 급류를 항거해 오르는 사이에 붕어가 변형한 것은 아닐까. 여하튼 용감한 놈들이다. 잉어 아닌 저희 놈들이 어찌 폭포같이 꺾여 흐르는 이 물을 거슬러 오를 수 있으랴. 잉어가 뛰면 망둥이가 뛴다든가. 분수를 모르는 놈들이로군 하고 나는 그들의 노력을 비웃었다. 사실 버들치들은 위로 오르기커녕 자꾸 아래로 흘러 나려만 갔다.

나는 물고기의 어리석음을 비웃었다. 제 조그만 몸 속에서 파닥거리는 생명력을 제어하여 제가 처해 있는 객관 세계를 냉정히 인식하지 못하고 헛되이 앨 쓰는 꼴이 가였게까지 생각됐다. 지성의 결핍은 곧 비극이다. 이 산 속 깊이 그물이나 낚시가 있을 리 없고 때로 나 같은 한서생(閑書生)이 물 속에 발을 잠그고 책을 읽다가 지친 시선을 보낼 뿐이다. 우람한 소나무와 느티나무들이 태양을 가리어서 더위를 모르는 곳이다. 또 생각하여 보라. 물고기가 산마루엔 올라가 무엇하랴. 보람없는 노력을 그치고 현각(現刻)에 허여된 안락을 유유히 꼬리치며 즐김이 옳지 않은가. 나는 장사꾼처럼 인색하지 않게 월급 봉투를 들고 이 곳에 피서 온 것을 스스로 현명하게 생각했다. 서울의 거리에서 헤엄치는 무리들이 버들치인 양 멀리 내 사념에 떠올라 왔다. 그들은 어디로 가려는 것일까......

버들치들은 자꾸만 물을 거슬러 오르려 한다. 물은 쉴 새 없이 그들을 밀쳐 내린다. 그래도 버들치들은 산봉우리를 향하여 바둥거린다. 무지한 물고기의 파닥거림.

그러나 이 때 불현듯 무엇인지 나의 머리 속에서 섬광처럼 빛났다. 버들치들의 행동이 실로 사지(死地)를 벗어나려는 발악인 것을 나는 깨달았다. 버들치들이 현상에 만족하고 몸을 담그고 있는 물이 늘 같은 그 물임에 안심하고서, 마치, 내가 방학이라고 문명과 생활을 떠나 한가히 산수를 벗하듯이, 꼬리와 지느러미를 쉬고 물과 더불어 흘러갈 것을 상상해 보라.---버들치들은 어언간에 바다에다 그 시체를 띄울 것이 아니냐. 그들이 어찌 가보지 않은 바다의 존재를 알랴만 본능의 예지는 그들을 삶의 길로 인도한다. 그것은 곧 생명의 의지다. 버들치들은 산마루에 오르려 애쓰는 것이 아니라 늘 새 물에 몸을 잠그려 함이다. 비늘이 미끄러운 그 몸 전체로 느끼는 차고도 새로운 감각, 이것이야말로 그들 생명의 약동의 원천이다.

세상에는 이 버들치들에게 교훈을 받아야 될 사람이 너무도 많다. 대학을 졸업하고 만나면 변변한 책 한 권 손에 들어 본 적 없어도 일생 최고 수준에 있는 지식인으로 행세하려는 자가 있다. 제가 잠그고 있는 사조 그 자체가 주야로 흘러 예거늘---엄벙덤벙하고 있는 새 저도 모르게 까맣게 흘러 나려간 그들. 인제는 쉬었던 꼬리와 지느러미를 기를 써 휘젓는대도 향상은커녕 현상 유지도 못 할 것이다.

나는 잠시 내 자신을 반성해 보았다. 하루 세 시간 강의를 하고 나면 할 것 다 했다는 듯이 유유히 생을 즐긴답시고 바둑도 두고 레코드도 들으면서 심심풀이로 독서하는 생활을 하지 않았던가. 그리고 내 딴엔 시대에 뒤떨어지지 않는 인텔리로 자처하지 않았었나. 허나 그것은 자기 만족에서 오는 착각이었다. 설사 내가 항시 같은 교양과 사상 속에서 살았다 가정하더라도 그것이 과연 하루에 세 시간씩 흘러 나가 버려도 나의 정신의 영양을 유지한만큼-더 살찌기는 아예 바라지 못할망정-풍부할 수가 있었을까.

나는 새삼스럽게 '선생'이라는 직업이 가져오는 정신의 빈곤에 상도(想到)하고 송연(悚然)함을 금치 못했다. 공자 같은 분도, "學不厭而敎不倦也(배움에 싫증내지 않고 가르침에 게으르지 않는다.)"하였거든 버들치 같은 끊임없는 노력이 없이 어찌 남을 가르칠 수 있으랴. 먼저 자아도 살리기가 어려우리라.

- <**김동석**, 버들치의 교훈, 맞춤형 글쓰기, 영남대출판부, 2008, 203~204쪽 재인용> 에서

이 글의 필자는 여름날 계곡에서 쉬다가 버들치가 물살에 쏠려 내려가지 않고 끊임없이 거슬러 올라가려는 모습을 본다. 그 모습에 대해 필자는 지성이 결핍된 존재의 비극적 삶으로 해석한다. 그리고는 그 버들치의 삶에 비해 현각에 허여된 안락을 즐기고 있는 자신의 삶은 현명한 삶이라고 평가하는 것이다. 산마루에 오르려 하는 버들치들의 삶이나 서울 거리에서 어디론가로 가고 있는 버들치와 같은 무리들의 삶은 보람없는 헛된 삶이라고 단정했던 것이다. 그러나 곧 필자는 사고의 전환을 경험한다. 자신이 현명하다고 생각한 삶은 곧 죽음의 삶임을 깨닫게 되는 것이다. 매 순간 객관세계에 항거해 뛰어오르는 버들치의 삶의 양식에서 필자는 생의 의지와 본능의 예지를 인식했던 것이다. 그러한 인식을 통해 필자는 지금의 삶에 만족하며 안주하는 게으른 삶의 위험을 자각하게 된 것이다. 이와 같이 에세이는 주위에서 우리가 쉽게 발견할 수 있는 소재를 가지고 내 삶을 성찰하고, 그 성찰을 통해 내 생각의 변화를 경험하는 글쓰기라 할 수 있다. 이러한 글쓰기 연습을 통해 우리는 우리가 접하는 다양한 소재들이 내게는 의미 있는 소재가 될 수 있음을 깨닫게 된다. 다만 그 소재들은 나의 발견을 통해 나의 언어로 새로운 의미를 지닌 존재가 될 수 있는 것이다. "내가 그의 이름을 불러주었을 때/ 그는 나에게로 와서/ 꽃이 되었다"는 김춘수 시인의 <꽃>의 시처럼, 내가 어떠한 깊이 있는 시선으로 대상에 감응하느냐에 따라 대상은 내게 와서 하나의 의미 있는 글감이 되는 것이다.

2. 에세이 쓰기 전략

위에서 살펴보았듯이 우리는 다양한 글감을 가지고 에세이라는 형식 안에서 자유롭게 우리의 생각을 서술할 수 있다. 이렇게 비교적 글감을 용이하게 선택하여, 나의 생각과 마음을 보다 구체적이며 선명하게 드러내는 에세이 형식은 '나'의 세계관과 인생관을 효과적으로 드러낼 수 있는 글쓰기라 생각할 수 있다. 이렇게 나를 드러내고 표현하는 연습으로부터 글쓰기의 작업이 자유로워질 수 있지 않을까 한다.

연습문제 1 문단쓰기

다음과 같은 어구로 시작되는 첫 문장을 완성해 보고, 그 첫 문장을 뒷받침 하는 문맥을 형성해서 내 생각과 느낌을 한 문단으로 확장해보자.

① 내 생각에 가끔 아버지는~

② 봄꽃이 필 때면 나는~

③ 내가 만났던 그 사람은~

④ 친구들은 나에게~

⑤ 내가 감명 깊게 읽었던 책은~

⑥ 지금의 나는 ~와 같다는 생각이 든다. 왜냐하면~

⑦ 나는 소중한 존재이다. 왜냐하면~

⑧ 내 삶의 좌우명은 ~이다. 그 이유는~

⑨ 인생은 ~와 같다. 왜냐하면~

⑩ 내가 본 영화 중 최고는 ~이다. 왜냐하면~

연습문제 2 글감의 선택과 제목

다음에 제시된 단어를 글감으로 해서 자신의 이야기를 한 문단으로 전개해보자. 이때, 조별로 글감을 선택하고, 그 공통의 글감을 가지고 조원들은 각자 개성적인 제목을 달고 각자의 생각을 확장하는 글쓰기를 수행해보자. 이 과정을 통해 하나의 동일한 글감이 삶의 과정이 다른 각각의 개인들에 의해 어떻게 다양한 이야기로 표출될 수 있는지 확인해 볼 수 있을 것이다.

어머니 / 가을 / 방학 / 생일 / 책 / 고독 / 공포 / 권태 / 어둠 / 방랑/ 변신 / 자아 / 전쟁 / 죽음 / 역경 / 사랑 / 희생 / 나눔 / 신문 / 낮잠 / 용기 / 용서

제목 :

연습문제 3 에세이의 구조

이제 우리는 다양한 에세이 텍스트를 접해보고, 에세이가 어떤 구조적 전략을 가지고 있는지 생각해 보아야 한다. 앞에서 우리는 에세이 텍스트를 읽어보았다. 그렇다면, 에세이 텍스트는 어떻게 구성되는지 제시해보고, 그 형식을 참조해서 글을 연습해보는 과정이 필요하다. 독서는 단지 지식을 얻기 위한 것만이 아니라 남의 문체, 구성, 표현력을 배울 수 있는 과정이다. 글의 구성 요소가 맥락화되는 방식, 주제를 표출하고 내 생각을 명료화하는 방식, 예시를 들고, 인용을 하는 방식 등을 다른 사람의 글을 읽으면서 배워야 하는 것이다. 이러한 독서의 내면화 과정을 심도 있게 진행할 때 좋을 글을 쓸 수 있게 될 것이다.

1) 나의 경험으로부터 발견되는 새로운 생각(발상)의 글쓰기

다음 글을 읽고 여행의 경험이 '나'에게 어떠한 새로운 생각을 가지게 했는지 생각해 보자.

> 어느 무덥던 해 여름, 나는 매우 바쁜 유럽 여행을 했다. 정신 없이 골몰했던 일이 다 끝난 다음 비로소 나는 한 열흘간의 틈을 내어 아일랜드를 자유롭게 떠돌아다닐 기회를 가지게 되었다. 더블린에서 조그만 자동차 한 대를 세내었다. 우선 절경의 서해안 코너마라 코스트로 건너갔다. 골웨이, 클립덴, 이니스프리 섬, 슬라이고, 그리고

마침내 W.B. 예이츠의 무덤("말탄 자여 지나가라"라는 저 유명한 묘비명을 보려고)까지 잠시 보고 북아일랜드의 북단 둔퍼나기까지 올라갔다가 남으로 방향을 돌려 드디어 더블린으로 돌아왔다. <아 목동아>가 노래하는 눈물겹도록 아름다운 경치 속을 헤매고 다닌 여정이 꿈인 양 행복했었다. 그런데 막상 내 작은 집처럼 몸담아 지내던 자동차를 돌려주고 나서 렌터카 회사의 텅 빈 마당에 댕그마니 내려놓은 내 트렁크를 바라본 내 허망감은 지난 여행의 아늑함에 반비례하여 내 마음에 깊이깊이 사무쳐 왔다. 텅 빈 마당에 놓인 한 개의 트렁크는 이것이 바로 나의 헐벗은 모습이라는 아픈 진실을 손가락질해주는 것만 같았다. 아마도 언젠가는 이 작은 트렁크마저도 두고 떠나야 하는 날이 올 것이다. (…)

여행지에서 그렇게 만났다가 그렇게 떠나보낸 사람들은 우리에게 말해준다. 우리의 일생이 한갓 여행에 불과하다는 것을. 여행길에서 우리는 이별 연습을 한다. 삶은 이별의 연습이다. 세상에서 마지막 보게 될 얼굴, 다시는 만날 수 없을 한 떨기 빛. 여행은 우리의 삶이 그리움인 것을 가르쳐준다. "우리의 그리움을 위하여서는 이별이 있어야 하네." 여행길에서 떠돌이 시인은 이렇게 노래한다. 영원히 머무는 것이 아니라 쉬 지나가는 것을 사랑하라고 여행자는 가르쳐준다. 생명은 머무는 것이 아니라 지나가는 것이기에. 그리고 모든 것은 이별이기에…… 생명이라는 것을.

- <**김화영**, 시간의 파도로 지은 성, 문학동네, 2014, 392~398쪽> 에서

다음 글은 하나의 여행 경험을 서술한 것이다. 이 경험을 통해 내가 새롭게 가지게 된 생각을 내용으로 해서 아래 글에 이어서 한 문단으로 작성해보자.

어느 해 인도의 뭄바이에 갔을 때 가이드가 거지 아이들이 몰려들 테니 절대 창문을 열지 말라고 하더군요. 아니나 다를까, 차가 신호대기로 정지하자 아이들이 몰려왔습니다. 아리안 아이들의 아름다운 눈을 마주치지 못하고 저는 그저 고개만 푹 숙이고 있었고, 잠시 후 차는 출발했죠. 그제서야 고개를 돌려 아이들을 쳐다보는데, 참 이상해요. 그 아이들에게서 전혀 아쉬운 눈빛을 찾을 수 없었습니다. 오히려 저를 측은하게 보고 있는 듯한 기분이 들었어요. 저게 뭘까, 저 아이들의 표정은 무얼 얘기하는 것일까? 돌아와 책을 읽으며 곰곰이 생각하니, 아이들은 저에게 기회를 준 것이었어요. 다른 생에서 잘 살 수 있는 적선의 기회를 말이죠. 그런데 제가 그걸 안 받은 겁니다. 그러니 아이들 입장에서는 제가 불쌍한 거죠. 이생은 아무것도 아닌데, 쯧쯧, 다음 생에 어쩌려고, 적선했으면 네가 이득일 텐데 하는 거겠죠. 그들에게 인생은 한 번쯤 되돌릴 수 있고, 이생보다는 다음 생이 목표니까요.

- <**박웅현**, 책은 도끼다, 북하우스, 2014, 184~185쪽> 에서

2) 대상에서 또 다른 대상으로 이어지는 연상적 글쓰기

다음 글을 읽고, '소포'라는 글감이 발아점이 되어 어떤 글감까지 이어지고 있으며, 궁극적으로 무엇을 얘기하고 있는지 서술해보자.

계수님께

가게에 내놓은 사과알의 색깔과 굵기로 가을의 심도(深度)를 측정하던 기억이 있습니다. 풀빛의 어린 사과가 가게의 소반 위에서 가을과 함께 커가면 사과나무가 없는 출근길에 평소 걸음이 바쁘던 도회인들도 그나마 사과 한알만큼의 가을을 얻게 됩니다.

이곳에는 물론 사과나무도 또 가게도 있을 리 없습니다. 가끔 접견물에서 들어오는 작고 파란 사과를 보다가 며칠 전 홍조 일색의, 풍만한 구적의 사과 한 개를 받아들고 어느새 이만큼 다가선 가을에 놀라 부랴부랴 무슨 중추의 채비라도 서두르고 싶은 착각에 스스로 고소를 금치 못한 적이 있습니다. 이곳의 우리들에게는 여름과 겨울, 덥다와 춥다의 극지가 존재할 따름입니다. 가을은 '제5의 계절', 다만 추위를 예고하는 길 바쁜 전령일 뿐 더불어 향유할 시간이 없습니다. 나는 사과를 문진(文鎭) 삼아 화선지 위에 올려놓고 사과와 묵, 적과 흑의 방향(芳香)에 비적비흑(非赤非黑), 청의(靑衣)의 심회(心懷)를 기대어봅니다.

계수님께서 보낸 정육면체의 작은 소포꾸러미는 주사위처럼 궁금했습니다. 양말 세 켤레, 추석이었습니다. 먼저 손에다 신어보았습니다. 설빔 신발을 신고 연신 골목으로 나가고 싶던 예의 그 역마벽(驛馬癖)이 짜릿하게 동하여 옵니다. 나더러 역마살이 들었다던 친구들이 생각납니다. 역마살은 떠돌이 광대넋이 들린 거라고도 하고 길신(道神)이 씌운 거라고도 하지만, 아직도 꿈을 버리지 않은 사람이 꿈 찾아나서는 방랑이란 풀이를 나는 좋아합니다. 하늘 높이 바람 찬 연을 띄워놓으면 얼레가 쉴 수 없는 법, 안거(安居)란 기실 꿈의 상실이기 쉬우며 도리어 방황의 인고 속에 상당한 분량의 꿈이 추구되고 있다고 생각합니다. '보헤미아의 맑은 수정(水晶)'은 멀고 먼 유랑이 키워낸 열매라고 믿고 싶습니다.

요즈음은 민담선집(民譚選集)을 몇 권 구하여 읽고 있습니다. 민담은 어느 천재의 소작(所作)이 아니고 우리 민족이 오랜 역사를 통해 공동으로 만들어 내고 공동으로 승낙한 우리의 이야기입니다. 민담은 탕약 같고 숭늉 같고 당나무 그늘 같습니다. TV를

끄고 꼬마들에게 들려주고 싶습니다.

잦은 편지에 드문 답장이 빚 같습니다. 금년 가을에도 월등한 수확을 빕니다.

- <**신영복**, 獄窓 속의 驛馬, 감옥으로부터의 사색, 돌배개, 1998, 117~118쪽> 에서

3) 다른 사람의 삶의 지혜로부터 나의 생각을 확장하는 글쓰기

다음 글을 읽고, 제시문이 어떤 삶의 지혜를 우리에게 전달하고 있는지 탐색해보고, 앞으로 삼일 이후에 내가 헬렌 켈러와 같이 보지도 듣지도 말하지도 못하는 상황이 된다면, 지금부터 삼일 동안 나는 무엇을 할지 지금 나의 삶에 대해 성찰하는 글을 서술해보자.

영국시인 윌리엄 블레이크는 화사한 봄날이면 나뭇가지마다 작은 천사들이 앉아 날갯짓을 하는 환상을 자주 보았다는데, 바로 오늘 같은 날을 두고 말했나 보다. 아직 바람은 차지만 춘분이 얼마 안 남아서 그런지 부서지는 햇빛 속에 마치 금테를 두른 듯 반짝이는 나뭇가지마다 연두색 봄기운이 감돈다. 이토록 투명하고 찬란한 봄날, 재능 있는 수필가라면 저절로 멋들어진 수필이라도 한 편 나올 법하다.

해마다 이맘때쯤이면 서강대 교수들은 소위 '업적 보고'라는 것을 한다. 지난 1년간

의 학문적 교육적 업적을 점수로 환산하여 학교에 보고하는 것이다. 국내 학술지 논문 한 편에 백 점, 전공서적 한 권에 5백 점, 게다가 교육활동도 점수에 들어가서, 학기 초에 교안을 제때 학생들에게 주었는지에 6점, 동아리 지도활동에 5점 추가, 휴강을 하면 5점 마이너스, 열심히 덧셈, 곱셈을 하며 행여 점수 될 만한 일을 1점이라도 잊은 게 없는가 골똘히 생각해 보기도 한다.

그런데 점수 기준 평가표를 보면 재미있는 항목이 있다. '수필집, 또는 신문 칼럼을 묶어 낸 책은 고려 외' 즉 0점 처리라는 것이다. 재능은 없어도 가끔 '수필'이라고 명명할 수 있는 글을 쓰고 또 신문칼럼을 쓰고 있으니, 나는 공교롭게도 업적 안 되는 일만 골라서 하고 있는 셈이다.

그런데 신문 칼럼은 그렇다 치고, 소설집, 시집이 권당 5백 점인 데 반해서 수필집은 0점이라는 것은 좀 그렇다. 아마도 수필은 학문과 별로 관계가 없고 재능과 노력이 없이 아무나 쓸 수 있는 것이라는 발상에서 나온 듯하다. 하긴 장영희 같은 사람이 기껏해야 '신변잡기'를 쓰고 나서 '수필'이라고 박박 우기면 곤란하니 그럴 법도 하지만, 제대로 된 수필은 진정한 의미에서 엄연한 문학의 한 장르이다. 물론 '수필'을 어떻게 정의하느냐가 문제이겠지만, 웬만한 작가들이나 사상가들-찰스 램, 버지니아 울프, 조지 오웰, 헨리 데이빗 소로우, 제임스 서버 등-은 모두 위대한 수필가로도 알려져 있다.

그런데 이렇게 문학사에 큰 족적을 남긴 훌륭한 수필가들의 작품들보다도 내가 더 인상 깊게 읽은 수필은 <사흘만 볼 수 있다면 Three Days to See>이라는 글이다. 세계적으로 유명한 잡지 <리더스 다이제스트>가 '20세기 최고의 수필'로 선정한 이 글은 우리에게도 잘 알려진 헬렌 켈러의 작품이다. 시각과 청각의 중복장애를 극복한 인간승리의 본보기로 알려져 있지만 그녀는 훌륭한 문필가이기도 했다.

"누구든 젊었을 때 며칠간만이라도 시력이나 청력을 잃어버리는 경험을 하는 것은 큰 축복이라고 생각합니다."로 시작하는 이 글에서 켈러는 '단 사흘만이라도 볼 수 있다면'이라는 가정 하에 계획표를 짠다.

방금 숲 속에서 산책하고 돌아온 친구에게 무엇을 보았냐고 물었더니 '뭐 특별한 것 못 봤어'라고 답하더라면서 켈러는 어떻게 그것이 가능한가 질문한다.

"보지 못하는 나는 촉감만으로도 나뭇잎 하나하나의 섬세한 균형을 느낄 수 있습니다… 봄이면 혹시 동면에서 깨어나는 자연의 첫 징조, 새순이라도 만져질까 살며시

나뭇가지를 쓰다듬어 봅니다. 아주 재수가 좋으면 한껏 노래하는 새의 행복한 전율을 느끼기도 합니다.

때로는 손으로 느끼는 이 모든 것을 눈으로 볼 수 있으면 하는 갈망에 사로잡힙니다. 촉감으로 그렇게 큰 기쁨을 느낄 수 있는데, 눈으로 보는 이 세상은 얼마나 아름다울까요. 그래서 꼭 사흘 동안이라도 볼 수 있다면 무엇이 제일 보고 싶은지 생각해 봅니다. 첫날은 친절과 우정으로 내 삶을 가치 있게 해준 사람들의 얼굴을 보고 싶습니다. 그리고 남이 읽어 주는 것을 듣기만 했던, 내게 삶의 가장 깊숙한 수로를 전해 준 책들을 보고 싶습니다.

오후에는 오랫동안 숲 속을 거닐며 자연의 아름다움에 취해 보겠습니다. 찬란한 노을을 볼 수 있다면, 그날 밤 아마 나는 잠을 자지 못할 겁니다. 둘째 날은 새벽에 일어나 밤이 낮으로 변하는 기적의 시간을 지켜보겠습니다. 그리고 이날 나는……."

이렇게 이어지는 켈러의 사흘간의 '환한 세상 계획표'는 그 갈증과 열망이 너무나 절절해서 멀쩡히 두 눈 뜨고도 제대로 보지 않고 사는 내게는 차라리 충격이다.

그래서 오늘같이 햇빛 화사한 날 업적 0점짜리 신문 칼럼이나 쓰고 있어도 헬렌 켈러가 꼭 사흘만이라도 봤으면 좋겠다고 염원하는 이 세상을 나는 사흘이 아니라 석 달, 3년, 아니 어쩌다 재수 좋으면 아직 30년도 더 볼 수 있으니 내 마음은 백 점으로 행복하다.

- <**장영희**, 사흘만 볼 수 있다면, 문학의 숲을 거닐다, 샘터, 2005, 149~153쪽> 에서

사흘 동안의 나의 계획 :

3. 에세이 읽고 생각하기

1) <성찰문1-고백문>

에세이는 자기를 그대로 드러내는 고백적 성격을 가진다. 즉 에세이는 자기가 자신을 성찰하고 그 성찰한 자신의 모습을 솔직하게 표현하는 글이라 할 수 있는 것이다. 몽테뉴는 그의 <수상록> 서문에서 자신의 에세이가 자기를 충분히 적나라하게 그린 것이며, 주제는 자기 자신임을 만족스럽게 언급하고 있다. 이처럼 에세이는 자신을 개성적으로 드러내는 성찰의 글쓰기로 '나'의 지식, 이상, 취미, 인생관, 세계관, 연애관, 결혼관 등을 다양하고도 폭넓게 표현할 수 있는 글 양식이다.

나는 지난해 여름까지 난초 두 분을 정성스레, 정말 정성을 다해 길렀었다.

3년 전 거처를 지금의 다래헌(茶來軒)으로 옮겨 왔을 때 어떤 스님이 우리 방으로 보내 준 것이다. 혼자 사는 거처라 살아 있는 생물이라고는 나하고 그 애들뿐이었다. 그 애들을 위해 관계 서적을 구해다 읽었고, 그애들의 건강을 위해 하이포넥스인가 하는 비료를 구해 오기도 했었다. 여름철이면 서늘한 그늘을 찾아 자리를 옮겨 주어야 했고, 겨울에는 그애들을 위해 실내 온도를 내리곤 했다.

이런 정성을 일찍이 부모에게 바쳤더라면 아마 효자 소리를 듣고도 남았을 것이다. 이렇듯 애지중지 가꾼 보람으로 이른 봄이면 은은한 향기와 함께 연두빛 꽃을 피워 나를 설레게 했고 잎은 초승달처럼 항시 청청했었다. 우리 다래헌을 찾아온 사람마다 싱싱한 난초를 보고 한결 같이 좋아라 했다.

지난해 여름 장마가 갠 어느 날 봉선사로 운허노사(耘虛老師)를 뵈러 간 일이 있었다. 한낮이 되자 장마에 갇혔던 햇볕이 눈부시게 쏟아져 내리고 앞 개울물 소리에 어울려 숲속에는 매미들이 있는 대로 목청을 돋구었다. 아차! 이때서야 문득 생각이 난 것이다. 난초를 뜰에 내놓은 채 온 것이다. 모처럼 보인 찬란한 햇볕이 돌연 원망스러워졌다. 뜨거운 햇볕에 늘어져 있을 난초잎이 눈에 어른거려 더 지체할 수가 없었다. 허둥지둥 그 길로 돌아 왔다. 아니나 다를까, 잎은 축 늘어져 있었다. 안타까워하며 샘물을 길어다 축여 주고 했더니 겨우 고개를 들었다. 하지만 어딘지 생생한 기운이 빠져나간 것 같았다.

나는 이때 온몸으로 그리고 마음속으로 절절히 느끼게 되었다. 집착이 괴로움인 것을, 그렇다 나는 난초에게 너무 집념한 것이다. 이 집착에서 벗어나야겠다고 결심했다. 난을 가꾸면서는 산철(승가(僧家))의 유행기(遊行期)에도 나그네 길을 떠나지 못한 채 꼼짝을 못했다. 밖에 볼 일이 있어 잠시 방을 비울 때면 환기가 되도록 들창문을 열어 놓아야 했고, 분(盆)을 내놓은 채 나가다가 뒤미처 생각하고는 되돌아와 들여놓고 나간 적도 한두 번이 아니었다. 그것은 지독한 집착이었다.

며칠 후, 난초처럼 말없는 친구가 놀러 왔기에 선뜻 그의 품에 안겨 주었다. 비로소 나는 얽매임에서 벗어난 것이다. 날아갈 듯 홀가분한 해방감. 3년 가까이 함께 지낸 '유정(有情)'을 떠나보냈는데도 서운하고 허전함보다 홀가분한 마음이 앞섰다.

이때부터 나는 하루 한 가지씩 버리겠다고 스스로 다짐을 했다. 난을 통해 무소유의 의미 같은 걸 터득하게 됐다고나 할까.

- <**법정**, 무소유, 범우사, 1999, 24~26쪽> 에서

<토론과 글쓰기 1>

어떤 대상이나 사물을 통해 무엇인가 깨닫게 된 계기가 없는지 서로 얘기해보고, 각자 한 편의 글을 완성해보자. 서술의 구조는 다음과 같다.

①어떤 대상이나 사물에 대한 나의 경험 + ②그 경험을 통해 내가 깨달은 점

<토론과 글쓰기 2>

인간의 감정은 추상적인 것이다. 인간의 감정을 구체화한 예술작품을 하나 선택해서, 작가는 그 감정을 어떻게 설명하고 있는지, 인간의 감정을 작품의 소재로 한 이유가 무엇인지 토론해 보자.

<문학작품의 예>
유달영의 <슬픔에 관하여>(수필)
이상의 <권태>(수필)
정호승의 <슬픔이 기쁨에게>(시)
김연수의 <네가 누구든, 얼마나 외롭든>(소설)
알브레히트 뒤러 <우울>(판화)
뭉크의 <절망>·<불안>(그림)
노천명의 <고독>(시)
로이 리히텐슈타인 <행복한 눈물>(그림)
루쉰의 <희망>(수필)

2) <성찰문2-기행문>

여행은 인간을 성장시킨다. 여행을 통해 우리는 낯선 체험을 하게 되고, 그것으로부터 우리가 몰랐던 정보를 얻게 된다. 새로운 사람을 만나고, 새로운 장소를 발견하고 우리의 삶과 다른 삶을 살고 있는, 또는 우리의 삶과 닮은 삶을 살고 있는 사람들을 만나면서, 나의 삶을 되돌아보고 생각해보는 시간을 갖기도 한다. 다음 글을 읽고 여행이 내게 가르쳐준 메시지가 무엇인지 생각해보자. 그리고 나의 여행 체험기를 하나 써보자. 내가 가장 멀리 갔던 곳, 또는 내가 가본 곳 중 가장 인상적이었던 곳이 어디인지 기억해보고, 그곳에서 내가 보고 들은 것이 무엇인지 생각해보자, 그리고 그것을 통해 어떤 메시지를 제시할 수 있을지 서술해보자.

이렇게 귀하고도 귀한 물건들을 가방째 잃어버린 적이 있었다. 동아프리카 지역을 여행할 때다. 아직도 신석기 시대처럼 벌거벗고 사는 사람들의 동네, 에티오피아 남서부 오모강 부근에서다. 달구지를 얻어 탔다가 급하게 내리면서 작은 가방을 두고 내렸다. 여행 중에는 옷이나 침낭 등 큰 물건은 큰 배낭에, 카메라나 일기장처럼 당장 써야 하는 작은 물건은 작은 가방에 넣는다. 그 안에는 모자, 화장수, 휴지, 칫솔, 정수용 알약 등도 들어 있었다. 당장 장만해야 하는 것들이지만 내가 도착한 곳은 오지 중의 오지, 도시로 나가는 차가 언제 있을지 기약할 수 없는 곳이었다. 큰일이었다.

그런데 며칠을 이런 물건 없이 지내다 보니 이상한 일이 생겼다. 없으면 도저히 살 수 없을 거라고 여겼던 물건들이 실상은 그렇게까지 필요한 게 아니라는 생각이 들기 시작한 것이다. 모자가 없지만 그 대신 면 보자기를 뒤집어쓰니 햇볕 가리개로 손색이 없었다. 칫솔 대신 현지인처럼 연한 나뭇가지를 비스듬히 깎아 이를 닦으니 개운했다. 화장품도 그곳 사람들이 마시는 술(우리나라의 소주와 비슷한 증류주)에 레몬을 썰어 넣었더니 아주 훌륭한 화장수가 되었다. 휴지는 애시 당초 필요 없는 물건이었다. 손과 물이 있으니까.

그러면서 생각했다. 없으면 안 된다고 믿는 것 중에서 정말로 우리에게 필요한 것이 과연 얼마나 될까? 그렇게 꼭 필요하지도 않은 것을 사려고 들이는 돈과 노력은 또 얼마나 아깝고도 허망한 것일까?

아프리카 여행에서 돌아오자마자 나는 배낭을 꾸리는 기분으로 대대적인 집 정리를 했다. 내 딴에는 간단하게 산다고 살았는데도 새로운 눈으로 보니 필요 없는 군더더기가 많고도 많았다. 내가 지녔던 물건의 반 이상을 남에게 주거나 지하실에 가져다 놓으며 집을 선방처럼 단순하게 만들었다. 그 후 필요한 물건을 찾으러 지하실에 내려간 적은 겨우 두세 번 정도였다.

지금도 나는 새로운 살림살이를 마련할 때마다 여행 배낭을 챙기는 기분으로 나 자신에게 묻는다. 이것이 과연 없어서는 안 되는 물건인가?

- <**한비야**, 한비야의 중국견문록, 푸른 숲, 2001, 19~21쪽> 에서

위 글에서 필자는 여행을 통해 무엇을 깨닫게 되었나?

나의 여행기

<토론과 글쓰기3>

다음의 글과 같이 여행한 장소가 특별한 주제가 될 수 있다. 장소에 대한 설명을 통해, '나'가 전달하는 메시지가 무엇인지 제시해보자. 그리고 이와 같이 내가 가본 장소에 대해 정보를 확장하고, 그 정보가 나에게 시사하는 점이 무엇인지 서술해보자.

> 우리는 점심을 먹고 이럭저럭 한 시간이나 넘게 기다렸으나, 이내 운무가 걷히지를 아니합니다. 나는 새로 두 시가 되면 운무가 걷히리라고 단언하고 그러나 운무 중의 비로봉도 또한 볼 만한 것이다 하며 다시 올라가기를 시작했습니다.
>
> 동으로 산마루를 밟고, 줄 타는 광대 모양으로 수십 보를 올라가면, 산이 뚝 끊어져 발 아래 천 길 낭떠러지가 있고, 거기서 북으로 꺾여 성루(城壘)같은 길로 몸을 서편으로 기울이고 다시 수십 보를 가면 뭉투룩한 봉두(峰頭)에 이르니 이것이 금강 만 이천 봉의 최고봉인 비로봉의 머리외다. 역시 운무가 사방으로 막혀 봉두의 바위들밖에 아무것도 보이지 아니합니다.

그 바위들 중에 중앙에 있는 큰 바위를 '배바위'라 하는데, '배바위'라 함은 그 모양이 배와 같다는 것이 아니라, 동해에 다니는 배들이 그 바위를 표준으로 방향을 찾는다는 데서 나온 이름이라고 안내자가 설명합니다. 이 바위 때문에 해마다 여러 천 명의 생명이 살아난다고, 그래서 선인들은 멀리서 이 바위를 향하여 제를 지낸다고 합니다. 이 안내자의 말이 참이라 하면, 과연 이 바위는 거룩한 바위외다.

바위는 아주 평범하게 생겼습니다. 이 기묘한 산마루에 어떻게 이렇게 평범한 바위가 있나 할이만큼 평범한, 동그란 바위외다. 평범이란 말이 났으니 말이지, 비로봉두 자신(自身)이 극히 평범합니다. 밑에서 생각하기에는, 비로봉이라 하면 설백색의 칼끝 같은 바위가 하늘을 찌르고 섰을 것 같더니, 올라와 본즉 아주 평평하고, 흙 있고 풀 있는 한 조각의 평지에 불과합니다. 그리고, 저기 놓인 바위도 그 모양으로, 아무 기묘함이 없이 평범한 바위외다. 그러나, 평범한 이 봉(峯)이야말로 만 이천 중의 최고봉이요, 평범한 이 바위야말로 해마다 수천의 생명을 살리는 위대한 덕을 가진 바위외다.

위대는 평범이외다. 나는 이에서 평범의 덕을 배웁니다. 평범한 저 바위가 평범한 봉두에 앉아 개벽 이래 몇 천만 년을 말없이 있건마는, 만인이 우러러 보고 생명의 구주로 아는 것을 생각하면, 절세의 위인을 대하는 듯합니다. 더구나 그 이름이 문인(文人), 시객(詩客)이 지은 공상적, 유희적 이름이 아니요, 순박한 선인들의 정성으로 지은 '배바위'인 것이 더욱 좋습니다. 아마 이 바위는 문인, 시객의 흥미를 끌 만하지 못하겠지마는, 여러 십 리 밖 드넓은 바다로 다니는 선인의 진로의 표적이 됩니다.

배바위야, 네 덕이 크다. 만장봉두(萬丈峰頭)에 말없이 앉아 있어
창해에 가는 배의 표적이 된다 하니,
아마도 성인의 공(功)이 이런가 하노라.

만 이천 봉이 기(奇)로써 다툴 적에
비로야, 네가 홀로 범(凡)으로 높단 말가.
배바위 이고 앉았으니 더욱 기뻐하노라.

이윽고 두 시가 되니, 문득 바람의 방향이 변하여 운무가 걷히기 시작하니 동에 번

쩍 일·월출봉이 나서고, 서에 번쩍 영랑봉의 웅혼한 모양이 나오며, 다시 구룡연 골짜기의 봉두들이 백운위에 드러나더니, 문득 멀리 동쪽에 질푸른 동해의 물결이 번뜻번뜻 보입니다.

- <**이광수**, 금강산 기행, 한국 대표 수필 문학선, 운암사, 1986, 21~22쪽> 에서

필자가 여행 장소를 통해 깨달은 점

'나'의 여행 경험이 나에게 제시해준 시사점

제2장

인터뷰-'타인'과 교감하는 글쓰기

1. 인터뷰 개념과 타인과의 교감

인터뷰는 '어떤 사실이나 사정을 확인하기 위해 특정인을 만나 이야기를 나누는 행위' 또는 '특정한 목적을 가지고 개인이나 집단을 만나 정보를 수집하는 행위'이다. 여기서 알 수 있는 인터뷰 양식의 특징은 특정한 목적을 위한 정보수집과 관련된다는 것이며, 또 한 가지는 그 정보에 대해 잘 아는 사람에 대한 취재가 필요하다는 것이다. 이러한 인터뷰는 글쓰기를 위한 재료를 모으는 작업이며, 특정한 정보에 대해 잘 아는 사람을 만나 그 사람의 이야기를 성심성의껏 듣는 작업이다. 이런 의미에서 인터뷰는 타인의 생각을 바탕으로 하는 글쓰기이며 인간을 탐구하는 중요한 작업이라 할 수 있다.

인터뷰 단계는 (1) 준비 (2) 인터뷰 과정 (3) 인터뷰 이후로 구성된다. 우선 준비 과정에서는 알고 싶은 정보가 무엇이고 지금까지 '알려지지 않은 것'과 이제부터 '알아야 하는 것'이 무엇인지 생각해보고 질문지를 작성해보아야 한다. 그리고 인터뷰 과정에서는 질문에 대한 인터뷰이의 대답을 귀 기울여 청취하면서 미처 제시하지 못했던 질문이나, 앞에서 언급했던 미비한 대답에 대한 보충을 요구하며, 인터뷰 텍스트의 앞뒤 문맥이 자연스럽게 연결될 수 있도록 불충분한 지점을 짚어가며 설명을 요구할 수 있어야 한다. 마지막으로 인터뷰 이후에는 모순된 언급이나 추가되어야 할 질문, 사실과 다른 점 등이 발견되는지 검토하고 추가 인터뷰 형식으로 보완할 수 있어야 한다.

다음 <인터뷰 맛보기>를 통해 주제에 따라, 또는 대상이나 독자에 따라 인터뷰에서 어떤 질문들이 제기될 수 있는지 경험해 보자.

<인터뷰 맛보기>

다음 인터뷰를 읽고, 인터뷰를 하기 위해 어떠한 준비가 필요한지 생각해보고, 인터뷰 과정에서 어떤 질문들이 제기되었는지 살펴보자. 이를 통해 이 인터뷰의 목적이나 방향이 무엇인지 제시해보자.

산악인 엄홍길 대장-"'14좌의 꿈' 뒤엔 28번의 도전 있었죠"

"1988년 에베레스트에 처음 올랐을 땐 정말 무서운 것이 없었습니다. 하지만 연이은 실패는 내 인생을 돌아보게 했습니다. 히말라야는 나를 거부하는 것 같았고, 나는 그 냉혹함에 진저리를 쳤습니다. 그 사건으로 저는 힘만 믿는 청년에서 겸손함을 아는 사람으로 변할 수 있었습니다."

세계적인 산악인으로 1985년부터 2000년까지 15년간 동양인 최초로 히말라야 8000m이상의 고산 14봉우리를 모두 오른, 세계 등반 사상 여덟 번째의 대기록을 갖고 있는 엄홍길 대장의 말이다.

5000m, 6000m나 7000m급 산은 등반훈련을 체계적으로 잘 받은 사람이라면 충분히 가능하다고 한다. 하지만 8000m급은 인간의 영역 밖, 즉 신의 영역이라고 합니다.

신이 허락하지 않으면 오르지 못할 산에 오르고 친구와의 약속을 지키기 위해 목숨 걸고 산에 오르며 동료의 시신을 수습했던 산 사나이, 히말라야 탱크 엄홍길 대장을 만났습니다.

"히말라야 8000m급 봉우리 14개를 모두 등정하신 게 언제인가요?"

"2000년 7월 31일 히말라야에서 두 번째로 높은 K2 봉우리에 올라 14좌를 완등했어요. 그리고 나머지 두 개로는 히말라야 8000m급 주봉이 거느리고 있는 위성봉이 5개 정도 있는데 그 중에서도 주봉으로 인정이 될 만한 독립봉의 성격을 강하게 띠고 있는 얄룽캉이라는 8505m되는 봉우리와 로체샬이라는 8400m 봉우리가 있습니다.

얄룽캉은 2004년도에 등정했고 로체샬은 2001년도와 2003년도에 도전했다가 실패했어요. 2003년도에는 정상을 150m 남겨두고 후배 대원 두 명을 눈사태로 잃었지요. 작년에 세 번째로 도전했는데, 이번에도 정상을 200m 남겨두고 실패했습니다."

"세 번이나 실패하셨는데 굳이 가시려는 이유가 무엇인가요?"

"제가 자신이 있어서 그런 것이 아니라 목표로 세운 것이기 때문에, 제 자신의 목표이기 때문이죠. 물론 14개 봉우리, 14좌의 꿈은 이루었지만 저 자신이 새로운 목표를 세우고 새로운 도전을 하려고 그 두 개의 봉우리에 오르는 것을 계획으로 삼은 거예요. 아직 누구도 시도해보지 않은 새로운 영역을 개척해보자 해서 이런 목표를 세우고 도전하는 것입니다. 제가 올 겨울에 딸하고 로체샬 근처까지 갔다 오면서 그 산을 봤는데 느낌상 올해는 잘될 것 같다는 생각이 들었어요."

"그런 감도 믿으시나요?"

"여태껏 수없이 많은 8000m급 등반을 하다 보니 산을 가보면 산하고 교감이 되는 느낌이 생겼어요. 어떤 산에 갔을 때 뭔가 안 맞는다는 느낌이 들면 사고가 나거나 실패하게 되고, 느낌이 좋으면 모든 게 잘 맞아 들어가 일이 생각지도 않게 술술 풀리면서 등반이 잘 되곤 합니다. 그래서 어려운 산을 의외로 쉽게 성공하거나 쉬운 산이 저를 끝까지 거부해서 실패하거나 사고가 나는 경우가 있더라고요."

"산에 가실 때 지키는 징크스가 있으신가요?"

"저는 산에 들어가는 순간 속세의 모든 것들을 잊고 오직 산 하나만 생각하려고 합니다. 평상시에는 워낙 등반하는 데 몰입하다보니 가족도 잊을 정도인데 등반 자체가 워낙 위험하고 생명이 달려있는 것이기 때문에 사실 그 정도는 되어야 합니다."

"14좌 완등까지 이루셨는데 굳이 그 위험을 무릅쓰면서 계속 산에 가시는 이유가 무엇인가요?"

"글쎄요. 저는 제가 필생의 목표로 했던 것을 이뤘어요. 하지만 그것이 끝이 아니지 않습니까. 저는 살아있기 때문에, 존재하기 때문에, 꿈이 없고 목표가 없으면 살아있는 의미가 없다고 생각해서 새로운 목표를 세우고 산에 가는 것이죠. 또 저는 산에만 가면 편하고 좋아요. 산에 오를 때 굉장히 고통스럽고 후회되기도 하지만, 어쨌든 거기에 가 있는 시간만큼은 너무나 행복하고 좋아요. 가만히 생각해보니 제가 산과 떼려야 뗄 수 없는 숙명적인 삶을 사는 것이 전생에 산이 아니었나 싶습니다. 그렇지 않고서야 산을 오르는 과정에서 이렇게 많은 사고를 경험하고, 동료도 잃고, 수없이 많은 죽음의 고비를 넘나들면서도 산을 포기하지 않고, 그럴수록 산에 더욱더 빨려 들어가는 것은 어떻게 설명할 수가 없어요."

"실패하고 내려오셨을 때, 다시는 산에 안가겠다고 생각하지는 않으셨나요?"

"그런 생각 많이 하지요, 사고 당시에는 후회도 되고. 그런데 안전한 지대에 내려오면 생각이 다시 바뀌기 시작하는 겁니다. '다시 올라가야지', '그 다음의 목표는 어디냐', '어느 산에 오르나' 하고 늘 생각하면서 살지요"

"실패를 몇 번 하셨죠?"

"14봉우리에 오를 때까지만 28번을 도전했어요. 반은 성공하고 반은 실패한 셈이죠. 그 이후에도 계속 8000m급을 등반했는데, 여태까지 36번을 갔더라고요."

"올라가는 장면은 많이 보여주는 데 반해 내려오는 것에 대해선 별 말이 없던데, 내려오는 게 올라가는 것 이상으로 더 힘들지 않나요?"

"정상에 가기 위해서 죽을힘을 다해서 올라갈 때는 죽을지 살지에 대해서는 생각나지 않고, 오직 정상만 생각하게 됩니다. 정상에 올라서고 나서는 '드디어 해냈구나, 내가 뭔가 이루어냈구나' 하며 자신에 대한 뿌듯함을 느끼고, 거기서부터 새로운 목표를 생각하게 되죠.

그러다가 정신을 차리고는 과연 내가 무사히 저 밑의 출발지점까지 되돌아갈 수 있을까라는 불안감이 생기는 거예요. 올라갈 때 모든 힘을 다 쏟았으니까 한 발짝 내딛을 힘도 없는 것이죠. 그래도 살아서 내려가야지만 내 자신이 정상에 섰다는 것을 밝힐 수 있는 것이고, 다시 또 산에 올 수 있기 때문에 다시 모든 것을 내려가기 위해 집중하게 되는 것이죠.

올라갈 때도 물론 사고가 나지만 특히 내려올 때 힘도 없고 정신적으로도 굉장히 지친 상태이기 때문에 사고가 많이 납니다."

"산이 그렇게나 위험한데, 산에 가기 전에 무엇을 써놓으시기도 하세요?"

"그렇지는 않지만, '과연 내가 다시 한국으로 돌아올 수 있을까, 이 비행기를 다시 타고 돌아올 수 있을까' 하는 생각을 하며 항상 마음속으로 각오는 하고 떠납니다."

"아내 분이 그만하라며 말리지는 않으시나요?"

"물론 그 말을 속으로 수천 번 했을 테죠. 하지만 제 인생이 곧 산이고 산에 가는 것

자체가 제 인생이라고 생각해서 제 모든 청춘을 히말라야에 바친 것 아니겠습니까. 좋아서 미쳐서 하는 거니까 굳이 말려봤자 오히려 스트레스만 주고 더 힘들게 하는 것이라고 생각하는 것 같아요. 말은 않지만 속으로 힘들겠지요. 그래도 제가 하는 일을 묵묵히 잘 도와주고 있으니 제가 전념하고 다닐 수가 있는 것이라 생각해요. 그래서 늘 고마워하고 있습니다."

"앞으로의 계획이 어떻게 되세요?"

"2월 말이나 3월 초에 16개 중 하나 남은 로체샤 등정을 준비하고 있습니다. 이것이 저에게는 굉장히 중요한 일생의 등반이기에 전력투구하려 합니다. 그 이후에는 산을 통해 8000m 등반을 하고 또 자연을 통해 제가 경험하고 체험했던 것을 청소년들에게 전달해주고 싶어요.

저는 자연은 우리 인간의 생명줄이라고 생각합니다. 그런데 현대인들이 너무나 자연에 대한 고마움을 모르고 자연과 격리되어 살다 보니 여러 가지 사회병폐 문제가 발생하게 되는 것이죠. 청소년들이 자연과 가깝게 지내고 항상 자연과 더불어 공유하면서 살 수 있도록 청소년 학교나 프로그램을 만들고 싶습니다."

-<**CBS편성국**, 손숙의 아주 특별한 인터뷰, 중원문화, 2007, 67-72쪽>에서

이 인터뷰에서 알 수 있는 것처럼, 인터뷰 쓰기에서는 인터뷰이에 대한 정보를 인터뷰어가 어느 정도 숙지할 필요가 있다. 인터뷰어들은 인터뷰 전에 인터뷰의 주제에 맞는 질문들을 작성하고, 순서를 고려해야 한다. 이 인터뷰는 산악인 엄홍길 대장을 대상으로 그의 꿈과 도전에 대한 이야기에 초점을 맞추고 있다. 이러한 인터뷰를 진행하기 위해서는 사전에 산 등반에 대한 지식과 엄홍길 대장의 산악인으로서의 특징적인 이력을 정보화해야 한다. 즉 8000m급의 산이 인간의 영역 밖의 신의 영역일 만큼 어려운 등반이라는 점을 정보화했을 때, "히말리야 8000m급 봉우리 14개를 모두 등정하신 게 언제인가요?"와 같은 질문이 인간의 한계에 도전하고 극복하는 엄홍길 대장의 삶의 태도를 보다 극명하게 보여주는 부분이 될 수 있는 것이다. 인터뷰어는 이 질문으로부터 엄홍길 대장이 이루지 못한 실패의 등반 사건과 그 실패의 등반을 과제로 삼고 앞으로 계획하고 있음을 알게 되는 데까지 이르게 된다. 이처럼 어떤 질문은 의도치 않게

인터뷰이에 대한 여러 가지 중요 정보를 드러낼 수 있는 키워드가 되기도 한다. 이처럼 사전에 예측하지 못한 정보에 대해 인터뷰어는 어떠한 질문을 덧붙여서 보다 주제를 잘 살려 낼 수 있을까 순발력 있게 대처해야 한다. 이 지문에서는 세 번의 실패에도 불구하고 또 그곳에 가려는 이유를 물음으로써, 실패에 대한 엄홍길 대장의 삶의 태도나 생각을 보여주려 하고 있다. 또한 위험을 무릅쓰는 이유를 물음으로써 등반에 대한 열정을 더욱 부각시키게 된다. 이와 같이 인터뷰어는 계속해서 실패하고 나서의 등반에 대한 인간적인 회의나 등반의 어려움, 등반에서의 사고에 대해 부가 질문을 지속함으로써 엄홍길 대장의 등반에 대한 열정과 끈질긴 목표에의 의지나 자신에 엄격한 삶의 태도, 새로운 영역에 대한 개척정신 등을 구조적으로 확장하게 된다.

2. 인터뷰 쓰기 전략

인터뷰는 대화하는 형식이다. 질문을 제시하고 상대방으로부터 그 질문에 대한 답을 듣는 작업이다. 이러한 과정을 정리해서 인터뷰 형식의 글을 작성할 수 있다. 이때, 질문이 중요하다. 질문에 따라 얻고 싶은 정보나 지식, 내용이 달라질 수 있다. 따라서 효과적인 인터뷰를 작성하기 위해서는 먼저 어떤 질문을 던질 것인지를 숙고해야 하는 것이다. 따라서 질문서를 작성해보는 연습이 필요하다.

연습문제 1 인터뷰 질문지 작성

1) 옆의 친구에 대해 질문지를 작성해보자.

2) 동화나 소설, 영화 등을 보고, 주인공이나 작가, 감독에게 묻고 싶었던 질문지를 작성해보고, 작품의 내용을 생각해서 주인공이나 작가, 감독의 입장에서 어떤 대답이 예상되는지 적어 보자.

예1) 헤밍웨이의 <노인과 바다>에 등장하는 '노인'과의 인터뷰

Q 어부의 삶이 만만치는 않았을 것이라 생각됩니다. 시련이나 어려움에 부딪혔을 때, 어떻게 이겨내셨는지요.

A 버텨내겠다는 의지가 있으면, 시련이나 어려움은 언젠가는 극복된다고 믿습니다. 저는 예전에 아주 긴 팔씨름을 한 적이 있습니다. 일요일 날 아침에 시작해서 월요일 날 아침에까지 아마 계속되었지요. 경기를 하는 도중 거의 질 뻔한 적도 있었지만 그 때마다 내가 이길 수 있다는 의지로 버터냈습니다. 그래서 결국 월요일 아침에 이겼습니다. 이때, 저는 할 수 있다는 의지만 있으면 어떤 고통의 시간도 이겨낼 수 있고, 그 만큼 큰 기쁨을 얻게 된다는 것을 경험했습니다. 그 후에, 저는 어떤 시련이나 어려움도 이겨낼 자신이 생겼고, 이겨내야 한다는 의지도 더 강해진 것 같습니다.

Q 당신은 84일 동안 고기를 낚지 못했다고 들었습니다. 이럴 때, 어부가 된 것을 후회할 것 같은데, 이러한 시간들을 어떻게 견디시는 지요?

A 저는 항상 바다를 보면 마음이 평화로워지는 것을 느낍니다. 바다가 저의 고향이고 집이지요. 그래서 고기가 안 잡힐 때도 그렇게 조바심을 가지지는 않습니다. 물고기도 바다가 내어 주어야 내 것이 되는 것이니까요. 바다가 내어줄 때를 기다려야 하는 것이지요. 그때를 위해 저는 어부로서 저의 힘을 기르고 준비를 해야 하는 것이지요. 오랫동안 기다린다는 것은 바다가 오랫동안 물고기를 기른다는 것이지요. 그만큼 큰 물고기가 주어질 수 있다는 희망을 품고 저는 큰 물고기를 만났을 때, 최선을 다할 수 있도록 만반의 준비를 해야 한다고 생각하기 때문에 후회하거나 지루해할 겨를이 없는 것이지요.

Q 바다에 나가 며칠 동안 기다려 고기를 잡았다고 들었습니다. 그런데, 돌아왔을

때에는 모두 상어에게 빼앗겨 실망이 아주 컸을 것 같은데, 어떠셨는지요?

A 그야말로 죽고 싶을 만큼 암담했지요. 아마 이틀 밤낮을 잠도 못 자고 잡은 고기였으니까요. 손에서는 피가 나고 온몸은 아팠습니다. 그런데 그렇게 잡은 고기를 갈라노라는 상어가 다 먹어치웠으니 정말 살기 싫었습니다. 다음부터는 배에 무언가를 실을 수 있도록 만들어 바다에 나가야겠습니다.

3) 다음과 같이 다큐나 논픽션 글을 읽거나 영상을 보고, 타인의 삶에 대해 인터뷰한다고 가정하고 질문지를 작성해볼 수 있다. 또 그 질문에 대한 답을 서술해 봄으로써, 인터뷰어의 질문의 핵심과 인터뷰이의 생각의 핵심을 잘 파악할 수 있게 될 것이다.

8월 말과 9월 초에 걸쳐 보름 동안 캄보디아와 케냐에 다녀왔다. 중국어가 그렇게 재미있다면서 공부하다 말고 웬 외국 여행? 명색이 유학생인데 그럴 리가 있겠는가. 놀러간 것이 아니라 한 비정부 기구(NGO)가 지원하는 사업 현장에 다녀왔다. 앞으로 내가 하게 될 긴급구호 활동의 현장이기도 하다.

긴급구호 활동이라니, 어쩌다가 그런 험한 일에 관심과 애정을 가지게 되었나. 돈도 밥도 안 되는 그 일이 왜 이렇게 하고 싶은가는 앞서 냈던 내 책을 본 사람이라면 이미 잘 알고 있을 것이다. 여기서는 이번에 내 책을 처음 읽는 이들을 위해 간단하게 다시 얘기해야겠다.

1993년 세계 여행을 떠나기 전까지 나는 긴급구호 활동이나 난민에 대해 아는 바가 전혀 없었다. 그저 부산 어딘가에 산다는 베트남 난민들에 대해 듣거나 텔레비전에 뼈만 앙상한 죽기 일보 직전의 먼 나라 아이들 모습을 본 것이 고작이었다.

그런데 세계 여행에 나선 지 3년 되던 해, 아프리카를 종단할 때였다. 그때 나는 세계 일주가 끝나면 무슨 일을 할 것인가 고민하고 있었다. 집도 절도 직장도 없이 완전히 무에서 새로 시작해야 했기에 꽤 심각하고 절실했다. 그런 내 눈에 어느 날부터인가 난민들이 들어오기 시작했다.

당시의 아프리카는 수십 년간에 걸친 내전과 기근, 홍수 등 그야말로 천재와 인재의 종합 전시장이었으니 아프리카 전체가 이동 난민촌이라 할 수 있을 정도로 난민들이 넘쳐났다. 처음에는 이들이 그저 진기한 구경거리로만 보였다. 나와는 아무 상관없는 사람들이라고 생각했기에 사람이 죽어가는 순간에도 사진기를 들이댈 수 있었다. 그런 모습을 대단한 기념사진용이라고 생각했었다.

그런데 언제부터인가 난민이 전체가 아니라 한 사람, 한 사람으로 보였다. 아프리카 북쪽으로 여행을 계속하던 나는 어느새 시간과 힘이 허락하는 대로 할 수 있는 일을 거들기 시작했다. 보통 작은 자생 난민촌은 국제기구의 보호와 지원을 제대로 받지 못하기 때문에 사정이 아주 열악하다. 이런 난민촌에서 식량을 나눠주는 일도 하고, 정착 난민촌에서는 아이들에게 영어도 가르쳤다.

이렇게 온갖 질병과 적군의 반격, 강간 등 한치 앞도 알 수 없는 위태로운 곳의 아이들일수록 공부도 열심히 하고 밝은 웃음을 잃지 않는다. 가슴 아플 정도로 기특하다. 물론 기가 막힌 일도 많이 보고 겪었다.

에티오피아에 있는 소말리아 난민촌에서다. 이곳 아이들은 처음부터 동양인인 나를 하나도 낯설어하지 않았다. 하루 종일 20명 정도의 아이들이 내 주위를 뱅뱅 돌며 떠나지 않았는데, 그 중에 나와 눈이 마주치면 혀를 쑥 내밀고 웃는 꼬마가 있었다. 까만 얼굴에 분홍색 혓바닥이 너무 귀여워 '핑크보이'라는 별명을 붙여주었다. 하루는 도시에 나갔다가 이틀 만에 와보니 그 아이들이 한 명도 안 보였다. 장난치느라고 숨었구나 생각하고, "핑크보이 나와라, 못 찾겠다 꾀꼬리."하며 찾았더니 거기 있던 사람이 끔찍한 말을 전한다.

"그 아이들 다 죽었어요."

그 며칠 사이에 콜레라와 괴질이 돌았다는 거다. 이들의 직접 사망 원인은 어이없게도 800원짜리 링거 한 병으로 간단히 고칠 수 있는 탈수증이었다.

수단과 에리트레아 국경에서는 이런 일도 있었다. 내전 중인 수단에서 빠져나오면서 부모를 잃은 열세 살짜리 꼬마 아가씨가 난민촌에 있었다. 영어도 아주 잘하고 말하는 폼이 잘 교육받은 아이였다. 자기는 커서 국제 적십자단의 간호사가 되고 싶은데 세상에서 가장 중요한 건 사랑을 주고받는 일이라고 굳뚝같이 믿고 있었다.

어느 날 수단으로 가는 배편을 물색하고 다시 들렀는데 날 반겨야 할 그 아이가 인사불성으로 야전 침대에 널브러져 있었다. 이 아이가 왜 이러느냐고 직원을 다그치니

간밤에 정체를 알 수 없는 군인 예닐곱 명에게 윤간을 당했다고 한다. 갑자기 무릎에 힘이 쭉 빠졌다.

'도대체 이 아이가 무슨 잘못을 했단 말인가?'

여행은 아프리카에서 중동으로 이어졌다. 중동도 사정은 마찬가지였다. 팔레스타인, 요르단, 시리아와 이란을 거치면서 수많은 종류의 난민들을 만나게 되었다.

하지만 나를 난민 구호 활동으로 이끈 결정적인 사건은 20년 이상 내전 중인 아프가니스탄의 한 자생 난민촌에서 있었다. 나는 그곳에서 호기심 많은 아이들과 손짓, 발짓 섞어가며 한참을 재미있게 놀았다. 남자 아이들에게는 태권도 시범을 보이고, 여자들에게는 삼색 볼펜으로 꽃반지를 그려주니 얼굴이 당장에 환해진다. 그러나 나를 보는 어른들의 눈총은 견딜 수 없이 따가웠다. 외국인과 얘기를 했다고 반군들에게 받을 추궁이 무서웠던 것이다.

아이들에게 전쟁이 끝날 때까지 꼭 살아남아달라고 마음속으로 당부를 하고 돌아서려는데 누군가 수줍게 웃으며 빵을 건네주었다. 지뢰를 밟았는지 왼쪽 다리 없이 목발을 짚고, 오른쪽 팔꿈치 아래가 잘려 나간 여자 아이였다. 얼마 만에 생겼는지, 또 언제 다시 생길지 모르는 귀한 양식을 자기와 놀아준 '친구'에게 주려는 것이다.

한순간 어쩔까 망설였다. 이 빵을 이 아이가 먹고 배가 부른 것이 좋은 건지, 내가 먹어 내가 이 아이들의 친구라는 걸 알리는 것이 좋은 건지. 찰나의 망설임 끝에 나는 빵을 받아 한입 베어 물었다. 그러자 같이 있던 아이들이 손뼉을 치고 소리를 지르며 좋아서 어쩔 줄을 몰랐다. 순간 가슴 밑바닥에서 마그마처럼 뜨거운 것이 솟아올라왔다.

그날 나는 마음을 굳혔다. 여행이 끝나면 난민 기구에서 일하리라고. 특히 아이들을 위해 나를 아낌없이 쓰겠다고. 돌아보면 국제홍보를 전공한 것도, 7년간 세계를 돌아다닌 것도 이 일을 하기로 마음먹는 과정, 이 일을 잘하기 위해 운명적으로 거쳐야 했던 과정이 아니었을까라는 생각이 든다.

그러나 긴급구호 활동이란 혼자 할 수 있는 일이 아니라 단체 안에서 조직적으로 해야 하는 일이다. 여행을 끝내고, 중국에서 공부를 하면서 나는 일할 수 있는 NGO를 열심히 살피고 있었다. 그러던 중 눈에 번쩍 띄는 NGO가 나타났다. '기아 체험 24시간'이나 '사랑의 빵'으로 우리에게도 이미 친숙한 '월드비전'이다. 한국전쟁 때 우리나라의 고아와 미망인을 돕는 일로 시작된 이곳은 현재 전 세계 1백여 개국에서 긴급구호 및 개발 사업을 벌이고 있는 세계적인 NGO이다.

내가 여러 인터뷰나 글에서 난민 구호 활동에 관심이 있다고 한 말이 '씨'가 되었는지 월드비전 창립 50주년 행사의 일환으로 태국, 캄보디아, 케냐 등의 해외 사업장을 돌아볼 수 있는 기회가 주어진 것이다. 3주일 이상 수업을 빼먹으면 가을부터 다닐 학교에서 잘릴 수도 있었지만 전화로 이 제안을 받았을 때 나는 너무 기뻐서 전화통 속으로 들어갈 뻔했다. 한국 월드비전이 돕고 있는 사업장을 방문하여 구호 내용을 파악하는 것이 이번 출장의 목적이지만 개인적으로는 긴급구호 활동가로서 첫 발걸음을 내딛는 셈이다.

여기서 긴급구호 활동이란 무엇인가 짧게 짚고 넘어가자. 구호 활동은 크게 긴급구호와 개발 사업으로 나뉘는데 여기서는 긴급구호에 대해서만 얘기하겠다. 전쟁이 났다고 가정해보자. 그러면 대량의 피난민이 생긴다. 이 피난민들을 긴급하게 구호하기 위해서는 우선 사람들을 파악하고 통제해야 한다. 그 다음에는 깨끗한 물, 식량, 천막, 약품 등이 적절히 공급되어야 한다.

그리고 이에 못지않게 중요한 것이 홍보다. 현장의 상황을 제대로 파악해서 왜 이런 일이 일어났으며, 어떤 물자와 도움이 필요한지 알려야 한다. 이웃 나라를 설득해 피난민을 안전하게 피신시키는 것도 중요하다. 난리가 끝난 후에는 피난 갔던 사람들이 돌아와 정착할 수 있도록 돕는 것까지가 긴급구호 활동이다. 여기서 나는 국제홍보 요원으로 일하려는 거다. 예비 긴급구호 활동가로서 첫 출장지는 캄보디아였다.

- <**한비야**, 한비야의 중국견문록, 푸른 숲, 2001, 153~158쪽> 에서

<질문지 작성>

<질문1> 중국 유학 중이신 것으로 알고 있는데, 무슨 특별한 일로 캄보디아와 케냐에 다녀오셨는지요?

<질문2> 긴급구호 활동이라는 험한 일에 관심과 애정을 가지게 된 것은 언제부터였나요?

<질문3> 아프리카 난민 상황이 얼마나 심각한 가요?

<질문4> 사업현장 탐사 중에 경험한 인상적인 에피소드 하나만 소개해주세요.

<질문5> 난민 구호 활동으로 이끈 결정적인 계기가 있었는지요? 그 이야기 좀 해주시죠.

<질문6> 그 계기 이전에는 이 분야와 아무런 연계도 없었는지요?

<질문7> 긴급구호 활동을 수행할 때, 중요하게 염두에 두어야 하는 것은 무엇이고, 무슨 일을 하는지 간단하게 설명해 주세요.

<질문8> 지금 활동하고 계신 '월드비전'은 어떠한 NGO 단체인가요?

4) 다음은 '간디 자서전'의 일부분이다. 이러한 자서전 형식은 자신의 일대기를 직접 전개한 글이다. 따라서 간디의 삶에서 가장 중요했던 경험이나 만남, 감명 깊게 읽었던 책 등이 제시될 수 있으며, 그러한 다양한 요소들은 '간디' 자신의 삶을 이루는 것으로 자신을 형성하는데 작용한 것들이다. 따라서 그러한 자서전을 읽는다는 것은 타인의 삶을 간접 경험하고 그로부터 나의 삶을 반성적으로 성찰하는 계기로 삼거나 내 삶이 지향하는 가치를 발견하는 과정이 될 수 있다는 점에서, 타인의 삶이 나의 삶의 구성 요소가 되는 하나의 형식이 된다고 할 수 있다. 이러한 타인의 삶 엿보기는 내 삶의 가장 중요한 경험이나 만남, 또는 인상 깊은 테스트가 됨으로써, 자신을 새롭게 구성하고 완성해가는 하나의 과정으로 인식될 수 있다. 이는 타인의 말을 경청하는 인터뷰 형식과 동일한 양식이라 할 수 있다. 인터뷰 양식은 타인의 말 듣기를 통해 자신이 새로운 정보를 알게 되거나, 삶의 지혜를 얻게 되는 과정이다. 이런 점에서 타인의 삶을 엿보게 되는 자서전 읽기는 타인의 생각을 바탕으로 인간을 탐구하는 작업으로서 인터뷰와 동일한 성격을 가진 것이라 할 수 있는 것이다.

성적이 좋았다고는 기억되지 않는다. 상이나 장학금을 탈 때마다 놀랐다. 그러나 행동에 대해서는 민감했다. 지극히 사소한 잘못으로도 눈물을 흘렸다. 잘못을 저지르거나 교사에게 그렇게 보여 꾸중을 들으면 견딜 수 없었다. 맞은 적도 있었다. 벌 자체보다도 벌을 받는 대상이 되었다는 사실 때문에 가슴이 아팠다. 나는 슬프게 울었다. 1,2학년 때의 일이었다.

7학년 때 똑같은 일이 있었다. 당시 교장은 도랍지 에둘지 기미였다. 그는 엄하고 유능하며 훌륭한 교사여서 학생들에게 인기가 있었다. 그는 상급학생에게 체조와 크리켓을 필수 과목으로 요구했다. 나는 그 두 가지 모두 싫어했다. 나는 크리켓이나 축구 등, 어떤 체육 과목에도 그것이 필수 과목으로 되기 전부터 참석하지 않았다. 이러한 무관심의 이유 가운데 하나가 나의 수줍음이었지만, 지금 생각하면 내 잘못이었다. 당시 나는 체육은 교육이 아니라고 잘못 생각했다. 지금 나는 체육은 교과 과정에서 지육(智育)과 마찬가지로 중요하다는 걸 안다.

그러나 운동을 하지 않았다고 해서 건강이 나빠지지는 않았다. 왜냐하면 신선한 공기 속에서 오랫동안 걷는 것이 좋다는 것을 책에서 읽고, 그 충고가 지금까지 산책하는 버릇을 길러왔기 때문이다. 그 산책으로 나는 상당히 튼튼한 체력을 갖게 되었다.

내가 체육을 싫어한 이유 가운데 하나는 아버지를 잘 간호하고 싶기 때문이었다. 수업이 끝나면 나는 집으로 달려가서 아버지를 간호하기 시작했다. 그러나 체육이 필수가 되자 간호에 지장이 생겼다. 나는 기미 선생님에게 아버지 간호를 위해 나를 체육 과목에서 빼달라고 요청했다. 그러나 그는 듣지 않았다.

어느 토요일, 수업이 오전에 끝나 오후 4시에 체육을 하러 다시 학교에 가야 했다. 내게는 시계가 없었고 흐린 날씨가 나를 속였다. 내가 학교에 도착하기도 전에 아이들은 모두 집으로 돌아갔다. 다음날 기미 선생님이 출석부를 점검하여 내가 결석했음을 발견했다. 결석한 이유를 물어서 나는 사실대로 말했다. 그는 내 말을 믿으려 하지 않고 벌금 1, 2아나스(정확하게는 모르겠다)를 물도록 했다.

결국 나는 거짓말을 한다는 누명을 썼다! 너무나도 괴로운 일이었다. 나의 결백을 어떻게 증명할까? 도리가 없었다. 엄청난 고통으로 울었다. 진실한 사람은 주의 깊은 사람이어야 한다는 것을 알았다. 이것이 내가 학교에서 부주의로 저지른 처음이자 마지막 일이었다. 결국 나는 벌금을 물지 않았음을 어렴풋이 기억한다. 또한 아버지가 교장에게 편지를 써서 내가 방과 후에 집에 있도록 해달라고 하여 나는 체육 시간을 면제받았다.

- <**간디**, 5. 중학교 생활, 간디 자서전, 문예출판사, 2014, 59~61쪽> 에서

그러나 그보다 더 심한 도둑질은 그 후의 일이었다. 동전을 훔친 것은 열두세 살, 아니면 그보다 어려서였다. 그 다음 도둑질은 열다섯 살 때였다. 이번에는 육식하던 형의 팔찌에서 금 한 조각을 훔쳐냈다. 형은 약 25루피의 빚을 지고 있으면서 팔에는 순금 팔찌를 끼고 있었다. 거기서 한 조각 떼어내기란 어렵지 않았다.

어쨌든 나는 훔쳤고, 그 빚은 청산됐다. 그러나 나는 도저히 견딜 수 없었다. 다시는 훔치지 않겠다고 결심했다. 그리고 그것을 아버지에게 고백하기로 결심했다. 그러나 말할 용기가 나지 않았다. 아버지의 매질을 두려워한 탓이 아니었다. 아니, 아버지가 우리를 매질한 기억은 없다. 나 때문에 아버지가 당할 고통이 두려워서였다. 그러나 그런 위험을 무릅쓰고라도 해야 한다고 느꼈다. 깨끗한 고백 없이는 깨끗해질 수 없기 때문이다.

마침내 나는 고백서를 써서 그것을 아버지에게 바치고 용서를 빌기로 했다. 나는 그것을 종이 위에 써서 직접 아버지에게 드렸다. 글 속에서 나는 죄를 고백했을 뿐 아니라, 적절한 처벌을 요구했고, 나의 잘못 때문에 아버지 자신을 벌하지 말기를 바라면서 끝을 맺었다. 또한 앞으로는 절대로 도둑질하지 않겠다고 맹세했다.

아버지에게 고백서를 전했을 때 나는 벌벌 떨었다. 당시 아버지는 치루로 고생을 하셔서 침대를 떠나지 못했다. 그의 침대는 평평한 나무 판자였다. 나는 그에게 종이를 전하고 판자 맞은편에 앉아 있었다.

그가 다 읽자 구슬 같은 눈물이 두 뺨을 흘러내려 종이를 적셨다. 그는 눈을 감고 잠시 생각하다가 종이를 찢었다. 그는 읽기 위해 일으켰던 몸을 다시 누였다. 나도 울었다. 나는 아버지의 고뇌를 볼 수 있었다. 내가 만일 화가라면 지금이라도 그 모습 전체를 그릴 수 있다. 그 장면은 여전히 내 마음에 생생하다.

그 사랑의 구슬 같은 눈물방울이 내 마음을 정화시켰고, 나의 죄를 씻어버렸다. 그런 사랑을 경험한 사람만이 그것을 알 수 있다. 찬송가에서 노래하듯 "사랑의 화살을 맞은 자만이 그 힘을 안다." 이것이 나에게 비폭력의 실제 교육이었다. 당시 나는 아버지의

사랑을 보았을 뿐이지만, 지금 나는 그것이 순수한 비폭력이었음을 안다. 그러한 비폭력이 모든 것을 끌어안을 때 거기에 닿는 모든 것은 변화한다. 그 힘에는 한계가 없다.

이러한 종류의 숭고한 용서는 아버지에게는 당연한 것이 아니었다. 나는 아버지가 화를 내서 나를 꾸짖고 자기 머리를 칠 줄 알았다. 그러나 너무나도 경이롭게 평화로웠다. 나는 그것이 나의 솔직한 고백 덕분이라고 믿는다. 다시는 죄를 범하지 않겠다는 약속을 담은 솔직한 고백은, 그것을 받을 권리가 있는 사람에게 바쳐질 때, 가장 순수한 형태의 회개가 된다. 내 고백이 아버지로 하여금 나에 대해 절대로 안심하게 했고, 나에 대한 사랑을 무한히 증가시켰음을 나는 안다.

- <**간디**, 8. 도둑질과 속죄, 간디 자서전, 문예출판사, 2014, 74~75쪽> 에서

『간디 자서전』을 읽고 질문<1>의 예와 같이 <2>~<10>의 질문에 대한 대답을 찾아 간디의 입장에서 그의 언어로 서술해보자.

질문지

<1> **인터뷰어**: 유년시절, 선생님을 성장시킨 계기나 기억에 남는 에피소드가 있으시면 한 두 개쯤 소개해주시면 좋겠습니다.

인터뷰이(간디) : 두 가지 정도가 떠오르는 군요. 하나는 진실한 사람은 주의 깊은 사람이어야 한다는 것을 깨닫게 한 사건이고, 하나는 비폭력의 힘을 깨닫게 된 경험이예요. 병든 아버지를 간호하고 체육시간에 맞추어 갔지만, 시간을 잘못 계산해서 체육시간을 놓친적이 있었는데, 결석의 이유를 대야 해서 사실을 말했으나 받아들여 지지 않아 억울한 경험이 있었지요. 그때, 진실한 사람은 주의깊은 사람이어야 한다는 교훈을 얻었습니다. 또 하나는 빚을 갚기 위해 금을 훔친 적이 있었는데, 도저히 양심의 가책으로 괴로움을 견딜 수 없어 아버지에게 고백을 했던 일이 있었습니다. 그때, 아버지는 나의 고백을 듣고 말없이 눈물만 흘리실 뿐이었습니다. 아버지의 고뇌가 느껴졌지요. 폭력적으로 징벌하지 않고 모든 것을 끌어안은 아버지의 비폭력의 교육이 제가 평생 그러한 삶을 실천할 수 있는 숭고한 깨달음을 주신 것이었지요.

<2> 인터뷰어 : 영국 유학을 가게 된 계기는 무엇이었는지요.

<3> 인터뷰어 : 영국 유학 동안 가장 어려웠던 일이나 보람된 일이 있으시면 말씀해 주세요.

<4> 인터뷰어 : 영국에서 변호사 자격증을 얻어 오신 것으로 알고 있는데, 인도서 개업하지 않으시고 남아프리카로 가셨는데, 무슨 특별한 이유가 있으신지요.

<5> 인터뷰어 : 가족들을 인도에 두고 떠나신 것은 다시 돌아오실 생각이 있으셨던 것으로 생각됩니다. 그런데 가족까지 데리고 남아프리카에 가게 된 계기가 있을까요?

<6> 인터뷰어: 남아프리카에서 어떤 일들을 하셨는지 궁금합니다.

<7> 인터뷰어: 보어전쟁에도 참전하셨는데, 인도를 식민화한 영국의 편에서 전쟁에 나아가신 것을 의아해하는 사람들이 많습니다. 어떤 생각이셨는지 듣고 싶습니다.

<8> 인터뷰어: 독실한 힌두교 신자이신 것으로 알고 있습니다. 다른 종교에 대한 선생님의 생각을 듣고 싶습니다.

<9> 인터뷰어 : 인도 독립을 위해 종교적 갈등을 해결할 방도를 가지고 계신지요.

<10> 인터뷰어 : 비폭력 투쟁의 한 사례를 말씀해 주시고, 그러한 투쟁방식이 어떤 의미가 있는지 말씀해주십시오.

연습문제 2 인터뷰 주제 선정과 보고서 작성

인터뷰를 통해 얻을 수 있는 것은 크게 두 가지다. 첫째는 정보다. 인터뷰어는 얻고 싶은 정보를 얻기 위해 사전에 인터뷰할 질문을 신중하게 작성해야 한다. 인터뷰는 인터뷰이를 만나 한정된 시간에 해야 하는 작업이라서, 중요한 질문을 빠뜨리거나 제대로 된 질문을 하지 못했을 때에는 보충하기가 어려울 수 있다. 둘째는 상대의 생각과 느낌이다. 정보는 다양한 방식으로부터 얻을 수 있지만, 어떤 현상이나 사실에 대한 특정한 개인의 생각과 느낌은 인터뷰를 통해서만 얻을 수 있다. 다음과 같이 주제를 선정해서 어떤 정보를 얻고 어떤 사람의 생각과 느낌을 확보할 것인지 생각해보자.

1) 인터뷰 주제와 인터뷰 대상의 예

인터뷰 주제	인터뷰 대상
교사나 공무원이 되기 위해 준비할 것들	현직 교사나 공무원
비정규직의 어려움과 스트레스	비정규직으로 직장생활을 하고 있는 선배
성직자로서의 삶	**신부님이나 수녀님**
일과 육아를 병행하는 이 시대의 여성	아이를 둔 직장여성
청년 실업에 대한 생각	영남대 대학생들
한국 사회에서 장애인으로 산다는 것	봉사 활동에서 만난 장애인 아저씨
자영업자들의 애환	대학가의 상점주인들
해외 연수나 배낭여행의 노하우	해외어학연수나 여행을 다녀온 선후배
봉사의 세계, 나눔을 실천하는 삶	봉사 동아리 회원들
특수 직업, 전문 직업 선택(직업의 세계)	특수/전문 분야에 종사하는 사람들
아버지와의 연애 시절	어머니
대학공동체가 지향하고 있는 것	대학 총학생회

2) 인터뷰 보고서 작성

다음은 "주제: 성직자로서의 삶-인터뷰이(수녀님)"으로 작성된 인터뷰 보고서 예시문이다. 위의 도표와 같이 주제를 하나 설정해서 아래와 같이 인터뷰 보고서를 작성해보자.

<인터뷰 보고서>

인터뷰 대상: ○○○ 수녀님

인터뷰 제목: 신앙의 기초로서의 자아 성찰의 삶

Q 안녕하세요. 수녀님, 가을 단풍이 든 성당의 모습이 이렇게 아름다울 줄은 몰랐어요. 정문에서부터 올라오는데, 다양한 빛깔로 물든 나무들이 너무 인상적이었어요.

A 거기에 이렇게 젊고 예쁜 사람들이 들어오니 더 좋을 수 없는 것 같군요.

Q 이렇게 초대해주시고, 인터뷰에 응해 주셔서 감사합니다. 저희는 이 시대 종교의 역할과 방향이라는 주제로 성직자 분들의 다양한 이야기를 듣고 있습니다.

A 난 아주 평범한 수녀인데, 들을 만한 이야기가 될지 모르겠네요.

Q 그럼 궁금한 점 몇 가지를 질문 드려 보겠습니다. 우선, 수녀가 되시기로 결심한 계기가 있으셨는지요?

A 저희 집안이 아주 오랫동안 독실한 가톨릭 신도들을 배출해왔어요. 그래서 그런 분위기 속에서 저도 자연스럽게 이렇게 성직자의 길을 가게 되었지요. 어렸을 때부터, 종교적인 삶이 일상이었으니까요.

Q 수녀가 된 것을 후회하신 적은 없으셨는지요?

A 왜 없겠어요. 신앙이 흔들릴 때도 있고, 인간으로서 외롭고 서글플 때도 있지요. 그렇지만 그러한 시련의 시기를 잘 극복하면, 더 단단한 신앙을 얻게 되고, 더 큰 사랑의 삶을 실천할 수 있는 힘을 갖게 되는 것을 경험하지요. 예전엔 후회하는 마음이 들 때마다 두려웠었는데, 이젠 후회하는 마음도 신앙의 일부라는 생각이 들어요.

Q 수녀님이 되기 위해 포기하신 것들도 많을 것으로 생각되는데요, 그런 것이 있으시면 말씀 부탁드립니다.

A 전 두 가지 길 중에 하나를 선택한 경우에요. 정말로 하고 싶었던 또 하나의 장래희망은 가수였어요. 그런데, 수녀가 되기 위해 가수의 꿈을 포기했다고 생각하지는 않아요. 수녀가수가 될 수도 있다고 생각했거든요. 그런 생각을 지금도 실천하면서 꿈을 이루어 가고 있기도 하구요.

Q 성직자이기 때문에 일상에서 어려운 점은 없으신지요?

A 아무래도, 우리는 사랑을 구현하는 삶을 살아야 하니까, 항상 자신을 성찰하는 삶을 살아야 한다는 의식을 염두에 두게 되지요. 그러다보니 항상 보다 나은 가치가 무엇인지를 고민하게 되지요. 가령, 당장 편하고 행복한 것, 좋은 것을 추구하기보다, 불편하고 어려운 것을 내가 감수함으로써, 타인의 삶에 조금이라도 보탬이 된다면, 그 길을 가려고 노력해야 한다는 것이지요. 그러한 삶을 매번, 언제나 실천하기도 어렵지만, 그러한 노력을 게을리 했을 때 일어나는 마음의 동요가 더 어려울 때도 있지요.

Q 마지막으로 앞으로의 계획이 있으시면, 말씀해주세요.

A 연말에 우리 수녀 합창단이 그야말로 가수 아이돌 그룹처럼 전국 투어를 해요. 그때, 많은 사람들에게 조금의 감동이라도 전했으면 해요.

인터뷰를 마치고 나오는 길에 수녀님은 손수 말리신 국화차를 손에 쥐어주며 환하게 웃으셨다. 두 가지 꿈을 신앙 안에서 이루어내고 있으신 수녀님은 서정주의 '국화 옆에서'의 누님을 연상시켰다. "머언 먼 젊음의 뒤안길에서" 돌아와 인생의 깊은 향기를 품고 있는 국화꽃. 국화의 그윽한 향기가 수녀님으로부터 내게로 전해지고 있는 느낌을 받고 돌아왔다.

3. 인터뷰 읽고 생각하기

요즘 '인성교육'이 대학가에서 화두가 되고 있다. '인성'의 문제를 새삼 다시 주목하는 이유가 무엇인지 생각해볼 필요가 있다. 사람으로서의 본질에 대해 다시 생각하게 하는 이 '인성'이라는 주제는 인격을 도덕적으로 완성해가는 과정을 지향한다. 도덕적 가치가 약화된 현대 사회에서 자아는 이르러 가야 할 길을 잃었다. 또는 도덕적 가치를 상실한 많은 자아들에 의해 공동체는 보이지 않는 침몰의 위기에 놓여 있다. 닭이 먼저냐, 달걀이 먼저냐의 딜레마 속에서 대학은 '인성교육'을 문제 해결의 한 방법으로 제언하고 있는 것이다. 그렇다면, 대학에서 할 수 있는 일은 도덕적 가치를 상실한 현대 사회에서 길을 잃고 헤매고 있는 자아들에게 방향을 제시해주어야 하는 것이다. 그러기 위해서 선행되어야 하는 것은 자아 자신이 누구이며, 무엇을 원하며, 어떻게 살고 싶은지, 어떻게 살아야 하는지 등 다양한 자아 탐색의 과정이다. 그런데 이때, 자아를 확립하는 자아 탐색의 과정 중 가장 의미 있는 방법은 자아를 둘러싸고 있는 공동체에 질문을 던지는 것이다. 타자를 향한 질문은 나를 구성하는 담론이 되기 때문이다. 내가 알고 싶은 것, 내가 얻고 싶은 정보, 나와 다른 타자의 삶, 타자의 생각, 같이 고민해야 하는 공동체의 문제 등에 대해 공동체의 다른 구성원들에게 질문을 던짐으로써, 내가 원하는 것이 무엇이며, 내가 해야 할 일이 어떤 것인지 사유하는 과정을 경험하게 되고, 그 과정 속에서 자아의 한계를 깨닫고, 또 다른 세상을 마주하게 되며, 보다 높은 차원의 사유들을 공유하게 되는 것이다. 이 '질문'은 기존의 체계에 대해 의문을 던지는 것이며, 현재의 시간에 균열을 일으키는 작업이다. 이 균열의 틈에서는 새로운 사유의 싹이 피어나고, 보다 발전적인 미래의 시간을 만들어 갈 것이다. 그래서 무엇을 묻고, 어떻게 물을 것인지, 왜 물어야 하는지 고민하는 과정이 중요한 것이다. 다음의 제시문은 영남대학교에서 진행되었던 '스무 살의 인문학-청춘에게 길을 묻다'라는 강좌를 정리한 책인 『스무살의 인문학』에서 발췌한 것으로, 우리 시대의 청춘들의 고민을 통해, 대학이 지향해야 할 인성교육의 방향과 학생들이 확립해야 하는 자아의 상을 어렴풋이나마 그려볼 수 있게 한다.

1. 다음의 질문들에 대해 토론해 보고, 우리 시대 선배, 선생님들은 어떻게 질문에 답했는지 참고해보자.

<최재목 선생님께 드린 질문>

Q 리처드 도킨스가 한 말 중에, '지적 생명체는 자신의 삶의 이유를 깨달았을 때 더욱 성숙해진다'는 말이 있는데 선생님께서도 살아오면서 그런 깨달음과 성숙의 순간이라고 느끼신 순간이 있었습니까?

Q 개인마다 행복의 기준이 다른데 선생님께서 생각하시는 행복의 기준은 무엇인지 궁금합니다.

Q 저는 나름대로 가치관이 잘 형성돼 있다고 자부하는 편입니다. 그래서 제가 만들어서 가지고 있는 그런 가치관을 조금 더 확고히 하기 위해서 이런 강의를 많이 듣고 있습니다. 그런데 살다 보면 제가 생각하는 가치관과 사회의 가치관이 부딪혀서 힘들 때가 많습니다. 선생님도 그런 적이 있었는지, 그럴 때 어떻게 이겨내셨는지가 궁금합니다.

<토론 정리>

<최재목 선생님께 듣다>

Q 리처드 도킨스가 한 말 중에, '지적 생명체는 자신의 삶의 이유를 깨달았을 때 더욱 성숙해진다'는 말이 있는데 선생님께서도 살아오면서 그런 깨달음과 성숙의 순간이라고 느끼신 순간이 있었습니까?

A 저를 키운 건 좌절이었습니다. 힘든 순간들, 가장 절망스러운 순간들, 내가 기대했던 것들, 의미들이 유리잔이 '퍽'하고 깨지듯이, 그렇게 산산조각이 난 순간들…, 그런 순간들이 저를 꼼짝 못하게 붙들어 매고서는 반성하고, 성찰하고, 근원에서 다시 시작하게 만들었습니다. 저를 성숙하게 한 것은 그런 좌절과 고뇌의 순간들이었습니다. 숱한 지식은 그렇게 저를 감동시키거나 근저로부터 저를 회초리질해주지 못했습니다. 사람은 고뇌하면 할수록 더 뿌리를 깊이 내리는 나무가 아닌가 합니다.

Q 개인마다 행복의 기준이 다른데 선생님께서 생각하시는 행복의 기준은 무엇인지 궁금합니다.

A 이런 주제를 가지고 얘기할 수 있는 철학자가 스피노자입니다. 독일에 있는 철학자 라이프니츠가 스피노자에게 교수직을 권유했지만 스피노자는 그 자리에 가지 않기로 합니다. 그래서 스피노자는 라이프니츠에게 거절의 편지를 대략 이렇게 썼습니다. '나는 나의 마음의 평온과 자유를 위해서 살고 싶지, 그런 월급쟁이 자리를 탐하고 싶지는 않다!' 월급을 받는다는 것은 그 돈에 해당하는 의무와 책임을 수행한다는 약속이죠. 자신의 자유와 평온보다도 남의 자유와 평온을 지키는 파수꾼 역할을 해야 하는 겁니다. 돈으로부터 자유롭지 않으면 진짜 자유롭지 않습니다. 저도 대학에서 월급쟁이로 살고 있습니다만, 참 힘듭니다. 솔직히 너무 바쁘고 힘들 때 교수직을 그만둘 생각을 하곤 합니다. 거짓말 같죠? '멀쩡한 교수직을 왜 그만둬?'라고 반문하실지 모르지만, 늘 자유롭고 싶습니다.

스피노자는 자신의 자유와 평온을 누리기 위해서는 돈으로부터 자유로워야 하기에 렌즈를 깎아 생계를 이어갔습니다. 스피노자가 쓴 『에티카』의 마지막 대목을 꼭 읽어 보십시오. 스피노자는 지복, 즉 견고한 행복은 우리 내면(덕성)에 있다고 했습니다. 무언가를 밖에서 채우거나 소유하는 것이 아닙니다. 존재하는 것 자체만으로도 이미 행복하다는 생각을 할 필요가 있습니다. 죽음의 공포 속에서 매일 매일을 살아가는 사람들이 있습니다. 그에 비한다면 여러분은 지금 이 순간 얼마나 평화롭습니까. 지금 존재하는 것 자체에 행복이 들어 있습니다. 행복은 명사처럼 실체가 있는 것이 아닙니다. 밖에 달려 있는 열매처럼 쫓아가서 따 먹는 것이 아닙니다. 형용사로서, 내가 경험하는 내면의 상태로서, 현재 여기서 내가 느끼는 심리적 정서입니다. 오늘 식당에서 밥을 먹는데 친구가 같이 있어서, 반찬이 참 맛있어서 행복했다면 그게 행복한 거예요. 그리고 친구가 문자로 안부를 물어 와서 너무 반갑고 고마웠다면 그게 행복한 거예요. 여러분이 행복하다고 생각하니까, 그 순간 행복이 찾아와서, 제 발로 걸어서 성큼성큼 여러분 속으로 들어오는 것입니다. 행복한 순간을 자신 속에서 누리고 경험하면서 사십시오.

Q 저는 나름대로 가치관이 잘 형성돼 있다고 자부하는 편입니다. 그래서 제가 만들어서 가지고 있는 그런 가치관을 조금 더 확고히 하기 위해서 이런 강의를 많이 듣

고 있습니다. 그런데 살다 보면 제가 생각하는 가치관과 사회의 가치관이 부딪혀서 힘들 때가 많습니다. 선생님도 그런 적이 있었는지, 그럴 때 어떻게 이겨내셨는지가 궁금합니다.

A 불교에 觀世音菩薩이 있습니다. 산스크리트어의 아바로키테슈바라를 번역한 것인데요, 나중에 이 말은 관세음보살과 관자재보살 두 가지로 번역이 됩니다. '관자재'라고 할 때는 '지혜'의 면을 강조해서 번역한 것이고, '관세음'이라고 할 때는 '자비'의 면을 강조해서 번역한 것입니다.

'가치관이 잘 형성되었다'는 것은 잘 보고 잘 듣는다는 것입니다. 우리는 가치관을 오직 따지고 분석하고 단죄하는 '바라보기', 즉 판단이나 이성에만 치우쳐서 형성하는 경향이 있습니다. 하지만 타자의 생각과 가치관을 받아들이고, 겸허히 이해하고, 모자라지만 껴안아주는 그런 구원-구제를 향한 조용한 '들어주기'가 무엇보다도 중요합니다. 가치관을 잘 형성하기 위해서는 '바라보기'와 '들어주기' 둘 다 필요하지만 저는 무게중심을 약간 후자 쪽에 두면 어떨까 합니다. 가능하다면요.

가만히 눈을 감고 들어보면 세상의 오만 가지 소리가 다 들립니다. 관세음보살이라는 것은 세상의 소리를 무심하게 관조하는 존재입니다. 모든 소리에는 다 의미가 있습니다. 찔찔 짜는 소리, 비판하는 소리, 흔들리는 눈빛과 몸짓과 더듬거리는 말소리, "어이쿠!" "야, 안 돼", "하지 마" 이런저런 소리에 모두 의미, 메시지가 들어 있습니다. 남들이 하는 소리를 가만히 받아들여서 맥락 전체를 이해하고 관조해보는 능력이 필요합니다. 상대방의 전체가, 타자라는 하나의 세계가 성큼성큼 걸어 들어오도록 내 마음을 열어두는 자세, 그 사람의 인생 전체가 내 곁에 와서 속삭이도록 나를 열어두고 바라보는 자세, 들어주는 자세가 필요한 것입니다. 들리는 것만 듣는 게 아닙니다. 남들이 내게 하는 모질고 아픈 소리도 잘 듣고 헤아려봐야 합니다. 왜 그런 소리를 하는지 그 맥락 전체를 통해서 그 목소리를 이해하고, 그 마음을 쓰다듬어주고 어루만져줄 수 있을 때, 나의 내면적 발전도 있지 않겠습니까?

따지고 보면 내가 있다는 자체만으로 남에게 심리적 피해 등을 줄 수도 있습니다. '나는 가만히 있는데 저 애가 왜 나를 싫어하는지 모르겠어!'라는 말은 한편으로는 틀리지만 한편으로는 맞습니다. '저 인간은 있기만 해도 싫어!' 인간은 이럴 수 있거든요. 내가 존재한다는 자체, 살아 있다는 자체가 남에게 영향을 미치고 있다는 걸 우리가 자주 잊고 살 수 있습니다. 이런 면들을 깊이 생각해본다면, '확고한 나의 가치관'이라는 것이 자칫 남을 힘들게 하는 무기이거나 도구일 수 있다는 반성도 필요합니다.

그렇다고 자신의 가치관을 버리라는 것이 아닙니다. 자기 가치관으로 남-사회를 거절하는 것이 아니라 남-사회의 가치도 일단은 수긍하고 관용하는 태도, 자신을 여러 각도에서 성찰하는 안목이 중요하다는 말입니다. 그런 안목을 가질 때 자신의 가치관을 더 높은 수준으로 끌어올릴 수 있습니다. 저는 남-사회가 제시하는 가치가 나쁜 것이 아니라면 배척하지 않고 관용합니다. 그리고 내가 하고자 하는 것도 그대로 추구하는 편입니다. 둘 다 가능하다는 말입니다. 장자는 이것을 '兩行'이라고 했습니다.

- <**최제목 외**, 스무살의 인문학, 이학사, 2015, 23~27쪽> 에서

2. 다음의 글을 읽고, '강신주' 선생님의 대답에 대해 나는 어떻게 생각하는지 서술해 보자.

<강신주 선생님께 듣다>

Q 자신의 욕망과 사회의 욕망이 다를 땐 어떻게 해야 하나요?

A 이건 너무나 쉬운 거예요. 사회라는 말을 안 써도 되고, 어머니라고 해도 되고 부모님이라고 해도 되고 상관없어요. 내가 원하는 것과 타인들이 원하는 것, 이 둘 중에 하나예요. 비겁하면 사회의 욕망을 따르는 거고, 용기 있으면 자신의 욕망대로 가는 거예요. 이 둘이 다를 뿐만 아니라 대립할 때, 우리는 고민을 하게 됩니다. 그렇지만 고민이 심해지면, 대개의 경우 우리는 사회의 욕망을 따르게 될 겁니다. 사회의 욕망을 따르는 것은 지금까지 해왔던 익숙한 일이고, 자신의 욕망을 따르는 것은 처음 해보는 것이고 낯선 것이지요. 고민을 오래한다는 것은 결국 익숙한 것과 낯선 것을 선택하는 데 주저한다는 겁니다. 이럴 때 고민할 것도 없이 그냥 낯선 것을 선택하면 됩니다. 아니 선택이 아니라, 번지점프를 하듯 그냥 낯선 것에 몸을 던져야 합니다. 그래서 자신의 욕망을 따르는 사람은 이런 고민을 안 하고 그냥 자신의 욕망대로 당당하고 쿨하게 살아갑니다.

여러분은 대개 부모가 원하는 것인데 자기가 원한다고 생각하고 살아요. 대개가 그래요. 그런데 질문하신 분은 내 욕망이란 게 생긴 거예요. 그래서 내 욕망을 따르려고 하니 부모가 싫어하는 거죠. 교수도 싫어하고. 여기까진 좋아요. 그런데 고민 끝에 자신의 욕망을 포기해요. '타인의 욕망을 받아들여야지', 이렇게 되는 거예요. 여기서 필요한 덕목은 용기입니다. 용기요, 용기. 인생의 가장 큰 덕목이 뭔가요? 지혜? 인성? 개소리예요. 용기 없는 사람이 인성을 자유롭게 쓸 수 있을 것 같아요? 누군가 날 괴롭히고 닦달하면 이렇게 정신적으로 휘둘리고 있는 사람이 다른 사람한테 잘해줄 것 같아요? CEO나 사장한테 부대끼는 사람들이 자기 아이나 노숙자를 돌볼 힘이 있을 것 같아요? 없죠?

자기가 원한다는 것을 알면 돼요. 이걸 아는 사람들이 고뇌를 하거든요? 물론 너무 오래 고민하는 것은 위험합니다. 비겁할 여지가 생기니까요. 어쨌든 자기가 원한다는 말에 이미 다 있어요. 나만 원한다는 거잖아요. 이건 어머니의 욕망도 아니고 아버지의 욕망도 아닌 거예요. 이거라도 있으면 대학 시절을 잘 보내는 거예요. 그런데 여러분들 그런 고민 없죠? 평범한 거예요. 자기 삶을 사랑한다면 주인은 자기가 원하는 일을 하고 노예는 주인이 원하는 일을 해요. 사회가 원하는 일을 했을 때 여러분은 노예예요. 주인은 자기가 원하는 일을 하는 사람이에요. 자기가 원하는 것을 알면 골치 아프죠. 알면 해야 하니까요. 그래서 여러분은 무의식적으로 멍 때리면서 사는 삶을 선택하는 거예요. 학교 캠퍼스 왔다 갔다 하면서 시험 보고, 족보 보고, 이렇게 4년을 그냥 보내는 거예요.

자기가 원하는 것을 안다는 것은 정말 강한 모습이에요. 그런데 대학교 때 그것을 찾지 못하면 불행한 거죠. 굉장히 후회할 거예요. "자신의 욕망과 사회의 욕망이 다를 때 어떻게 해야 하나요?" 왜 이걸 묻냐면, 사회의 욕망이 무서운 거예요. 안정적으로 살고 싶으니까. 아버지한테 "나 대학 안 갈래. 재즈 할래"라고 말하면 개 맞듯이 맞을 각오를 해야 해요. 그런데 그렇게 맞고 나서 여러분은 재즈를 하면 돼요. 맞으면 하나의 면죄부가 생기는 거니까. 사실 감당할 자신이 없기 때문에 우리는 자신의 욕망을 알려고 하지 않죠. 나는 너무나 학교가 싫고 너무나 만화를 그리고 싶다. 그걸 알면, 학교를 그만두어야 하는데 그걸 감당하기 무서운 거예요. 우리가 우리 욕망을 모른다? 아니에요. 정확히 말해 알까 봐 무서운 거예요. 알고 싶어요? 아니에요. 모르는 것이 나아요. 알면 아버지한테 맞고 대학교도 그만둬야 하니까.

대학이라는 이 시간에 무엇을 해야 할까요? 고등학교 때보다 널널하죠. 그 시간 동안 책을 읽고 음악을 들으며 조용한 시간을 많이 가져야 해요. 그리고 밖으로 나가서 격렬하게 시위도 하고 열정적인 사랑도 하고 여행도 해야 해요. 그리고 바로 이 순간 그 어떤 것, 즉 자신만의 욕망을 잡아야 해요. 이걸 잡는 순간 여러분은 진짜 멋지게 좀 살아야죠. 부모와도 싸우고, 사회와도 싸우고 역사와도 싸우고, 대통령과도 싸울 사람이 되어야죠. 우리 질문자가 멋있는 질문을 한 거예요. "자신의 욕망과 사회의 욕망이 다를 때 어떻게 해야 하나요?" 이 '어떻게'가 애절하기도 하지만, 여러분은 부럽기도 하죠? '이 학생은 자신의 욕망을 알고는 있네. 나는 뭐지?' 이런 생각을 해보면 돼요. 인생을 살아가는 데 있어서 가장 중요한 덕목이 뭐라고 했죠? 용기예요. 용기가 있어야 지혜도 얻고 용기가 있어야 견문도 생겨요. 나이가 들면 용기가 사라져요. 여러분은 용감할 나이예요. 무식해야 해요. 미리 재면 안 돼요. 공포감이 없어야 해요. 안 해본 걸 무서워하는 거예요. 인간의 공포의 특징은 해보지 않은 걸 두려워하는 거라고 말씀드렸죠? 여러분 자퇴해봤어요? 안 해봐서 무서운 거예요.

Q 자신만의 꽃을 피우기 위해서는 다양한 노력을 해야 합니다. 그런 노력의 일환으로 자신의 롤모델이나 자신보다 뛰어난 사람들을 모방하는 것도 필요하지 않을까요?

A 모방하지 마세요. 무슨 롤모델이에요. 들판에 수많은 꽃이 있는데 멀리서 보면 비슷해 보여도 가까이에서 자세히 보면 다 달라요. 그런데 그 꽃들이 누구를 롤모델로 가지나요? 다 다른데 누구를 흉내 내요. 옆에 있는 꽃을 흉내 내요? 여러분도 마찬가지예요. 여러분의 스승은 바로 여러분 자신이에요. 내 인생이고 내 욕망인데 누구를 흉내 내나요? 흉내 내면 절대로 안 돼요, 그럼 망하는 거예요. 그럼 답이 없죠? 어떻게 하라고요? 그냥 막 하세요. 한 번이라도 막 해봤어요?

(한 학생을 앞으로 부르며) 여기 나와서 지구상에서 인류가 한 번도 안 해본 동작을 해보세요. (학생: 한 번도 안 해본 동작은 없는 것 같습니다.) 한 번도 안 해본 동작이 왜 없어요. 피카소 그림이 나왔을 때 그전에 그런 그림이 안 나왔었잖아요. 처음에 그 그림을 교수들이 봤을 때, “저 미친놈, 왜 그림을 저따위로 그려!”라고 했을 거예요. 피카소가 왜 그렇게 그렸지요? 그렇게 그려야 자기감정을 가장 잘 표현할 수 있으니까요. 다른 사람들은 다 흉내를 냈는데, 피카소는 아니었어요.

이 친구를 보면 자기 욕망이 저어기 밑에 있어서 없어질 지경인 것처럼 보여요. 이 친구의 머리, 옷 등 전부 튀지 않는 것들을 하려다가 자충수가 된 격이에요. 그래서 이 친구의 야성을 끄집어내야 돼요. (학생에게) 그 어디에서도 본 적이 없는 동작을 해보세요. (이상한 동작을 한다.) 이거 어디서 본 것 같은 사람? 봤죠? (다른 동작을 한다.) 이것도 어디서 본 거 같죠? (계속 처음 동작에서 변주를 한다.) 독창적인 걸 좀 해보세요. (그러자 마이크를 잡고 “강신주!”라고 외친다.) 하하! 들어가세요. 조금만 더 시켰으면 저를 때렸을 것 같아요.

이 친구가 여기서 고민을 했잖아요. 아무도 안 한 동작이 무엇이 있을까? 여러분은 학점 잘 받아서 뭐 할 건데요? 가장 흉내를 잘 내는 사람이 돼서 뭐 할 건데요? 그건 나의 욕망이 아니잖아요.

(앞에 나왔던 학생에게) 지금 그 느낌을 기억하세요, 앞으로.

I

Q 나의 정체성을 찾고 하고 싶은 일을 하기 위해서는 포기해야 될 것들이 많은데, 그럼에도 불구하고 그냥 밀어붙여도 될까요?

A 비슷한 질문이죠? 처음이 힘든 거예요. 처음만. 포기를 해봐야 해요. 별게 아닌 것을 알아야 해요. 대학 잘 다니는 법 가르쳐드릴까요? 학교에 휴학계를 내고, 내가 스톱할 수 있어야 해요. 내가 그만둬봐야 해요. 학교 자퇴도 해봐야 해요. 자퇴하는 것도 쉬워요. 어느 날 바람이 너무 세게 분 거예요. '바람이 너무 세게 불어서 자퇴한다'고 하세요. 그만큼 학교는 사소한 거예요. 여러분이 더 커요. 회사를 그만둘 때도 '회사 엘리베이터가 느려서 그만 둔다'고 하세요. 제가 무슨 말 하는지 아시겠어요? 그렇게 사소한 일로 사소하게 그만둬야 한다는 거예요.

언제 여행을 가야 하나요? 여행을 몇 달 전부터 계획하고 하루 종일 준비해서 가는 게 아니라 그냥 가면 돼요. 준비하는 사람이 무슨 여행을 가요. 가벼워야 해요. 여러분이 커지면 세계가 가벼워져요. 회사, 학교, 돈이 다 가벼워져요. 반대일 경우 내가 쪼그라들어요. 돈도 커지고, 회사도 커지고. 학교 와서 내가 커졌다고 생각하나요? 아니면 내가 작아졌다고 생각하나요? 작아졌으면 학교가 교육을 잘못 시킨 거예요. 내가 약해지면 세계가 커 보여요. 중국 그림들 봤죠? 귀족들은 크게 그리고 노예들은 작게 그려요. 그러면 여러분은 큰가요? 이 세상에서 여러분이 가장 커야해요. 학년이 올라

갈수록 내가 커져야 해요.

불행히도 지금 대학에 강연을 다니다 보면 1학년이 제일 크고 학년이 높아질수록 작아져요. 대학원생들은 거의 없어져요. 서울대 교수들이 요즘 성추행 사건을 일으켰는데 그 대상이 대학원생들이에요. 박사 학위 논문을 써야 하고 지도 교수니까 학생들이 작아지는 거죠. 여러분 부모님 보면 너무 자잘하죠? 속물로 보이기도 하죠? 그런데 어느 날 여러분이 부모님을 이해하게 된다? 그러면 큰일 나는 거예요. 어른이 되는 게 아니라. 그러니 엄마의 취업 걱정에 합류하지 말고, 엄마한테 "취업 못해서 죽나요?" 이렇게 말하세요. 취업 못해서 죽나요? 취업이 안 됐으면, 가만히 생각해보세요. '어, 시간이 많은데?' 이런 생각을 빨리 해야 돼요. 중요한 것은 내가 얼마만큼 큰가 작은가예요. 여러분이 제대로 공부를 했으면 갈수록 커져요.

회사에 신입 사원들이 들어오면 회사에서 강연을 해요. 회사에서 저를 불러서 사원들이 열심히 근무할 수 있도록 강연 잘 부탁한다고 말해요. 그러면 최선을 다하겠다고 하고 제가 하는 이야기는 언제 회사를 그만둬야 하는가예요. 이 회사 아니면 못 먹고산다는 느낌이 들 때 회사를 그만둬야 한다고 해요. 그때 그만 못 두면 상사 말만 듣고 회사 말만 듣고, 결국 회사에서 인정도 못 받고 끝난다고.

여러분 인생에서 뭔가를 고민할 때가 올 거예요. '이거 할까? 저거 할까?' 그럴 땐 100% 힘든 것을 선택하면 돼요. 하나는 힘든 거고 하나는 익숙한 걸 거예요. 익숙한 것을 하면 배운 것도 없고 당연히 인생도 변하지 않아요. '집에 있을까? 아니, 여행 갈까?' 이런 생각이 들 땐 여행을 가야 해요. 사람은 안전을 지향하면 인생이 끝나는 거예요. 여행도 안전하게 가면 못 즐겨요. 두 가지의 고민이 있어요. '집에 있을까? 자취할까?' 이런 고민이 들면 나오면 돼요. 언제 집에 있으면 돼요? 집이 좀 힘들면. 여러분의 인생의 고민은 지금 것을 유지하면서 살아가는 삶과 변화하는 삶이에요. 기존에 해왔던 것의 연장선상인 A. 기존의 것들을 완전히 포기하고 기득권을 포기하는 B. 선택은 100% B예요. 무조건 어려운 것을 선택한다. 산 타는 사람들의 산 타는 요령은 '무조건 어려운 길로 간다'예요. 거기가 경치가 더 좋을 거니까. 남이 갔던 길로 가지 않아요.

자퇴 한번 해보세요. 오늘 바람도 부는데. 이거 우습게 들리죠? 그렇게 가볍게 움직여야 해요. 타인한테 맞추지 말라고요. 교수 눈치를 보지 말라고요. 어린아이의 특징은 남의 눈치를 보고 남의 인정을 받으려고 하는 거잖아요. 어른들은 남의 인정을 받는 게 아니라 본인이 남을 인정해줘야 해요. 똑같은 말로 어린이는 사랑을 받으려고 하고 어른은 사랑을 하려고 해요. 그런데 여러분은 사랑받으려고 하죠? 누가 잘해주면 좋죠? 그건 어린아이의 속성이에요. 누군가 여러분에게 "오늘 너무 예쁜 거 같아"라고 하면, 여러분은 한마디 해야 하죠. "지랄하지마, 힘들어 죽겠어." 그런데 여러분은 그런 소리 들으면 금방 얼굴이 해맑아져요. 남의 눈치를 본다는 건 그 사람의 관심과 사랑과 인정을 받으려 한다는 거고, 그 사람이 나보다 높다는 거예요. 이해되죠? 자꾸 세상이 무겁고 커진 거예요. 나보다도 더.

I

Q 저는 세상은 혼자 사는 것이 아니라고 생각합니다. 가족도 있고 친구도 있고 연인도 있는데, 오직 나만의 욕망을 바라보고 추구하는 게 바람직하고 최선이라고 생각하세요?

A 상대방이 원하는 모습으로, 상대방에게 맞춰줄 수 있어요. 스스로는 이야기할 수 있죠. 가족 관계를 편안하게 하기 위해서 내 욕망을 억제하는 거라고. 그렇게 하면

성숙한 것 같죠? 하지만 정확하게 말해서 그건 약한 거예요. 자신의 약하고 비겁한 모습을 교묘히 정당화하는 거예요. 우리가 약할 때 자기 자신의 약함, 비겁함을 정당화하는 마지막 방법은 주변의 사랑하는 사람을 파는 거예요. '내가 이러면 가족이 힘들어질까 봐'라고 하면서. 아마 나중에는 주변 사람들이 본인한테 배신감을 느낄 거예요. '왜 원하는 걸 이야기하지 않았니?' 그러니 정직이 최선의 방책이에요. 자기가 원하는 것을 보이는 것은 그 순간은 피곤한데 길게 보면 낫고, 맞춰주는 것은 그 순간은 편한데 길게 보면 계속 그렇게 살아야 해요.

여러분은 크게 살아야 해요. 세상을 아주 가볍게 봐야 해요. 세계를 정당화, 합리화하지 마세요. 인생의 최고의 덕목은 용기예요. 용기는 언제 필요해요? 결단의 순간에. 뛸까 말까 할 때는 무조건 뛰세요. 후회 안 해요. 졸업하기 전에 여러분이 진짜 욕망하는 것을 찾아서 그것을 스스로 관리하고 목숨 걸고 지키세요. 내가 진짜 욕망하는 것을 알게 되면, 내가 욕망하는 것을 인정해주는 어떤 남자나 어떤 여자랑 사랑을 하면 돼요. 누구 흉내 내고 이러지 말고 내가 원하는 것을 정확하게 찾아서 보여주세요. 그때 예스라고 하는 사람, 그 사람이 괜찮은 사람이에요. 나는 내가 누구인지 아는가를, 내가 진짜 무엇을 원하는지 정확하게 아는 가를 고민하기 바랍니다.

- <**최제목 외**, 스무살의 인문학, 이학사, 2015, 43~58쪽> 에서

제3장

비평-'문화' 생산력으로서의 글쓰기

1. 비평의 개념과 문화의 생산력

'비평'은 어떤 대상의 미추, 선악, 장단, 시비, 우열 등을 평가하여 논하는 것이다. 따라서 비평문을 쓰는 사람은 확고한 이론적 근거와 기준을 가지고 대상의 가치를 논하지 않으면 안 된다. 그런데 이 확고한 이론적 근거와 기준은 '우리'라는 보편성을 기반으로 해야 그 정당성과 객관성을 인정받을 수 있다. '비평'을 하는 행위는 어떤 대상이나 텍스트, 또는 사건이나 상황에 대해 공동체 구성원들과 공유하는 행위이다. 즉, '비평'은 어떤 대상에 대해 어떤 특정한 관점에서 긍정 또는 부정으로 평가하고 그 논리성을 통해 공동체 구성원들을 설득하고 이해시키는 방식이라 할 수 있다. '비평'은 공동체 안에서 어떤 대상이나 텍스트, 또는 사건이나 상황에 대해 긍정 또는 부정으로 평가하는 것으로 끝나지 않는다. 그러한 관점의 제공을 통해 우리는 그 대상이나 텍스트, 사건이나 상황에 대해 재고하고 그 바탕 위에서 그 대상이나 텍스트, 사건이나 상황을 새롭게 인식하여, 공동체의 지향점을 재조정하게 되는 것이다. 비평 자체가 이것은 저것보다 낫다, 이것은 더 중요하거나 더 소중하다, 또는 이것은 불합리하고 저것은 합리적이다를 가려내는 선택이기 때문에, 공동체 구성원들은 그러한 비평의 관점이 타당한지를 살펴 그 논리를 이해하거나 거부함으로써, '우리'의 관점을 정립하고, 그 과정 속에서 문화 생산에 참여하게 되는 것이다.

여기서 '문화'는 생활세계와 밀접한 연관성을 지닌다. 일상을 구성하고 있는 것이 문화라 할 수 있기 때문이다. '문화'라는 개념은 다양한 층위에서 언급될 수 있지만, 즉 문화재나 문화국민처럼 '가치'의 문제로 이야기되기도 하고, 공장이나 사무공간에 대해 박물관이나 미술관을 지칭하는 문화공간처럼 예술적이고 미적인 경향을 나타내는 말로도 표현될 수 있으며, 또 '문화'는 기독교문화나 불교문화처럼 사상이나 철학을 나타내는 개념으로도 표기될 수 있지만, 이 교재에서 '문화'는 이러한 층위를 모두 포괄하는, 즉 음식문화, 예절문화, 교통문화와 같이 인간의 생활세계 전반을 이르는 폭넓은 개념으로 다루어진다. 따라서 이 문화비평은 생활전반에 걸친 모든 것을 대상으로 삼아 분석하는 텍스트라 할 수 있다. 이 비평텍스트는 공동체 구성원들의 생각의 교환과 나눔이며, 공유와 극복의 형식이 되는 측면에서 문화생산력이 되는 것이다.

다음 <비평 맛보기>를 통해 어떠한 독특한 관점에서 우리 '문화'에 대한 문제가 제기되고 새로운 가치가 발견되고 있는지 경험해보자.

<비평 맛보기>

제시된 글은 우리의 일상의 한 측면을 비평의 대상으로 삼고 있다. 어떤 대상을 어떠한 관점을 기준으로 어떻게 평가하고 있는지 심도 있게 읽어보자.

오늘날 사람들은 비행기 여행으로 생기는 이산화탄소 배출을 보상하기 위해 기꺼이 돈을 지불한다. 그 돈으로 세상 어디에선가 이산화탄소 배출을 줄이는 시범 사업에 재정을 지원할 수 있도록 기여하는 것이다. 여기서 원래 중요한 것은 사람들이 보상비용을 지불하는 순간 얻게 되는 깨끗한 양심 이상의 것이다. 대부분의 경우 지구의 다른 쪽에서 구체적으로 그 돈이 어떻게 사용되는지 실제로 보고 조사하고자 하는 사람은 거의 없다. 이런 사실은 단지 그런 행동을 이끄는 추진력이 이기적인 특성을 지닌 것이라는 사실만을 보여준다. 사람들은 속죄 행위를 추구하고 자신을 훌륭한 사람으로 경험하고 싶어 한다. 그리고 그들은 중세 시대의 선조들이 했던 것처럼 영혼의 구원을 약간이나마 확보하고자 한다. 하지만 이때 영혼의 구원은 얼마만큼은 세속적으로 이해되었다.

추측하건대 면죄부 판매 행위가 번성했던 시기 이후로 양심의 짐을 더는 일이 부자들에게 이토록 편안하게 이루어졌던 것은 결코 없었다. 과거에는 물론 가장 좋은 것이 교황의 인장이었지만, 면죄부에 어떤 종류든 상관없이 권위를 지닌 인장이 찍혀 있는 것이 중요했던 것처럼, 제품에 있는 품질 표시가 깨끗한 양심을 정당하게 얻을 수 있음을 보증해야만 한다. 가짜 면죄부에 속아서 내세에서 영혼의 구원을 얻지 못하게 될 불확실성은 오늘날 한 제품이 노동 착취 없이 견실하게 생산된 것인지를 알 수 없는 불확실성만큼 크지 않았다. 오늘날 품질보증 형식은 최근 몇 년 동안 보증의 가치가 하락한 결과 불확실해졌다. 그래서 모든 품질보증의 질을 직접 조사하는 일이 필수가 되었다. 그리고 양심을 중시하는 대부분의 소비자들은 편안하게 모든 추가적인 품질 표시를 단순히 자신들의 영혼을 구원하기 위한 추가 품목으로 해석하는 일에 익숙해졌다. 그들은 거리낌 없이 상당한 도덕적이라는 감정에 도취될 수 있게 되었다.

무슨 이유로 깨끗한 양심이 그처럼 갈망의 대상이 되었으며 선전의 핵심적인 대상이 되었을까? 그것은 오늘날 많은 사람이 원래 양심의 가책으로 괴로워한다는 점을 전제한다. 그리고 다시 보자면 그것은 무엇보다도 물질적인 번영의 결과물이다. 몇 십 년 전부터 역사상 처음으로 누릴 수 있게 된 상당한 정도의 안락, 자유, 기분 전환이 실제로는 당연하게 얻을 수 있는 것이 아니라는 느낌이 그들의 마음을 불안으로 채웠다. 틀림없이 그 모든 것이 복수할 것이고, 지금 누리는 부유한 삶이 다른 사람, 제3세계, 자연을 희생해서만 가능하며, 조만간 엄청나게 비싼 대가를 요구하리라는 느낌이 든다.

부당하게 특권을 누리고 있다는 인상이 물질적 번영으로 이익을 누리는 사람에게서 양심의 가책을 불러일으켰고, 속죄 행위를 하고 용서를 구하려는 소망을 일깨웠다. 다시금 면죄부 판매가 번창하던 시기와 비슷한 모습이 나타난다. 영혼의 구원에 대한 전망과 관련해서 당시 부자들은 몹시 불안해했다. 어쨌든 그들은 부자가 하늘나라에 들어가는 것보다는 낙타가 바늘귀를 통과하는 것이 더 쉽다는 성경 말씀을 항상 염두에 두고 있었다. 부유한 사람은 속죄할 수 있는 기회를 더 많이 가졌고, 면죄부를 사기 위해 지출한 돈으로 죄가 기록된 장부의 무게를 줄일 수 있는 기회를 기꺼이 이용했다. 마찬가지로 오늘날 깨끗한 양심과 관련된 제품들은 부유한 사람들을 기준으로 만들어졌다. 할인 판매점에서는 물건 판매를 촉진하기 위한 논거로 양심을 이용하지 않는 반면, 많은 돈을 지불하는 사람들이 방문하는 가게에서는 양심이 가장 커다란 주제 중 하나다. 돈을 많이 버는 사람들에게 부유하다는 장점을 포기하지 않고서도 죄책감에서 벗어날 수 있다는 것은 행복한 일이다. 오히려 그들은 양심의 풍요로움까지 얻기 위해 자신들의 물질적 풍요로움을 사용한다.

분명하지 않은 판단 기준에 근거해서 그들은 아주 쉽게 그것을 이룰 수 있다. 계속해서 광고는 자기 건강을 생각하는 것만으로도 깨끗한 양심을 지닐 수 있다고 생각하게끔 만든다. "흠 잡을 데 없는 건강과 깨끗한 양심"이라는 문장은 네슬레 식품 회사가 몇몇 제품을 선전하기 위해 사용했던 구호였다. 몇 년 전부터 자주 거론되는 로하스(LOHAS: 건강과 지속적인 성장을 추구하는 생활방식이나 이를 실천하려는 사람들)의 대변자들의 경우에는 이타적 동기와 이기적 동기가 혼합되어 강령이 되었다. Lifestyles Of Health And Sustainability의 약자인 로하스는 자신의 건강과 지속적인 경제에 대한 걱정을 나타낸다. 이를 통해 주로 이기적 동기에서 하는 행동에 이타적인 분위기가 주어진다. 따라서 유기농 제품과 공정 무역 제품을 소비하는 것이 구매 태도를 정확하게 분석할 때보다 훨씬 더 많은 깨끗한 양심을 끄집어낼 수 있다. 살충제를 치지 않은 과일을 살 때 환경이 아니라 오직 자신의 알레르기만을 생각했던 사람도 이타적이면서 훌륭하게 행동했다고 느낄 수 있다. 우수에 찬 분위기나 농장에 대해 품고 있는 어린 시절의 추억을 떠올리게 만들기 때문에 '유기농'이라는 수식어를 아주 좋아하는 사람은 그런 매우 따뜻하고 기분 좋은 감정을 깨끗한 양심의 분출이라고 해석할 수도 있다.

- <**볼프강 울리히**, 모든 것은 소비다, 문예출판사, 2015, 165~168쪽> 에서

이 글은 '상품 미학적 교육에 대한 비평'이러한 부제를 가진 텍스트의 한 부분이다. 이러한 비평의 글은 우리 사회가 안고 있는 다양한 문제를 비판적인 시각으로 제시해야 한다는 점에서 에세이 보다 비교적 객관적이라 할 수 있으며, 그 문제에 대해 이해와 설득을 통해 대중과의 공유와 공감을 목적으로 한다는 점에서 독자 지향적이라 할 수 있으며, 대중에게 자신들의 삶에 발생하고 있는 새로운 문제를 환기시켜 준다는 점에서 정보성을 갖춘 텍스트라 할 수 있다. 위에 제시된 비평은 우리 사회의 소비 패턴을 문제적으로 다루고 있다. 저자는 소비자들이 상당히 도덕적 감정에 도취되어 소비하는 경향으로 흘러가고 있음을 문제시하고 있다. 이는 네슬레 식품회사의 경우처럼

자본주의 사회에서 기업들이 소비자들을 유혹하는 하나의 전략으로 이용된다는 점에서도 문제적이라 할 수 있는 부분이다. 소비자들은 자신이 소비하는 상품이 제3세계 원주민들의 희생이나 자연의 훼손을 통해 만들어지는 것임을 인지하고 그에 대한 보상비용을 지불하기를 거부하지 않는다고 한다. 그러나 그러한 소비경향이 문제적인 것은 보상비용이 올바르게 사용되고 있는지 알 수 없다는 것이다. 보상비용이 올바르게 사용되고 있는지 소비자들이 검열하지 못한다면, 그러한 소비는 이기적인 소비일 뿐이라는 것이 저자의 생각인 것이다. 환경을 훼손시키는 소비, 즉 소비자들은 이산화탄소를 배출하는 비행기 여행의 보상비용을 지불함으로써, 다른 사람들의 깨끗한 환경을 침해한다는 양심의 가책을 가지지 않고 얼마든지 그러한 소비 행위를 할 수 있는 면죄부를 가질 수 있게 되었다는 것이다. 또 저자는 기업의 광고가 그것을 이용함으로써 소비자들의 감정을 조정하여 소비를 조장하고 이윤을 창출하는 전략을 구사한다는 것을 경고함으로써, 현대 사회의 소비자들의 소비 패턴을 비판적으로 확장하고 있다.

2. 비평 쓰기 전략

연습문제 1 상호텍스트적 설명

1) 하나의 장르를 또 다른 장르의 관점에서 다시 읽어보자. 예를 들어 음악을 통해 영화나 드라마를, 영화를 통해 무용이나 역사를 설명해 볼 수 있다. 다음의 글은 영화비평의 일부분이다. 비평이 이루어지고 있는 방식을 설명해보자.

> 리플리는 '초라한 현실'에서 빠져나오기 위해 '멋진 거짓'을 꾸며 냈다. 배경 없는 그에게 현실은 '어둡고 무섭고 외로운 창고'일 뿐이었다.
>
> 그는 제목 그대로 '재능이 많은' 젊은이였다. 특히 음악적 재능이 뛰어났다. 비록 피아노 조율사로 일하지만, 부모를 잘 만났다면 유명한 피아니스트가 되었을지도 모른다. 음악에 재능 있는 그에게 상류 사회로의 진입이란 곧 클래식 음악을 마음껏 향유할 수 있는 위치에 오르는 것을 의미한다. 턱시도를 차려입고 음악회에 가서 베토벤의 음악을 듣고, 피아노 앞에 앉아 요한 제바스티안 바흐의 곡을 치는 것 말이다. 영화

에서 한 실내악단이 베토벤의 <피아노와 관악을 위한 5중주>를 연주하는 장면이 나온다. 리플리는 2층 발코니의 커튼 뒤에서 얼굴을 반쯤 내밀고 무대를 훔쳐본다. 비록 같은 공간에서 같은 음악을 듣고 있지만, 객석에 앉아 음악을 듣는 관객과 커튼 뒤에 서서 음악을 몰래 듣는 리플리 사이에는 극복할 수 없는 신분의 차이가 있다. 그는 커튼 뒤에서 상류 사회의 삶을 훔쳐보는 아웃사이더일 뿐이다.

모두의 주목을 받는 무대 위의 주인공이 되고 싶었던 것일까. 리플리는 관객이 모두 돌아간 텅 빈 연주홀 무대에서 요한 제바스티안 바흐의 <이탈리아 협주곡>을 친다. 하지만 이것도 잠시뿐. 곧 경비에게 발각되면서 자신의 초라한 현실로 돌아온다.

여기서 베토벤과 바흐의 음악은 상류 사회를 상징한다. 피아노 조율사로 일할 때, 이 음악들은 그의 것이 아니었다. 커튼 뒤에서 몰래 훔쳐 듣거나 밤중에 몰래 숨어들어 연주해야 하는, 저 높은 분들의 전유물이었다. 그러기에 더욱 간절했는지도 모른다. 디키의 돈으로 멋진 집을 산 그는 제일 먼저 그랜드 피아노를 들여놓는다. 그리고 피아노 앞에 앉아 바흐의 <이탈리아 협주곡>을 연주한다. 남의 피아노가 아니라 바로 자기 자신의 피아노로. 이것은 그가 그토록 동경하는 상류 사회 사람이 되어 이제 온전히 이 음악을 소유하게 되었다는 것을 의미한다.

앞에서 얘기한 베토벤과 바흐의 음악이 상류 사회를 상징하는 것이라면 영화의 다른 장면에서 나오는 차이콥스키와 비발디의 음악은 리플리가 처한 초라한 현실에 대한 자각 혹은 그의 내면에 도사리고 있는 죄책감을 상징한다.

디키 행세를 하는 리플리는 로마에서 섬유 재벌의 딸 매러디스와 오페라를 보러 간다. 차이콥스키의 오페라 <예프게니 오네긴>이다. 러시아의 문호 푸시킨의 동명 소설을 바탕으로 만든 이 오페라에는 주인공 예프게니 오네긴이 친구 렌스키를 총으로 쏘아 죽이는 대목이 나온다. 눈 덮인 벌판에서 결투를 벌이기 직전, 젊은 시인 렌스키는 자신의 운명을 예감하듯 마지막 노래를 부른다. <내 황금 같은 젊은 날은 어디로 갔는가>라는 유명한 테너 아리아이다. 이 노래를 부른 다음, 렌스키는 오네긴의 총에 맞아 눈밭에 쓰러진다.

왜 하고 많은 오페라 중에 <예프게니 오네긴>을 골랐을까. 그리고 왜 하필 렌스키가 총에 맞아 죽는 장면을 보여 주었을까. 감독의 의도는 뻔하다. 이 장면을 통해 리플리의 죄책감을 드러내고 싶었던 것이다. 감독의 의도대로 이 장면을 보면서 리플리는 눈물을 흘린다.

리플리의 초라한 현실이 애잔한 감동으로 다가오는 장면은 그가 피터와 이야기를 나누며 피아노로 비발디의 <스타바트 마테르>를 치는 장면이다. 피아노를 치며 리플리는 이렇게 말한다. "사랑하는 사람에겐 창고 열쇠를 주고 싶어. 문을 열고 들어가 보라고. 하지만 안돼. 그 안은 어둡고 더러우니까. 그 추잡함을 들키면 우울한 기분이 더 우울해져. 난 늘 그러고 싶어. 문을 활짝 열고 모든 걸 드러내고 싶다고. 큰 지우개가 있다면 모든 걸 지우고 싶어."

이 장면에서 나오는 <스타바트 마테르>는 중요한 교회음악 양식 중 하나이다. 우리말로 '눈물의 성모' 혹은 '슬픔의 성모'라고 하는 데, 십자가에 못 박혀 죽어 가는 예수를 바라보는 성모 마리아의 고통을 그린 노래이다. <생략>

리플리의 피아노 연주는 성당에서의 연주 장면으로 이어진다. 한 소년이 피터의 오르간 반주에 맞추어 <스타바트 마테르>를 부르고, 리플리는 한없이 고뇌에 찬 표정으로 음악을 듣는다. 음악이 발산하는 애잔함 때문일까. 이 장면에서는 리플리가 피 흘리고 상처 입은 불쌍한 영혼처럼 느껴진다. 소년이 '눈물의 날에'를 의미하는 "라크리모사"를 반복할 때는 그에 대한 연민에 목 놓아 울고 싶은 기분마저 들 정도다.

이 영화는 <태양은 가득히>와 달리 확실한 결말을 보여 주지 않는다. 하지만 여기에 나오는 차이콥스키와 비발디의 음악은 리플리의 앞날이 결코 순탄하지 않을 것이라는 사실을 암시한다. 죄책감을 느낀다는 것은 이미 정신적인 파멸의 길로 접어들었다는 것을 의미하기 때문이다.

- <**진회숙**, 초라한 현실보다 멋진 거짓이 낫다, 영화와 클래식, 청아출판사, 2013, 35~40쪽> 에서

2) 서로 다른 텍스트를 비교하는 글을 써 보자(비교점을 명확하게 제시). 예를 들어, 원작이나 전작과의 비교나 실존 인물의 삶을 그린 영화의 경우 실제 인물과 영화 속 인물을 비교해 보는 것도 가능하다. 다음 글은 무엇을 통해 영화를 보고 있는지 서술해보자.

<M. 버터플라이>는 실제 일어났던 사건을 바탕으로 만든 영화이다. 1986년, 프랑스에서는 전 프랑스 대사관 직원 버나드 브루시코와 중국 경극 배우 쉬페이푸가 국가 기밀을 유출한 혐의로 기소된 사건이 있었다. 국가 기밀을 빼돌린 스파이 사건은 그 자체로도 대중의 관심을 끌 만하지만, 여기에는 국가 기밀 유출보다 더욱 흥미로운 사연이 숨어 있었다. 버나드 브루시코가 20년간 연인이었던 쉬페이푸가 남자라는 사실을 그때까지 전혀 몰랐다는 것이다. 두 사람이 체포되고 난 후 재판을 하는 과정에서 이 사실이 밝혀졌다고 하는데, 어떻게 그런 일이 가능한지 도저히 이해할 수 없다.

1988년, 미국의 극작가 데이비드 헨리 황은 이 실화를 바탕으로 <M. 버터플라이>를 썼다. 동양 여자를 사랑한 남자의 이야기를 푸치니의 오페라 <나비부인>을 매개로 신비롭게 펼쳐 놓은 수작이다. 푸치니의 <나비부인>은 오페라 작곡가로서 푸치니

의 위대함을 보여 주는 걸작이다. 하지만 그 내용은 편안하게 즐길 만한 것이 못 된다. <나비부인>은 일본의 나가사키 항을 배경으로 펼쳐지는 미군장교 핑커톤과 일본인 게이샤 초초상의 비극적인 사랑을 그린 오페라이다. 동양 여자가 자신을 희생하며 맹목적으로 서양 남자를 사랑하는 이야기는 서양 사람들에게는 아름다울 수 있지만 동양 사람에게는 묘한 반감을 불러일으킬 수도 있다. 이 작품을 쓴 데이비드 헨리 황은 중국계 미국인이다. 그도 역시 이런 종류의 이야기가 정서적으로 불편했을 것이다. 그래서 <M. 버터플라이>를 통해 동양 여자를 맹목적으로 사랑하는 서양 남자를 그리고 싶었는지도 모른다.

오페라 <나비부인>에서 핑커톤은 백인 우월주의에 사로잡혀 있는 전형적인 서양 남자이다. 오페라에서 미국 국가의 선율이 당당하게 울려 퍼진 후 그가 부르는 아리아에는 이런 미국 남자 특유의 오만방자함이 그대로 드러나 있다.

> 우리 양키들은 온 세계를 돌아다니며 어떤 위험도 아랑곳하지 않고 이윤과 쾌락을 추구한다. 우리는 어디든지 맘 내키는 대로 닻을 내리고, 어느 항구에서든 맘에 드는 여자를 다 우리 것으로 만들어 버린다.

배가 새로운 도시에 닿을 때마다 늘 그랬던 것처럼 나가사키 항에서도 핑커톤은 '데리고 놀' 여자를 구한다. 포주는 어떤 여자든지 마음에 드는 여자를 단돈 100엔에 살 수 있다고 장담한다. 이 음흉한 남자들의 행각에 걸려 든 것이 바로 초초상이라는 게이샤이다. 핑커톤은 '장난삼아' 결혼하지만, 가세가 기울어 할 수 없이 게이샤가 된 초초상의 사랑은 장난이 아니었다. 별다른 대안이 없었던 그녀로서는 이 남자와의 사랑에 목숨을 거는 것이 당연했는지도 모른다.

초초상은 미국인 남편 핑커톤을 위해 조상 대대로 믿어 온 종교를 버리고 기독교로 개종한다. 방 안에 성조기를 꽂아 놓고, 아이에게 성조기로 만든 옷을 입히고, 미국식으로 남편의 성을 따르는 것을 자랑스러워한다. 여필종부를 미덕으로 알고 있는 한국인이 보아도 심하다 할 정도로 철저하게 미국인의 아내로 거듭난다.

그녀의 아버지는 천황이 하사한 단도를 가지고 할복자살을 했다. 그런데 초초상은 결혼할 때 소지품으로 이 단도를 챙겨 온다. 일본인이 그토록 자랑스러워하는 이른바

'명예로운 자살'을 예감하게 하는 대목이 아닐 수 없다. 이렇게 그녀의 사랑은 이미 배반당할 것을 예고하고 있었다.

장난삼아 초초상을 데리고 놀다가 핑커톤은 그녀를 떠났다. 그 후 핑커톤의 아들을 낳은 초초상은 그를 하염없이 기다린다. 영화에 나온 <어떤 갠 날>은 핑커톤이 돌아올 날을 기다리면서 초초상이 부르는 노래이다.

이별하던 그날, 사랑하는 그이는/내게 말했어요. 오, 버터플라이/
그대가 기다리면 내 꼭 돌아오리라./어느 맑게 갠 날,/
연기가 피어오르고/바다 저 멀리에서 배가 나타나지요./
희고 큰 배가 항구로 와서 예포를 쏘아 올려요./봐요. 그가 왔어요!/
나는 그를 만나러 갈 겁니다./언덕 위에서 그를 기다릴 거예요./
얼마든지 오래 기다릴 수 있어요./그런 기다림은 괴로움이 아니니까요./
군중을 헤치고 한 남자가 올라옵니다./
내가 있는 언덕으로 올라오면서 말을 겁니다./그가 누굴까요?
그가 누굴까요?/언덕에 다다랐을 때 그가 뭐라고 말할까요?/
아마 먼 곳에서 "나비야"라고 부르겠지요./
하지만 나는 대답하지 않고 숨을 거예요./장난이기도 하지만, 그 순간 너무 좋아서/
죽을 지도 모르기 때문이지요./그이는 나에게 다가와 이렇게 말하겠지요./
"귀여운, 내 오렌지 꽃처럼 귀여운 아가씨"/예전에 나를 그렇게 불렀던 것처럼./
그래요. 그는 꼭 이렇게 돌아올 거예요./난 약속할 수 있어요./
걱정하지 말아요,/난 믿고 기다릴 거예요.

노래의 마지막에 그가 꼭 돌아올 것이라고 하는 대목에서 초초상은 온 힘을 다한 절규로 자신의 신념을 표현한다. 영화에서 프랑스 파리로 돌아온 르네가 오페라 <나비부인>을 보면서 눈물짓는 바로 그 장면에 나오는 곡이다.

하지만 그 강렬한 신념은 처절한 배반으로 돌아온다. 핑커톤은 본국으로 돌아가 서양 여자와 '정식으로' 결혼하고, 본부인과 함께 초초상의 집을 찾는다. 핑커톤이 낯모르는 서양 여자를 대동하고 자기 앞에 나타났을 때, 초초상은 진실을 알게 된다. 삶의 희망을 잃은 그녀는 어린 아들을 남겨 둔 채 아버지에게 물려받은 단도로 가차 없이 자기 가슴을 찔러 스스로 목숨을 끊는다. 영화 속 르네 역시 초초상처럼 자신의 환상이 깨졌다는 사실을 알았을 때 자살을 선택한다.

영화나 오페라나 모두 결말이 너무 가혹하다. 처음 핑커톤을 만났을 때 초초상은 겨우 열다섯 살이었다. 요즘 식으로 얘기하자면 미성년자 성폭행이나 윤락 행위 강요로 감옥살이를 하고도 남을 만한 범죄이다. 그런데 이런 어린 애를 성적으로 유린하고 애까지 갖게 하다니. 그럼에도 초초상은 기꺼이 그의 아이를 낳고, 자기를 버리고 떠난 그를 몇 년 동안 애타게 기다린다. 그러다가 그에게 본부인이 있다는 것을 알고 단도로 자기 가슴을 찔러 자살한다. 너무 끔찍하지 않은가. 평소에 복수극으로 점철된 가부키를 보며 정서적 단련을 해 온 일본인에게는 이런 것이 자연스러울 수 있다. 하지만 다른 문화권에서 자란 사람들은 이 상황을 도저히 아름답게 받아들일 수 없다.

<나비부인>이 초연되었을 당시 관객들의 반응이 궁금했다. 자료를 찾아보니 이탈리아 밀라노에서의 초연은 신통치 않았다고 한다. 하지만 그 후 약간의 수정을 거쳐 올린 재공연이 크게 성공을 거두었다니 당시 관객들도 이런 줄거리에 별 거부감을 가지지 않았던 모양이다. 음악이 너무 훌륭했기 때문일까. 아니면 서양 남자를 사랑하고 순종하다 끝내 스스로 목숨을 버리는 동양 여자의 모습에서 일종의 판타지를 보았기 때문일까.

<M. 버터플라이>의 작가 데이비드 헨리 황도 영화 속에서 이에 대한 문제를 지적한다. 먼저 오페라 <나비부인>을 본 르네가 송릴링에게 이렇게 말한다.

"그녀의 죽음 진정한 희생이죠. 가치 없는 남자였지만 여자는 선택권이 없었지요. 죽도록 사랑했으니까요. 너무나 아름다웠어요."

하지만 송릴링은 그런 르네의 생각이 서양인의 우월감에서 나온 것이라는 사실을 환기시킨다.

"서양인에게는 그렇겠지요. 당신들이 꿈꾸는 그런 이야기지요. 매달리는 동양 여자와 나쁜 서양 남자. 거꾸로 생각해 보세요. 만약 금발의 치어 리더가 키 작은 일본 사업가와 사랑에 빠져 결혼하지만 남자가 일본에 돌아가서 3년 동안 오지 않는다고요. 그동안 여자는 남자의 사진을 보며 기도하고, 젊은 미국 남자들이 고백해도 모두 무시해 버리지요. 그러다가 결국 남편이 재혼한 걸 알고 자살해요. 그러면 당신은 이 여자가 바보라고 생각하겠지요? 동양 여자가 백인 남자를 위해 자살하면 아름답게 보이고요.”

<나비부인>의 희생을 아름답게 생각한 르네는 어리석게도 스스로의 덫에 걸려들었다. 자신의 판타지 속에서 동양 여자의 신비로움을 간직한 ‘버터플라이’를 창조해 내고, 완전히 그 속에 빠져 현실을 제대로 보지 못했던 것이다. 그가 오페라 공연에서 <나비부인>의 <어떤 갠 날>을 들으며 눈물짓는 장면은 그 환상이 얼마나 절실하고 로맨틱했는지 보여준다. 그 환상이 깨졌을 때 그는 자살을 선택한다.

실제 이야기의 주인공인 버나드 브루시코는 처음에 쉬페이푸가 남자라는 사실을 믿지 않았다고 한다. 그러다가 모든 것이 밝혀졌을 때 자살을 시도했다고 한다. 비록 성공하지는 못했지만 사실 그로서는 자살 말고 다른 방법이 없었을 것이다. 20여 년이라는 긴 세월 동안의 사랑이 그저 환상에 불과했다는 사실을 그 누가 멀쩡한 정신으로 견딜 수 있겠는가.

- <**진회숙**, 나의 버터플라이, 그 맹목적 환상, 영화와 클래식, 청아출판사, 2013, 148~156쪽> 에서

3) 시나 소설 작품에 대한 다른 사람의 평가에 대해 자신의 견해를 피력하는 형식의 글을 써 보자. 또는 다음 지문을 활용하여 비평가가 마지막에 제시한 물음에 대해 자신의 생각을 제시하면서 작품을 재평가해 보자.

김소진이 소설을 발표하던 90년대는 이데올로기적 대립 구도가 무너지고 사회전반에 걸친 탈정치화가 가속화되었던 시대였다. 이때 김소진은 이념의 시각에 의해 간과되어온 '사소한 개인'을 당대 현실 속에, 역사 속에 복원해 놓으면서 민중의 삶과 목소리를 통해 드러난 사회와 역사를 재현한다. 그의 시각은 역사에 대한 상투적 인식에 비판적 거리를 유지하면서 소설쓰기를 통해 '근대적 주체'가 가지게 되는 새로운 역사서술의 가능성을 탐색하는 것으로 구체화된다.

김소진의 역사의식은 표현 매체인 언어와 구성방식인 회상 기법에 잘 반영되어 있다. 그의 '육화된' 언어 사용은 그의 소설이 가지고 있는 반역사주의적 태도와 관련이 있으며, 역사로부터 소외된 자들의 삶을 복원하기 위한 글쓰기 전략인 것이다. 이러한 전략은 소설 구성에 있어서도 영향을 준다. 회상을 통한 글쓰기는 실체로서의 역사를 환기하는데, 이에 김소진의 소설은 회상의 글쓰기와 반성적 역사의식이 절묘하게 결합한 결과물이라고 할 수 있다.

김소진의 반성적 역시의식은 두 가지 측면으로 나누어 볼 수 있다. 먼저, 하나의 '사건' 혹은 '역사'를 전도된 시각에서 보는 것이다. 이것은 권력 관계 속에서 그 계급적 이해를 역전시켜 보면서 다양한 시각과 입장들을 드러내려는 시도이다. 가령 [열린사회와 그 적들] 등에서는 하층민, 도시빈민들이 바라보거나 경험하는 민주화 운동에 대해서 서술하며 '지식으로서의 역사'가 아니라 '경험으로서의 역사', '기억 혹은 회상을 통해 드러난 역사'에 대해 능동적 해석을 요구한다. 그러나 [열린 사회와 그 적들]에서 김소진은 비판적 시각으로 지배자와 피지배자 사이의 계급적 관계를 폭로하려 했지만, 피지배계층 내부에서도 발생하는 보다 견고한 권력적 계급 관계를 확인하고 말았다. 이데올로기가 은폐하려고 했던 것은 지배-피지배의 권력관계가 아니라, 사람들 사이의 다양한 관계, 사람들 마다의 고유한 삶이었던 것이다.

이러한 문제의식은 역사에 대한 또 하나의 시각, 즉 단선적 인과적 역사를 거부하고 역사의 반복과 재생을 드러내려는 시도로 이어진다. [키작은 쑥부쟁이], [쥐잡이]에서 회상을 통한 서술 속에서 역사적 사건들(6.25전쟁, 70년대의 궁핍, 80년대의 학생운동)을 공간적으로 중첩시켜 재현하고 있다. 이러한 작품들에서 김소진은 '일회적인 역사'가 아니라 우리의 삶 속에서 '중첩되어 기능하는 역사들'을 해석한다. 이데올로기는 여전히 반복되고 있으며 오히려 세력을 강화해 가고 있다. 게다가 억압의 이데올로기는 눈에 드러나지 않지만 '사소한 개인'의 삶 깊은 곳까지 스며들어와 있다. 김소진은 회상에 의한 역사의 반복적 재생을 통해서 '근대적 주체'의 역사적 속성과 이데올로기적 억압을 확인하고 있다.

한편, 이러한 억압을 거치면서 시간의 순차적 진행이 환기되는 순간, '나'는 사회적 조건 속에서의 성장을 경험한다. 이때 성장이란 개인의 내면적 세계가 변모하고 성숙해 가는 과정이 아니라, 오히려 보다 명확한 사회적 관계 속에서 스스로를 억압해 가는 과정으로 보인다. 즉 성장한 '나'가 반복적으로 시간을 거슬러 올라가 유년의 '나'를 대면하는 소설 구성은 실패한 성장 과정에 대한 또 다른 재현이다.

이때 [부엌], [자전거 도둑], [눈사람 속의 검은 항아리]에서 보이는 실패한 성장의 기원은 '아버지에 대한 혐오'와 '근친상간의 상상력'에 있다. 그의 소설에서 아버지는 유년의 '나'가 감당해야 할 태초의 서사, 원초적 장면이다. 아버지는 역사에 패배한 자로서 '운명의 힘에 끌려다녔'어야 하는 무기력한 존재이다. 아버지와 '나'의 불화는 통시적인 역사적 갈등에 대한 알레고리로 보인다. 그리고 어린 '나'는 여성 신체에 대해 성적 결합(훔쳐보기, 과도한 성적 상상력)을 시도하는데, '나'의 자연스러운 성적 욕구가 근친상간이라는 사회 윤리로 좌절되고 만다. 이렇듯 아버지로 비유되는 반복되는 역사와의 불화, 윤리에 의한 성적 억압은 '나'의 성장을 불완전하게 만드는 근대적 이데올로기의 은폐된 모습이다. 이때 '나'는 죄의식을 경험하게 된다.

왜곡된 근대화 과정일망정 현재 우리 사회가 근대 자본주의 사회를 지양하는 과정이라면 '사소한 개인'은 이러한 이데올로기의 무의식적 작용으로부터 자유로울 수 없다. 존재하지도 않는 죄의식을 경험하게 함으로써 개인의 삶을 통제하려는 근대적 이데올로기, 그것을 깨달은 이후에 '나'는 '기억을 잊으려' 한다고 선언하면서 궁극적인 글쓰기의 모순성을 간파하고 기억하기로서의 주체, 글쓰기(이야기하기)로서의 주체, 억압을 통해 성장하는 근대적 주체를 포기하기에 이른다.

역사에 대한 김소진의 끝없는 글쓰기 작업은 한 개인의 생을 재구성한다는 소박한 측면만 가지고 있지 않다. 자신의 정체성을 찾는 회상의 작업과 맞물려 '한국 현대사를 반복·재생하는 중첩된 역사로 봄'으로써 '사소한 개인의 역사', 그러나 어쩌면 유일하게 실체화된 역사를 구축하기 때문이다. 그리고 그 과정은 죄의식의 기원을 찾고 그것을 속죄하려는 과정과 병행한다.

결국 김소진 소설은 과거에 대한 향수가 아니라 '근대적 주체' 속에 감추어진 우울한 죄의식에 기반하고 있다. 유년으로의 반복적 회귀는 이데올로기의 억압에 길들여지지 않는 상태로 돌아가기 위한 존재론적인 투쟁이었다. 그러나 기억의 늪에서 낚아올린 혐오스러운 자신의 몰골을 감당하지 못한다. 왜곡된 역사가 정당한 처벌없이 수없이 반복되는 상황에서 '사소한 개인'의 삶이란 진정 무엇인가? 김소진 소설이 지식인 소설로 평가받을 수 있는 이유, 그의 문제의식이 여전히 '현재형'이어야 하는 이유가 바로 여기에 있다.

- <**오윤호**, 회상의 역사, 그리고 우울한 죄의식: 김소진 소설론, 동아일보, 2001. 1.1.> 중 요약

연습문제 2 관점 깨기, 논거 잡기

다음과 같은 관용적 표현이 현대에 맞지 않음을 제시하여 보자.

1) 종과득과 종두득두

2) 결자해지

3) 당구풍월

4) 음지전양지변

5) 일어탁수

예시) 원친불여근린

원수불구근화 원친불여근린(遠水不救近火 遠親不如近隣)

-명심보감 성심편(省心篇)

위 성어는 먼 곳의 물은 가까운 불을 끄지 못하고, 먼 곳의 일가친척은 가까운 이웃만 못하다는 뜻으로 옛 어른들이 먼 친척보다 가까운 이웃과 좋은 일이 있을 때 그 기쁨을 함께 나누기도하고 어려운 일이 있을 때 함께 상의해 살아왔던 '이웃사촌'의 소중함을 잘 보여주고 있다. 그러나 지금은 '이웃사촌'라는 말이 무색할 지경이다. 이웃 간의 소통은 전무하고 심지어 이웃 간의 사소한 다툼으로 살인사건이 심심치 않게 발생한다. 나아가 지금의 사회에 '이웃사촌'이라는 말이 통용되고 공감을 얻을 수 있는 단어인지 의문스러울 지경이다.

그 대표적 사회적 현상이 급증하고 있는 고독사와 이웃 간의 민·형사 사건이다.

이러한 현상이 급증하고 '이웃사촌'의 의미가 퇴색되어가는 이유는 사회·주거문화·산업의 구조적 변화 때문이다. 앞으로 이러한 변화가 계속됨을 볼 때 '이웃사촌'이라는 의미가 더욱 사회에서 설자리를 잃어 갈 것이다. 우리 조는 이러한 근거를 거주문화의 변화와 산업구조의 변화로 보았다.

첫째. 논거 - 산업구조의 변화

1970년 이전 사회만 해도 우리 사회의 대부분의 산업형태는 농업이었다. 농업은 단위당 투입되는 노동력이 가장 큰 산업으로 생산요소 가운데 노동력이 가장 중시되었다. 그러므로 자연히 이웃의 노동력은 필수적인 것이고 공유되어야 했다. 그 대표적인 예가 품앗이이다. 순서를 정해 이웃의 논에 함께 모내기를 하는 것이다. 함께 내년의 농사를 준비하고 파종하고 수확하는 과정 모두 이웃이 깊숙이 관여하게 되는 것이다. 이러한 인간의 근본적인 경제적 활동의 공유는 자연히 이웃 공동체의 결속으로 나타났던 것이다. 따라서 길흉사, 질병, 재해에 있어서 이웃의 존재는 지금의 사회 안전망 역할을 해온 것이다.

그러나 산업의 발달로 2차 산업, 3차 산업이 등장하면서 이러한 인간 삶의 구조적 변화도 동시에 가져왔다. 더 이상 이웃의 단순 노동력은 필요가 없어졌고 개개인의 능력에 따른 노동력이 중시되어 이웃 간의 강력한 결속은 필요로 하지 않게 되었다. 결론적으로 이러한 산업의 구조적 변화가 자연스러운 이웃 간의 결속을 해지하는 첫 출발점이 되는 것이다. 앞으로 우리의 주력 사업이 노동으로 회귀되지 않는 한 이웃 간의 강력한 공동체의 현상은 보기 어려울 것이다.

둘째. 논거 - 거주문화의 변화

통계청 자료에 따르면 2014년 우리나라 나홀로 가구는 488만 가구다. 10년 만에

90%나 폭발적으로 늘어났다. 나홀로 가구의 주요 거주 목적은 직장과 학업, 저렴한 가격에 따른 것이다. 이들의 대표적인 거주문화의 특징은 대부분 2년 안에 현재의 거주에서 이동한다는 것이다. 학업을 마치거나, 이직하거나, 전세나 월세 계약의 만료로 인해 언제든지 떠날 준비가 되어있다는 것이다.

KDI연구원 보고에 따르면 2022년까지 전·월세 선호 현상은 끊임없이 높아질 거라 예상하고 최근 정부의 보고에 따르면 중소기업 이직률이 55%에 달하고 전체 한국 노동시장에서 중소기업 노동자가 80%를 차지함을 볼 때 단기적 거주문화는 지속될 것으로 예상된다. 이러한 단기적 거주문화의 또 다른 특징은 장기적 거주자에 비해 이웃 간의 교류가 현저히 낮다는 것이다. 곧 이주할 것이라는 생각에 이웃 간의 교류와 관심에 적극적이지 않다는 것이다. 이러한 현상으로 나타나는 것이 이웃의 고독사라고 할 수 있다. 따라서 이러한 거주문화가 계속됨을 추측해 볼 때 이웃 간의 소통과 교류의 문화는 찾아보기 힘들 것이다.

∴ 결론적으로 산업구조의 변화에 따른 이웃 공동체의 붕괴와 거주문화의 변화들이 이웃 간의 교류를 근본적으로 감소하게 만들었으며 앞으로 여러 통계를 볼 때 이러한 현상들이 심화 될 것이다. 따라서 그러한 병리현상인 고독사와 이웃 간의 다툼 분쟁은 더욱 늘어날 것이고'원친불여근린'의 교훈은 사어(死語)가 될 것이다.

- **곽설민, 김재현, 박유진, 신기현** 학생

연습문제 3 논리적인 글의 구조

다음 글을 읽고, 글이 논리적으로 구조화되는 방식을 탐색해 보자. 즉 각 문단의 핵심문장을 나열해보고, 그 핵심문장들이 앞의 문맥과 어떻게 관련되고 있는지 설명해보자.

어떤 기업 광고에서 '콜럼버스의 달걀'을 소재로 삼아 상식을 뛰어넘는 발상의 전환을 강조하는 것을 보았다. 콜럼버스의 아메리카 대륙 상륙이 뭐 별거냐고 시비가 붙자 즉석에서 달걀 세우기 논쟁이 벌어졌다. 콜럼버스가 달걀을 집어 들고 퍽 하니 그 밑동을 깨고 세웠다는, 소문으로 전해지는 유명한 이야기다. 이 이야기에는 일이라는 것이 해놓고 보면 별것 아닌 듯싶지만 언제나 '최초의 발상 전환'이 어렵다는, 자존심 강한 메시지가 담겨 있다.

그런데 우리는 이 콜럼버스의 달걀에 대하여 문제성을 느껴본 적은 없는가. 그 기업과 광고 작성자에 대해 비판하려는 것이 아니라 우리의 문명사적 의식 전반에 깔린 무의식의 성격에 문제를 제기해보려 하는 것이다. 여기서 주목하고자 하는 점은, 콜럼버스의 달걀이 이제는 상식을 넘는 발상이라기보다는 도리어 그것이 상식이 되어버린 역사적 과정과 현실이다.

달걀의 겉모양은 어떻게 생겼는가? 그것은 타원형이다. 애초에 세울 이유가 없도록 설계되어 있는 것이다. 둥지에서 구르더라도 그 둥지의 반경을 벗어나지 않도록 고안된 생명의 섭리가 담겨 있다. 만일 원형이었다면 굴렀을 경우 자칫 둥지에서 멀리 이탈되어버리기 십상이다. 각이 졌다면 어미 새가 품기 곤란했을 것이다. 타원형은 그래서 생명을 지키는 원초적 방어선이다.

따라서 달걀을 세워보겠다는 것은 그런 생명의 원칙과 맞서는 길밖에 없다. 먹기 위해서가 아니라면, 둥지에서 벗어나지 않도록 만들어진 생명체를 자신이 원하는 자리에 고정시켜 장악해야겠다는 생각은 콜럼버스의 달걀을 가능하게 만드는 뿌리이다. 그래서 그것은 상식을 깬 발상 전환의 모델이 아니라, 생명을 깨서라도 자신의 구상을 달성하겠다는 탐욕적·반생명적 발상으로 확대된다.

실로 콜럼버스와 그의 일행은 카리브 해안과 아메리카 대륙에 상륙해서 자신들이 원하는 금과 은을 얻기 위해 무수한 생명을 거리낌 없이 살육했다. 결국 콜럼버스의 달걀은 서구의 제국주의적 팽창 정책을 뒷받침하는 사고의 원형이 된다. 그것이 전개되는 과정에서 아시아·아프리카·중동 등지에서 얼마나 많은 생명이 이런 식으로 무지막지하게 '달걀 세우기'를 당했는지 모른다. 우리도 그 가운데 하나다. 콜럼버스의 손에서 달걀이 지표면에 내리쳐지기까지의 거리는 짧고 그 힘은 개인에게 한정되어 있지만, 그 거리와 힘 속에는 제국주의라는 문명사적 탐욕이 압축되어 있었던 것이다.

오늘날 이 '달걀 세우기'는 콜럼버스 시대 이후 여러 가지 변형된 모습으로 우리의 삶을 지배하고 있다. 그래서 가령 인간의 탐욕을 채우기 위해서는 지구의 생명이 파괴되는 것이 문제가 아니며, 지식수준만 높이면 된다는 교육관이 아이들의 정신 생명을 시들게 해도 무감각하며, 기득권을 독점하려는 생각은 국민의 정치 생명을 상처내는 현실을 끊임없이 만들어내고 있다. 또한 팔아먹기만 하면 된다는 발상들은 음란물을 양산하여 인류의 문화 생명 그 밑동을 으스러뜨려 놓고 있다. 폐수로 범벅이 되었다는 한탄강의 비극은 이런 달걀 세우기의 상식이 도달하는 운명적 종착역이다.

정작 오늘날 필요한 발상의 전환은, 달걀을 어떻게 하면 세울 수 있을 것인가라는 질문에 갇혀 그 답을 모색하는 일에서 가능한 것이 아니라, 달걀의 모양새가 왜 타원형인가를 진지하게 묻는 일에서 시작된다. 원래의 타원형을 지키는 새로운 노력이 '오늘의 상식'을 깨지 못할 때 생명의 신음 소리는 도처에서 계속 들리게 될 것이다.

그리고 그것은 다름 아닌 우리 자신의 죽음으로 다가오게 된다. 바로 이러한 문명사적 위기를 극복하려는 마음이야말로 진정한 발상 전환의 출발점이 아닌가.

- <**김민웅**, 콜럼버스의 달걀에 대한 문명사적 반론, 당대, 1996, 87~89쪽> 에서

구조분석

3. 비평 읽고 생각하기

<서평>

<서평>은 다음과 같은 사항들로 구성될 수 있다. 첫째, 저자의 프로필이나 사상적 배경 및 학문적 업적 등 소개, 둘째, 책의 개요, 주요 내용 발췌 인용. 셋째, 저자가 내세우고 있는 주장과 견해의 독창성, 성과 및 한계 제시.

여기서 1과 2는 설명과 요약의 부분이다. 서평에는 책을 둘러싼 정보를 제공하는 것이며, 책의 내용을 요약하는 부분으로 이루어질 수 있다는 것이다. 여기에 3과 같이 책이 지니고 있는 가치와 의미, 한계나 미비점 등과 같은 나의 평가가 첨부되어야 한다.

다음 글을 읽고 두 개의 텍스트를 필자가 어떻게 비교하고 있는지 요약해보고, 이러한 두 개의 텍스트가 지닌 관점이 현대 사회에 어떤 의미가 있는지 토론해보자.

한국에서 근대, 혹은 근대성이란 무엇일까? 역설적이게도 90년대 초 포스트모더니즘 논쟁을 통해 본격적으로 제기되었던 이 질문은 포스트모더니즘 이데올로기의 허구를 밝혀내는 비판적 준거로부터, 근대 형성과정의 내재성을 재고하는 작업에 이르기까지 인문·사회학의 중요한 논쟁거리가 되어왔다. 근대의 시기구분은 이미 오래전부터 역사학계나 국문학계에서 논란거리였지만, 근대의 성격 규정과 그에 따른 구체적인 현실 분석들은 최근에서야 가시화되고 있다. 일각에서 근대 연구가 전통주의와 민족주의를 변용시킨 고고학적 탐사로 퇴행하거나, 동북아문화의 복원을 위한 근거 없는 증거로 사용되는 경향을 보이기는 하지만 대체로 그 문제의식은 단순하게 근대라는 특정 시기의 역사적 검증에 그치지 않고 탈근대적 사회와의 연관 속에서 근대의 의미를 독해하려 한다. 한국에서 근대 형성을 가능케 했던 사회제도들의 탄생을 계보학적으로 밝혀내고, 그 안에 숨어 있는 새로운 습속과 취향들을 발견하는 작업은 한편으로는 우리가 넘어서야 할 근대적 장치들을 내재적으로 검토하고, 다른 한편으로는 탈근대적 장치 내부의 근대적 지속성의 왜곡된 구조와 그로 인한 탈근대성 자체의 기형적 현상을 우회적으로 비판하려는 기획을 갖는다. 그런 점에서 근대에 대한 담론은 퇴행적인 것이 아니라 진보적이고 계주적이어야 하며, 탈근대에 대한 '간접화법'이어야 하지 않을까?

김진균·정근식 편저의 『근대주체와 식민지 규율권력』(이하 『근대주체』)과 김진송의 『서울에 딴스홀을 허하라』(이하 『딴스홀』), 이 두 권의 책은 한국의 근대형성 과정에서 발견되는 이중의 모순과 역설을 흥미롭게 교차시키도록 해준다. 이 두 권의 책은 피상적으로 보면 아주 대조적이다. 사회학적인 분석 대 일상문화적인 분석, 거시담론 대 미시담론, 주체형성의 규율권력 대 개인일상의 욕망, 이런 식의 비교틀로 변별하게 되면 이 책들은 한국의 근대 형성에 대해 아주 다른 시각으로 접근하고 있는 것처럼 보인다. 실제로 한국의 근대를 담론화하는 문제의식에 있어 『근대주체』와 『딴스홀』은 다른 견해를 갖고 있는 것이 사실이다. "근대적 주체형성의 장을 가족, 학교, 공장으로 파악하고, 식민지시기에 이 장들에서 인간들이 어떻게 만들어졌는지를 검토"(『근대주체』26쪽)하는 것이 전자의 문제의식이라면, "현대는 정치사의 밑바닥이나 사회사의 행간에 간간이 섞여 있었을 뿐이며, 연속적인 그러나 단절적인 집단의식의 변화들만이 사건의 지각변동을 통해야만 측정될 수 있는 단위로 치환되어…그리하여 그 학문적 층위들과 사이를 비집는 현대적인 삶의 조건들은…오히려 매우 낯선 모습으로 비춰지는"(『딴스홀』,10-11쪽) 현대의 숨겨진 일상성을 추적하는 것이 후자의 문제의식이다.

그러나 『근대주체』과 『딴스홀』은 근대를 기술하는 담론방식의 차이만이 아니라 근대를 규정하는 입장의 차이를 드러낸다. 전자의 입장이 '식민지적 근대'에서 출발한다면, 후자의 입장은 '서구적 근대'에서 출발한다. 물론 전자가 식민지 근대 속의 문명적 근대를, 후자가 문명적 근대 속의 식민지 근대를 기각하고 있지는 않다. 식민지 근대를 살아가는 주체들을 훈육하는 제도들과 장치들은 일본제국주의의 것이기 이전에 서구의 것이며, 개화기 이후 한국에 유입된 서구의 신문물과 그것을 일상적으로 체험하는 신인간은 봉건의 암흑으로부터 벗어난 자유로운 문명인이기 이전에 일제 식민지 주체이기 때문이다. 그래서 좀더 정확하게 말하면 『근대주체』는 '식민지적 근대'를 일반성의 원칙(혹은 주요모순)으로 '서구적 근대(혹은 주변모순)'를 특수성의 원칙으로 배치했다면, 『딴스홀』은 그 반대이다. 그렇다면 우리는 한국의 근대형성의 명확한 성격규정에 대한 판단을 위해 이 둘 중 어느 하나를 선택해야 하는가? 나는 앞서 이 두 권의 책이 한국 근대형성의 이중적 모순을 교차시켜 준다고 말했다. 바로 그것이다. 한국의 근대형성은 '식민지 근대'와 '서구적 근대'를 동시에 경험한 시간적·

공간적 특수성을 갖고 있다. 이러한 특수성을 정치경제학적인 분석 대 문화사회학적인 분석으로, 거시적 틀 대 미시적인 틀로 대비시켜 전자에 대한 후자의 부족이나, 후자에 대한 전자의 부족을 거론하는 것은 이 두 권의 책에 대한 피상적인 독해로 그치고 말 것이다. 요컨대 『근대주체』와 『딴스홀』사이의 모순을 말하는 것은 정치경제학적으로는 식민지적 주체였지만 문화적으로는 서구적 주체라는 근대 형성에 대한 '배타적인 모순'을 이해하기 위함이 아니다. 오히려 우리가 주목할 것은 20세기 초반을 살았던 한국인이 근대적 규율장치들의 배치 속에서 식민지 주체로 형성되면서도, 동시에 서구 신문물의 영향 아래 자신들의 반봉건적 습속들로부터 벗어나기 시작한 '포함적인 모순'에 관한 것이다. 이는 같은 시기에 공존했던 제 3세계 식민지 국가에서의 근대 형성이 근대적 규율장치에 의한 제국주의화된 신체의 구속과, 근대적 자본주의 문명에 의한 서구화된 신체의 출현의 모순과 같은 맥락에 속하며, 약간의 차이는 있을지언정 전지구적 근대의 형성이 궁극적으로는 이 모순을 내재하고 있음을 지적하는 것이기도 하겠다.

무엇보다도 『근대주체』는 식민지 근대의 이데올로기적 지배화과정, 혹은 근대적 이데올로기 국가장치들의 식민화 과정에 초점을 둔 기존의 식민지 담론과는 다르게 식민이데올로기와 이데올로기적 국가장치들이 근대주체의 형성과정에 어떻게 개입되었는지를 세밀하게 분석했다는 점에서 새로운 접근방식을 보여주고 있다. 말하자면 이 책은 식민지 근대라는 특정한 상황을 분석대상으로 선택하고 있지만, 그 이론적 틀에 있어서는 근대주체의 형성 메커니즘이라는 좀더 폭넓은 문제의식을 갖고 있는 것이다. 가족, 학교, 공장, 병원, 사회사업, 군사기술과 같은 근대적 사회장치들은 일제 강점기에 '근대적 주체'와 '식민지 주체'라는 이중의 주체형성을 생산하는 중요한 토대가 되었다. 우리에게 근대적 주체형성은 그런 점에서 규율화된 근대적 주체의 생산과 내선일체의 식민지 주체의 생산이 동시적인 경험 속에서 출현했다고 볼 수 있다. "근대적 주체는 어떠한 과정을 통해서 만들어졌는지, 개개인을 그러한 근대적 주체로 만들어내기 위해 동원하는 방법과 메커니즘은 또 어떠한 것인지를 역사적으로 연구"(이진경, 35쪽)하는 동시에 "식민지 체제가 만들어내려고 했던 인간형"을 탐구하고, 동시에 "그런 인간형을 만들어내기 위하여 작동했던 일상적 규율"(김진균·정근식·강이수, 77쪽)을 탐구하는 것이 이 책의 기본적인 시각이다. 일제 하 보통학교의 형성은 근대적 시민규율을 강화하는 합리적인 시간·교과목의 계열화 전략에서부터, 30년대 총동원체제를 위한 심신일체의 국체교육에 이르기까지 식민지 지배의 변화과정에 따라 배치되었다. 또한 근대적 공장의 노동규율은 식민주체에게 최초로 노동분업의 합리적 효율성을 교육하면서도 동시에 식민지 권력의 가혹한 착취의 증대를 강요한 장치로 기능한다(강이수, 117쪽, 137-151쪽)·요컨대 이런 식의 이중의 훈육화는 의료기술에서도 적용되었는데, 소위 '위생경찰체제'는 질병과 위생의 개념을 국민보건의 증진뿐 아니라 신체의 자유를 구속통제하는 수단으로 등장했다(조형근, 203쪽). 총독부에 의한 사회사업 역시 "개개인의 신체 위에 감시와 처벌을 통한 규율을 작동시켜 식민지 체제가 허용하는 '인간'을 만드는"(한귀영, 339쪽) 훈육 테크놀로지였으며, 대륙점령의 병참기지로서 조선에 대한 식민지 군사정책은 식민지 생활문화가 군사논리의 지배를 받는 '일상의 군사화'를 꾀하고 있었다(홍성태, 375쪽).

이렇듯 식민지 근대는 근대적 규율장치들을 통해 식민지 주체를 생산했다고 볼 수 있겠지만, 다른 한편으로는 식민지 주체 안에 내재한 근대적 주체의 새로운 상이 발견되기도 한다. 말하자면 식민지 주체와 근대적 주체는 완전히 동일시될 수는 없는 것이다. 여기에 『딴스홀』이 말하고자 하는 주체가 나름의 타당성을 가지고 등장한다. 어찌보면 『딴스홀』에 등장하는 주체는 『근대주체』에 등장하는 주체와 사뭇 달라 마치 다른 세계에 살고 있는 사람들로 그려지는 것 같아 보인다. "모던! 모든 것이 모던이다. 모던걸, 모던보이. 모던대신. 모던철학. 모던과학. 모던예술. 모던자살. 모던극장. 모던스타일. 모던순사. 모던도적놈. 모던잡지. 모던연애. 모던건축. 모던상점. 모던기생…무제한이다"(『딴스홀』, 57쪽; 임인생, 『별건곤』 1930년 1월호에서 재인용)라는 새로운 사회의 출현에 대한 놀라움을 과잉되게 표현했던 지식인의 언술에는 근대라는 것이 식민지 조선의 현실마저도 망각케 하는 신세기로 여겨졌을 법하다. 모던한 세상에 산다는 것, 하인에게 시킬법한 공치기를 사대부가 대낮에 하고, 양산과 치마를 입은 신여성이 거리를 활보하고, 전동차가 다니고 희한한 확성기에서 노래가 흘러나오는 세상에 산다는 것은 분명 놀라 자빠질 일이다. 저자는 이러한 근대문명을 최초로 경험하는 사람들을 현대적 인간, 그 사회를 현대라고 규정하고 있다.

그런데 저자는 왜 자신이 주목하는 1930년대 전후의 식민지 시대를 통상적으로 규정하고 있는 근대 대신에 현대라는 어법으로 이해하려 했을까? 내가 보기에 여기에는 세 가지 이유가 있는 듯 싶다. 첫째는 근대를 말하는 방식에 대한 불만에서 비롯된 것으로, 이는 거시적인 틀 속에 얽매인 근대에 대한 담론이 그 시대를 살아가는 삶의 모습에서 너무 멀리 떨어져 있다는 판단을 반영한 것이다. 이는 그 시대의 일상성에 주목하자는 취지로서, 시기 구분개념이 더 개입되어 있는 근대라는 용어보다는 동시대성을 강조하기 위해 현대를 사용하려는 의도가 들어있는 것이다. 말하자면 저자는 1999년의 시점에서 1930년대를 반추하려 했던 것이 아니라, 곧바로 그 시대의 한 주체로 들어가고 싶었던 것이다. 둘째, 1930년대 전후의 한국적 상황에 대한 저자의 기본적인 입장에는 '식민화'보다는 '서구화'에 대한 생각이 더 비중있게 들어 있다. "현대성을 역사의 한 시대로 고려하는 것보다 일종의 태도로 생각해보려 한다면, 1930년의 '모던'은 서구적인 삶의 패턴을 지향하려는 의식적인 태도이자 행동방식으로 말할 수 있다"(24쪽)는 생각에서 알 수 있듯이 모던은 서구화와 거의 동의어로 사용되는데, 이 등가법칙 안에는 서구화라는 특정한 삶의 패턴을 부각함으로써 현대적 이미지를 강조하려는 의도가 엿보인다. 셋째, 1930년대의 삶을 지금 우리 시대의 현대적 삶의 출발로 간주하려는 인식 때문이다. "현대의 시작과 끝은 그렇게 다르지 않을 것이다. 다만 상당히 많은 변화가 있었을 뿐이다"(12쪽)라는 지적에서도 알 수 있듯이 현대의 지속성과 동시대성의 맥락하에서 1930년대는 현대로 수렴될 수 있었으며, 이는 <현실문화연구>에서 일련의 기획작업으로 삼고 있는 '현대/현대성'의 연구를 반영한 것이라 할 수 있겠다.

어쨌든 『딴스홀』은 1937년 경성에 신식무희장을 인가해줄 것을 촉구하는 일련의 문화·화류계의 외침을 이땅에 등장한 현대성의 한 사건으로 주목하면서, 신과학문물의 경이와, 유한인텔리계급의 데카당스와, 대중문화의 화려한 신고식과, 신여성의 재기발랄함과, 도심의 스펙터클을 말하고 있다. 알고 보면 지금 우리가 아는 모든 것은 이미 우리의 증조부, 증조모들이 모두 경험하고 있었다는 뒤통수 때리는 현대성에 대한 재발견이 그저 황당하게만 느껴지지 않는 것은 저자가 들이대는 수많은 문헌들의 내용 자체가 바로 현대성의 경험에 대한 생생한 증거물이 되기 때문이다. 아니 정말 그 시대에도 이런 생각과 사진들이 있었다니…『딴스홀』은 그래서 잊혀진 우리네의 일상사를 정리하는 재생산된 이차적 문헌으로 남기보다는 차라리 그 시대의 담론이길 원하고 있는 듯하다.

한국에서의 근대형성에 대한 새로운 접근이라는 상투적인 평가 이외에 『근대주체』와 『딴스홀』이 갖는 의의는 무엇보다도 지식인들의 담론화과정에 대한 비판적 성찰을 유도했다는 데에 있다. 물론 이 두 권의 책들이 모두 칭찬받을 일만 했다고 말할 수는 없다. 『근대주체』는 식민지 주체를 설명하기 위해 근대적 주체를 구성적 요소로 환원한 감이 없지 않고, 『딴스홀』은 식민지 주체의 억압된 역사를 현대의 문화과정이라는 언술을 강조하기 위해 슬그머니 감추고 있을 뿐 아니라, 그럼으로써 탈근대적 문화과정의 계기들을 논의할 공간을 상쇄해버리는 듯하다. 그러나 모든 것을 접어두고 우리가 이 두 권의 책을 통해 배워야 할 점은 바로 지식담론의 생산에 대한 것이다. 『근대주체』에서 인용되고 있는 상세한 통계자료들과 『딴스홀』이 준거를 들기 위해 감수해야 했던 사전 서지작업은 우리 시대에 횡횡하고 있는 지식인 장사꾼에게 일침을 놓기에 충분하다. 우리가 근대에 주목하는 것은 근대에 대한 분명한 분석 없이는 탈근대적 탈주도 가능하지 않다는 인식에다, 엉성하기 이를 데 없는 지금의 지식담론에 대한 반성도 곁들일 수 있기 때문이다.

- <**이동연**, '근대' 형성에 대한 두 가지 시각, 문화과학, 1999, 여름, 411~417쪽> 에서

요약 및 토론

<인물비평>

다음 인물에 대해 사마천은 어떻게 평가하고 있는지 생각해보자. 그리고 그러한 관점을 바탕으로 제시된 인물에 대해 옹호하거나 비판하는 글을 서술해보자.

백이와 숙제는 정말 원망하는 마음이 없었을까?

공자는 "백이와 숙제는 지나간 원한을 생각하지 않으므로 다른 사람을 원망하는 일이 거의 없었다."라고 했고, "인(仁)을 구하여 그것을 얻었는데 또 무엇을 원망하였겠는가?"라고 했다. 그러나 나는 백이의 심경이 슬펐을 것으로 본다. 그들의 軼詩『시경』에 실려 있지 않은 시 「채미가」를 보면 공자의 말과는 다른 데가 있다. 전하는 바에 의하면 이렇게 적혀 있다.

백이와 숙제는 고죽국 군주의 두 아들인데, 그들의 아버지는 숙제에게 뒤를 잇게 할 작정이었다. 그러나 아버지가 죽자 숙제는 왕위를 백이에게 양보하려고 했다. 그러자 백이는 '아버지의 명령'이라면서 나라 밖으로 달아나고 숙제도 왕위에 오르려 하지 않고 달아나 버렸다. 고죽국 사람들은 할 수 없이 중간의 아들을 왕으로 세웠다. 이때 백이와 숙제는 서백창(西伯昌)이 늙은이를 잘 모신다는 소문을 듣고 그를 찾아가서 몸을 맡기려고 하였다. 그런데 그들이 주나라에 이르렀을 때 서백창은 이미 죽고 없었다. 그의 아들 무왕(武王)은 선왕의 시호를 문왕(文王)이라고 일컬으며 나무로 만든 아버지의 위패를 수레에 싣고 동쪽으로 은나라 주왕(紂王)을 치려 했다. 백이와 숙제는 무왕의 말고삐를 붙잡고 간언했다.

"아버지가 돌아가셨는데 장례도 치르지 않고 바로 전쟁을 일으키는 것을 효孝라고 할 수 있습니까? 신하 신분으로 군주를 죽이는 것을 인(仁)이라고 할 수 있습니까?"

그러자 (무왕 곁에) 있던 신하들이 그들의 목을 베려고 했다. 이때 태공(太公), 제나라의 시조인 여상(呂尙)이 [그들을 두둔하여] 말했다.

"이들은 의로운 사람들이다."

이에 그들을 보호하여 돌려보냈다. 그 뒤 무왕이 은나라의 어지러움을 평정하자 천하 제후들은 주나라를 종주(宗主)로 삼았다. 그러나 백이와 숙제만은 주나라 백성이 되는 것을 부끄럽게 여기고 지조를 지켜 주나라 곡식을 먹지 않고, 수양산(首陽山)으로 들어가 고사리를 뜯어먹으며 배를 채웠다. 그들은 굶주려서 죽을 지경에 이르러 노래를 지었는데, 그 내용은 이렇다.

저 서산(西山)에 올라/고사리를 뜯네./폭력으로 폭력을 바꾸었건만/
그 잘못을 모르는구나./신농, 우, 하나라 때는 홀연히 지나갔으니/
우리는 앞으로 어디로 돌아가야 하나?/아아! 이제는 죽음뿐,/
우리 운명도 다했구나!

이들은 마침내 수양산에서 굶어 죽었다.

이 노래로 미루어 본다면 원망한 것인가? 원망하지 않은 것인가?

착한 이가 곤경에 빠지는 것이 하늘의 도인가?

어떤 사람은 이렇게 말했다.

"하늘의 이치는 사사로움이 없어 늘 착한 사람과 함께한다."

백이와 숙제와 같은 사람은 착한 사람이라고 할 수 있지 않은가? 그러나 그들은 이처럼 어진 덕망을 쌓고 행실을 깨끗하게 했어도 굶어 죽었다.

또한 공자는 제자 일흔 명 중에서 안연(顔淵)만이 학문을 좋아한다고 칭찬하였다. 그러나 안연은 늘 가난해서 술지게미와 쌀겨 같은 거친 음식조차 배불리 먹지 못하고 끝내 젊은 나이에 죽고 말았다. 하늘이 착한 사람에게 복을 내려 준다면 어찌 이런 일이 있을 수 있는가? 춘추시대 말기에 나타난 도적 도척(盜跖)은 날마다 죄 없는 사람을 죽이고 그들의 간을 날로 먹었다. 잔인한 짓을 하며 수천 명의 무리를 모아 제멋대로 천하를 돌아다녔지만 끝내 하늘에서 내려준 자신의 수명을 다 누리고 죽었다. 이는 도대체 그의 어떠한 덕행에 의한 것인가? 이러한 것들은 그러한 사례 중에서도 가장 두드러진다.

최근 사례를 살펴보면 하는 일이 올바르지 않고 법령이 금지하는 일만을 일삼으면서도 한평생을 호강하며 즐겁게 살고 대대로 부귀가 이어지는 사람이 있다. 그런가 하면 걸음 한 번 내딛는 데도 땅을 가려서 딛고, 말을 할 때도 알맞은 때를 기다려 하며, 길을 갈 때는 작은 길로 가지 않고, 공평하고 바른 일이 아니면 떨쳐 일어나서 하지 않는데도 재앙을 만나는 사람은 그 수를 헤아릴 수 없을 만큼 많다. (이런 사실은) 나를 매우 당혹스럽게 한다. 만약에 이러한 것이 하늘의 도리라고 한다면 옳은 것인가? 그른 것인가?

파리도 천리마의 꼬리에 붙어 천리 길을 갈 수 있다.

공자는 이렇게 말했다.

"길(道)이 다르면 서로 도모하지 않는다."

이것은 사람은 제각기 자기의 뜻을 좇아서 행한다는 말이다. 그래서 [공자는 또한] 이렇게 말했다.

"부귀가 찾아서 얻을 수 있는 것이라면 말채찍을 잡는 천한 일자리라도 나는 하겠다. 또 만일 찾아서 얻을 수 없다면 나는 내가 좋아하는 것을 좇겠다."

"추운 계절이 되고 나서야 비로소 소나무와 잣나무가 시들지 않는다는 것을 안다."

세상이 다 흐려졌을 때 비로소 깨끗하고 맑은 사람이 드러난다. 어찌하여 [세속 사람들은] 그토록 부귀한 사람을 중시하고, 깨끗하고 맑은 사람을 하찮게 여길까?

공자는 말했다.

"군자는 죽은 뒤에 자기 이름이 일컬어지지 않는 것을 가장 가슴 아파한다."

가의(賈誼)하나라 문제 때의 정치가이자 문인는 이렇게 말했다.

"탐욕스러운 자는 재물 때문에 목숨을 잃고, 열사는 이름을 얻기 위해 목숨을 바치며, 뽐내기 좋아하는 사람은 그 권세 때문에 죽고, 서민은 그날그날의 삶에 매달린다."

"같은 종류의 빛은 서로 비추어 주고, 같은 종류의 물건은 서로 어울린다."

"구름은 용을 따라 생기고 바람은 범을 따라 일어난다. 이처럼 성인이 나타나야 세상 만물도 다 뚜렷이 드러나게 된다."

백이와 숙제는 비록 어진 사람이기는 하지만 공자의 칭찬이 있고나서부터 그 명성이 더욱더 드러나게 되었다. 안연은 학문을 매우 좋아하기는 하였지만 (공자라는) 천리마의 꼬리에 붙어 행동이 더욱 두드러지게 되었다. 바위나 동굴 속에 숨어 사는 선비들은 일정한 때를 보아 나아가고 물러난다. 그러나 이러한 사람들의 명성이 묻혀 세상에 일컬어지지 않는 것은 슬픈 일이다. 시골에 묻혀 사는 사람이 덕행을 닦아 명성을 세우고자 하더라도 덕행과 지위가 높은 선비에 기대지 못한다면 어떻게 후세에 이름을 남길 수 있겠는가?

- <**사마천**, **김원중 옮김**, 사기열전, 민음사, 2009, 62~67쪽> 에서

인물평

제4장

논설-'세계'와 소통하는 글쓰기

1. 논설의 개념과 세계와의 소통

논설은 논문의 성격을 띠는 글이라 할 수 있다. 논문에 준하는 글로써, 논설은 자신의 견해가 정당하다는 것을 보여야 함으로 논리성과 실증성을 가져야 한다. 따라서 논설문은 자기주장의 부분인 문제제기와 그 주장을 뒷받침하는 논리적이고 실증적인 논거확장의 부분을 요건으로 갖추어야 한다. 본 교재에서는 이러한 논리적인 글의 형식으로서의 논설에 한 가지 중요한 의미를 첨부하고 있다. 그것은 논문이라는 객관적인 글의 형식과 에세이라는 주관적이고 감성적인 글의 형식 사이에 위치하는 글의 종류로서 비평과 논설문을 파악하는 것이다. 이러한 관점에서 논설은 전문적이고 학술적인 논문의 영역에 좀 더 밀착한 형식의 글로서 비평과 구별된다고 본 것이다. 논술과 비평이 에세이에 비해 보다 객관적인 논거를 바탕으로 쓰는 글이라는 점에서 공통점을 보유한 측면이 있으나, 논술은 논문에 가까운 글이라는 점에서 비평에 비해 보다 더 정교하고 전문적이고 학술적인 측면을 강화한 형식이라 할 수 있다. 한편, 논문은 전문적이고 학술적인 경향 때문에 대중과 유리된 측면이 있는데, 논술은 이를 보완하는 글의 형식이라 할 수 있다. 본 교재는 전공 영역과 연계된 글쓰기 항목으로 논술을 활용하려고 한다. 이는 전공 영역의 글인 논문을 보다 쉽게 대중적으로 풀어서 이해시키고 설득하는 양식으로 논술이라는 글 양식을 제한 한다는 것이다. 본 교재에서는 전문적인 영역의 학술 논문의 지식과 이론을 대중과 공유될 수 있도록, 쉽고 재미있게 전공의 지식과 이론을 풀이한 글로써 '논설'을 규정한다. 즉 논설은 매우 전문적인 지식을 대중에게 전파하는 대중적 글로써 전공영역의 대중화 형식의 글이라고 우리 교재는 설정한 것이다. 논설이라는 글은 다양한 전문 분야에서 세계의 문제를 파악하고 다룬다는 측면에서, 그리고 논문이라는 학문의 전문적 글쓰기와는 달리 전문가들의 전문적이고 학술적인 지식의 대중에의 접근이라는 측면에서 논설은 세계와의 소통을 꾀하는 글의 형식이라고 우리 교재에서는 규정하고 있는 것이다.

우리 사회에는 중간, 가운데를 용납 못 하는 분위기가 조성되어 있다. 내편이 아니라면 상대방의 편이라는, 또는 기회주의라는 용어로, 어느 편에도 가담하지 않는 사람들을 곱지 않은 시선으로 판단한다. 양극단으로 치달아 자신의 주장만을 일방적으로 발설하는 담론을 지양하고 내 주장의 논리력을 키우게 된다면, 우리는 나와 주장이 다른 사람들을 감화시키고, 수긍할 수 있도록 소통의 물꼬를 터줄 수 있게 될 것이다. 논설은 소통이 절실한 우리 사회가 지향하는 그러한 시대적 요구의 글쓰기라 할 수 있다.

<논설 맛보기>

1) 사회학 분야의 대중적 논설

이 분야의 논설은 사회의 문제에 대한 올바른 시각을 제공하는 것을 목적으로 한다. 비평에 비해 보다 전문적이고 학술적인 지식으로 사회의 문제에 대해 자신의 주장을 논리적으로 개진함으로써, 독자를 설득하는 글이다.

다음 논설을 읽고 논설문의 구조를 설명해보고, 저자가 제시하는 문제의식이 무엇이고 왜 중요한지를 생각해보자.

민족주의와 세계주의의 충돌은 우리 안에 존재하는 또 하나의 문명 갈등이다. 오늘날 세계 사회의 변화를 이끌어가는 중심 원리는 다름 아닌 세계화다. 그리고 이 세계화를 추동하는 두 흐름은 경제의 세계화와 문화의 세계화다. 문명 충돌과 연관해서 우리의 주목을 끄는 것이 문화의 세계화라 할 수 있는데, 오늘날 뉴스뿐만 아니라 영화, TV 프로그램, 광고, 대중음악, 전신 및 통신 프로그램 역시 전세계 국민들이 이용할 수 있도록 세계시장에서 판매되고 소비되고 있다.

이런 문화의 세계화의 확산에 따른 민족주의와 민족문화의 미래에 대한 사회적 관심은 그 어느 때보다 높다. 한편에서 민족문화의 위기에 대한 우려의 목소리가 작지 않다면, 다른 한편에서는 문화의 다원성을 옹호하는 견해 또한 만만치 않게 제시되기 때문이다. 이 문제를 살펴보기 위해서는 먼저 민족주의와 민족문화의 개념을 엄밀화할 필요가 있는데, 일반적으로 민족주의가 민족을 특권화하려는 정치적·이념적 기획을 말한다면, 민족문화는 한 민족이 공유하는 의미·가치·생활방식을 의미한다. 이런 개념의 차이를 염두에 두면서 생각해 보고 싶은 것은 민족주의의 문화적 차원과 세계주의의 문화적 차원 사이의 갈등이다.

이와 연관해서 먼저 지적할 것은, 어떤 민족이나 장구한 전통 아래 형성된 민족문화를 갖고 있지만, 그렇다고 해서 민족문화가 단일한 것은 아니라는 점이다. 민족문화는 사회학자 임희섭 교수가 제시하듯이 전통문화(traditional culture)와 문화전통(cultural tradition)으로 구성되어 있다. 전통문화가 과거에 속하는 전통사회의 문화를 말한다면, 문화전통은 과거부터 현재까지 축적된 문화양식으로서 현재의 사회환경 속에서도 유지되고 있는 문화를 지칭한다. 이러한 구분은 한 나라에서 발생하는 문화적 정체성의 위기를 이해하는 데 매우 유용한데, 문화 정체성이 위협받는 것은 바로 문화전통이 단절될 때 일어나기 때문이다. 예를 들어, 한 민족이 다른 민족에 의해 식민화되거나 문화적으로 압도되었을 때 스스로의 문화전통이 단절되고 외래문화로 동화가 이루어진다고 볼 수 있다.

그렇다면 현재 빠른 속도로 진행되고 있는 문화의 세계화는 이런 문화전통에 어떤 영향을 주고 있는가. 문화제국주의론과 문화다원주의론은 이 질문에 대해 상이한 답변을 제시한다.

먼저 문화제국주의론에 따르면, 현재 지구문화는 초국적 문화자본의 투자 및 판매 전략에 의해 지배되고 있으며, 이에 따라 민족적 정체성이 크게 위협받고 있다. 이런 주장은 우리 문화 현실을 둘러보면 그대로 관찰되는데, 음식문화에서 의류문화 그리고 취미문화에 이르기까지 미국문화로 대표되는 서구 문화에 의한 생활세계의 지배가 강화되고 있다. 생활문화의 이러한 미국화는 그것이 재화의 단순한 소비를 넘어서 프랑스 사회학자 보드리야르가 말하는 기호와 상징의 소비를 함축한다는 점에서 문화적 정체성의 지반을 크게 잠식한다. 그 결과 민족문화는 공허하고 시대착오적인 것으로 인식되고, 명절 마당놀이 프로그램처럼 기껏해야 상품화를 위한 유용한 품목의 하나로 채택되고 있다는 것이다.

다른 한편 문화다원주의론은 문화제국주의론이 갖는 과도한 단순화의 위험을 비판하고 있다. 이 견해에 따르면, 문화의 세계화는 초국적 문화산업에 의해 주되되는 단 하나의 과정이 아니라 다양한 과정들로 이루어지며, 이러한 과정들에는 시간적 차원을 달리하는 복수의 문화전통들의 흡수·변형·접합 등이 중첩되어 있다는 것이다. 문화의 세계화를 통해 공급되는 문화상품이 단 하나의 자기 동일적인 이미지를 처음부터 갖고 있는 것은 아니라는 점을 주목해 볼 때 이런 주장은 나름대로 설득력을 갖는다. 한 공간으로부터 제공된 문화는 다른 공간의 소비자들에 의해 수용될 경우 이전과는 다른 의미와 이미지를 창출할 수 있는데, 왜냐하면 한 지역에서 생산된 기호가 다른 지역에 공급되었을 경우 그 지역의 언어와 문화에 의해 변화되어 수용될 수 있어야만 의미 있는 기호로 승인되기 때문이다.

이런 상반된 시각은 문화의 세계화에 따른 문화적 정체성의 변형을 평가하는 것이 간단하지 않다는 것을 보여준다. 문화제국주의론이 문화의 다양성, 문화의 주체적인 수용과정을 과소평가하고 있다면, 문화다원주의론은 문화의 수용에 내재되어 있는 자본의 논리와 권력의 재생산을 과소평가하기 때문이다. 민족문화와 세계문화의 갈등을 둘러싼 이런 토론에서 다시 한 번 생각해 보아야 할 것은 민족문화가 과연 무엇인가라는 질문이다. 민족문화가 배타적인 것이 아니라 오랜 시간 동안 외래문화와 자국문화의 끊임없는 접합과 혼융 속에서 형성되는 것이라면, 문화의 세계화가 민족문화를 와해시키고 있다는 주장은 일면적인 진실만을 갖고 있는 것으로 보인다. 우리의 역사를 돌이켜보아도 '조선 주자학'의 성립이나 '조선식 예술방식'의 발견은 이런 문화적 혼융이 불가능한 것은 아니라는 것을 보여준다. 이런 점에서 민족문화에 대한 배타적인 옹호는 경우에 따라서 폐쇄적인 자문화중심주의로 흐를 가능성이 존재한다는 점에서 더욱 개방적인 자세가 필요하다.

그러나 다른 한편 문화의 세계화에 대한 다원주의적 시각은 민족문화의 미래를 지나치게 낙관하는 경향이 있다. 문화의 세계화를 통해 이뤄지는 문화상품의 소비는 그것으로 완료되는 것이 아니라, 앞서 지적했듯이 그 안에 내재된 기호와 상징이 소비됨에 따라 우리의 의식과 생활세계가 상대적으로 열등화되는 결과를 초래한다. 타자의 시선으로 자신의 삶을 바라보는 이런 의식의 내면화는 관념적 의식과 구체적 현실 사이의 끊임없는 갈등을 심화시킬 가능성이 높다. 바로 여기에 사이드가 말하는 오리엔탈리즘의 위험이 존재한다고 볼 수 있다. 문화를 포함한 지식은 중립적이거나 객관적인 것이 아니라 권력과 밀접히 연관되어 있는, 조종과 지배를 목표로 하는 정보라는 점에서 서구 문화에는 동양에 대한 서양의 우월주의가 교묘히 내재되어 있다.

이른바 '개방적 민족주의'가 부각되는 것도 바로 이런 맥락이다. 개방적 민족주의란 민족주의를 여전히 유효한 기획으로 보되, 그것의 폐쇄성을 적극적으로 극복하자는 것이다. 문화의 전지구적 확산에 내재된 불평등한 권력관계를 정당화하려는 담론을 거부하고 자유주의, 민주주의, 평등주의의 보편적 가치를 지향하는 담론을 접합하려는 문화적 실천이 개방적 민족주의의 중핵을 이루고 있다. 이 개방적 민족주의야말로 민족주의와 세계주의의 갈등을 화해시킬 수 있는, 우리 문화와 서구 문화를 공존시킬 수 있는 프로그램이라 하지 않을 수 없다.

- <**김호기**, 말, 권력, 지식인, 아르케, 2002, 25~29쪽> 에서

2) 역사학 분야의 대중적 논설

이 분야의 논설은 역사의 문제에 대한 올바른 시각을 제공하는 것을 목적으로 한다. 비평에 비해 보다 전문적이고 학술적인 지식으로 역사의 문제에 대해 자신의 주장을 논리적으로 개진함으로써, 올바른 역사인식을 형성하도록 유도하는 글이다.

다음 논설을 읽고 논설문의 구조를 설명해보고, 저자가 제시하는 문제의식이 무엇이고 왜 중요한지를 생각해보자.

고구려가 472년에 국내성(國內城)에서 평양성(平壤城)으로 도읍을 옮긴 사건은 고구려의 역사에서뿐만 아니라 한국사 전 체계에서 혹은 동북아시아사에서도 매우 중요한 의미를 갖는다. 그것은 한국과 요동이 정치적으로 한 국가에 의해 지배되는 것을 의미했다. 이 사건으로 고구려는 요동 국가에서 요동과 한국의 일부를 아울러 지배하는 통합 국가로 비약했다. 따라서 고구려사는 평양 천도를 기점으로 하여 전반기와 후반

기를 나누어 이해해야 한다. 평양 천도 이전 전반기의 고구려는 요동의 국가였으며, 천도 이후 후반기의 고구려는 요동과 한국 일부를 함께 지배한 통합 국가였다. 이런 관점에서 본다면, 고구려는 한국의 일부인가 중국의 일부인가 하는 질문은 처음부터 잘못된 형식의 질문이었음을 알 수 있다.

그러나 고구려가 요동에서 출발해 평양 천도 이후에는 요동과 한국의 일부를 지배한 통합 국가였다는 것은 여전히 하나의 작업 가설에 지나지 않는다. 그것은 여러 가지 측면에서 구체적 자료를 통해 검증되어야 한다. 이러한 작업 가설을 역사적 사실로서 확립시키기 위해서는 '중국'이나 '한국' 등의 '나라'를 성립시키는 여러 가지 조건들을 반추해보아야 한다. '한국'이나 '중국' 등 '나라'의 역사적 개념은 특정한 생활공간과 고유한 문화, 동류 의식을 갖는 인적 집단, 계승 관계를 갖는 일련의 국가 체계 등의 요소들을 갖춘 역사공동체라는 의미를 포함한다. 따라서 이러한 여러 측면에서 고구려가 '한국'이나 '중국' 혹은 제3의 다른 역사공동체들과 어떤 관련성을 갖고 있었는가를 하나하나 확인하는 작업이 필요하다.

우선 공간적 측면부터 살펴보자. 국내성, 즉 집안(輯安) 방면에 그 중심부를 두고 있었던 고구려는 5세기초에 요하(遼河) 중류 유역을 점거했다. 이로 인해 수(隋), 당(唐) 시대의 중국인은 고구려를 '요동(遼東)'이라 별칭했으며, 고구려 침공을 가리켜 '정요(征遼)'라 했다. 당시의 고구려인들도 '요동인(遼東人)'이라 자칭했다. 고대 문헌에 등장하는 '요동' 개념에는 요동군(遼東郡)이나 요동성(遼東省)을 가리키는 협의의 개념과 산해관(山海關) 이동 한반도 북부 이북의 광역을 가리키는 광의의 개념이 함께 존재했는데, 수·당대에는 후자가 일반화되었다. 그것은 고구려 국가의 영토 범위와 거의 일치하는 것이었다. 그러나 고구려가 수도를 평양으로 옮긴 사건을 즈음해 고구려의 영토는 '한국'의 북부 일대까지 포괄했다. 따라서 적어도 공간적 범주로 보아서는, 고구려가 요동 국가로 출현했다가 요동과 한국을 아우르는 통합 국가로 발전했다는 애초의 작업 가설은 입증된다고 할 것이다.

다음으로 동류 의식을 가진 인적 집단이라는 측면을 살펴보자. 고구려는 여러 계통의 인적 집단으로 구성된 국가였다. 그러나 그 주축이 된 인적 집단은 맥인(貊人)이었다. 고구려는 성장하는 과정에서 대수맥(大水貊)과 소수맥(小水貊), 양맥(梁貊) 등 여러 맥계(貊系) 집단이 통합되었으며, 여기에 다시 예계(濊系)의 여러 집단과 말갈(靺鞨) 등이 포섭

되었고, 천도 이후에는 한계(韓系)의 여러 집단이 포함되었다. 이 가운데서 맥과 예계 및 말갈 등 제 집단은 모두 요동 전역에 분포되어 있었으며, 한계는 한반도의 중남부에 분포했다. 따라서 고구려인은 중국인과는 동류 의식을 가질 수 없었으며, 한국인과도 천도 이전까지는 동류 의식을 갖지 않았을 것이다. 단지 천도 이후에 남진하여 다수의 한계 주민을 포섭함으로써 한국인과도 일정한 동류 의식을 공유할 수 있게 되었다.

문화의 제 양식에서도 초기 고구려의 그것은 중국이나 한국과 명료하게 구별된다. 『삼국지(三國志)』「동이전(東夷傳)」고구려조에 기록된 고구려의 자연 지리 환경과 산업, 관제와 국가 조직, 신앙과 법속, 풍습과 의복 등은 모두 중국이나 한국의 그것과 매우 달랐다. 후기에 이르러 중국 문화의 영향을 적지 않게 받았고 한국의 일부를 통합한 뒤에는 한국 문화의 융합도 상당 수준으로 진행되었지만, 기본적으로 고구려인이 창조하고 향유한 문화 양식은 중국인이나 한국인의 그것과 뚜렷하게 구별되었다. 특히 이는 고고학적 유물을 통해서도 확인되는 바이니, 무덤의 축조 양식이나 부장품의 내용이 고유한 양식을 갖추고 있음을 볼 수 있다. 고구려의 언어는 중국의 한어(漢語)와 전혀 다른 계통에 속하는 것이며, 한국의 언어와도 갈래가 달랐다. 백제(百濟)와 신라(新羅)는 모두 삼한(三韓)에 뿌리를 두었기 때문에 동일한 계통의 언어를 사용했지만, 고구려의 언어는 백제나 신라의 그것과 같지 않았다. 특히 평양 천도 이전에는 퉁구스 계통의 독자적 언어를 사용했으며, 천도 이후에야 한국어 요소가 고구려어에 혼입되었다. 이러한 고구려어의 계통적 특성이야말로 고구려와 중국, 고구려와 한국의 관계를 좀 더 명료하게 보여준다.

역사적 경험에서도 고구려인은 중국인이나 한국인과 달랐다. 고구려인은 중국에서 성립된 어떠한 국가들, 예를 들어 한(漢)이나 조위(曹魏), 서진(西晉), 북위(北魏), 북제(北齊), 수, 당 등의 직접적 지배를 받은 바 없었으며, 삼한 연맹체나 백제, 신라 등 한국 국가들의 정치적 지배를 받은 적도 없었다. 오히려 고구려는 요동에서 장기간 존속했던 조선(朝鮮)이나 부여(夫餘) 등 국가들과 깊은 관계를 갖고 있었다. 고구려인 가운데는 조선의 후예나 부여의 유민이 다수 포함되어 있었다. 단지 천도 이후에 고구려가 한국의 일부를 지배함으로써, 한국인과 고구려인은 역사적 경험을 함께 나누게 되었을 뿐이다.

역사공동체를 구성하는 가장 중요한 요소는 동류 의식과 역사 의식을 공유하는 것이다. 고구려가 중국의 일부였는지 한국의 일부였는지를 가름할 수 있는 가장 명확한 기준은 고구려인이 중국인이라는 자의식을 갖고 있었는지 혹은 한국인이라는 자의식을 표명한 적이 있는지를 확인하는 것이다. 또한 당시의 중국인이나 한국인이 고구려인과 동류 의식을 갖고 있었는가도 중요한 기준이 될 수 있다. 그러나 그 어떠한 경우에서도 중국인과 고구려인이 동류 의식을 가졌다는 증거는 발견되지 않는다. 단지 고구려가 멸망한 뒤에 중국인들이 고구려인을 가리켜 '오군삼한(五郡三寒)'인으로 지칭한 자료가 발견되는 것으로 보아, 고구려가 중국인들에게 '5군' 즉 요동(에 설치된 바 있는 요동군, 낙랑군[樂浪郡], 현도군[玄菟郡] 등 5개 군)과 '삼한', 다시 말해서 한국의 통합 국가로 인식되었음을 확인할 수 있을 뿐이다. 또한 고구려인은 부여와 관련된 건국신화를 보유하는 한편 '기자신(箕子神)'을 설정하여 제사함으로써 (기자)조선을 계승했다는 역사 의식을 표현했고, 고구려가 멸망된 뒤에는 발해인(渤海人)이 다시 고구려 계승 의식을 표명함으로써, 조선과 부여, 고구려, 발해로 이어지는 요동사적 역사 의식을 형성하였다.

이처럼 고구려인은 중국인이나 한국인과 생활 공간을 함께 하지 않았으며, 동류 의식을 갖지도 않았고, 역사 의식이나 문화 양식, 언어, 역사적 경험 등을 달리했다. 그들은 요동 고유의 생활 공간과 문화 양식, 언어, 역사적 경험, 동류 의식과 역사 의식 등을 부분적으로 공유했던 사실도 확인할 수 있는 만큼, 후기의 고구려가 요동과 한국을 함께 아울러 지배한 통합 국가였다는 작업 가설도 하나의 역사적 사실로서 확립시킬 수 있다고 할 것이다.

- <**김한규**, 요동사, 문학과 지성사, 2004, 8~12쪽> 에서

'논설'은 전문적이고 학술적이면서, 대중에게 그러한 영역의 지식을 쉽게 이해시키고, 충돌되는 주장의 한 관점을 제시하지만, 상대방을 논리적으로 설득하고 이해시키는 노력의 소산으로써 글의 효용성을 지닌다.

2. 논설 쓰기 전략

연습문제 1 뒷받침 문맥 형성하기

아래에 제시된 문장과 같이 인생에 참조가 될 만한 명언들을 제시해보고, 그 문장들을 논리적으로 뒷받침할 수 있는 문맥을 형성하는 문단쓰기를 해 보자.

1) 세상에 도덕적 현상이란 없다. 다만 현상의 도덕적 해석이 있을 뿐이다.(니체)
2) 결과가 행위를 정당화시킨다.(P.N. 오비디우스)
3) 사막이 아름다운 건 어딘가에 우물을 숨기고 있기 때문이야.(생텍쥐페리)
4) 여성은 태어나는 것이 아니라 만들어지는 것이다.(보봐르)
5) 길은 모두에게 열려 있지만 모두가 그 길을 가질 수 있는 것은 아니다.(미생 중)
6) 우리는 눈 안에 타인의 결점을, 등에 자기의 결점을 가지고 있다.(L.A. 세네카)
7) 사회가 성격에 대하여 유익한 것처럼 고독은 상상력에 대하여 유익한 것이다.(J. R.로얼)
8) 과거·현재·미래는 떨어져 있지 않고 연결되어 있다.(W.휘트먼)
9) 때로는 사람의 덕행보다 그 사람이 저지른 잘못에서 더 많이 배울 때가 있다.(H. W.롱펠로)

명언제시

문단쓰기

연습문제 2 문제제기와 논거확장

논설은 사물의 이치를 들어 의견이나 주장을 논리적으로 설득하는 글이라고 정의할 수 있다. 이 점을 바탕으로 본 교재에서는 논설이라는 글의 양식이 크게 교양과 시사로 구성된다는 점에 포커스를 맞추고 있다. 교양적이라는 것은 주로 전문 지식의 대중적 글쓰기라는 점에서 그렇다고 말할 수 있으며, 시사적이라는 것은 사회나 세계의 현실 문제와 밀접성을 가지는 글쓰기라 할 수 있기 때문이다. 따라서 논설문은 전문성의 대중화 기술과 현실문제에 대한 예리한 감각까지 겸비한 글이라 할 수 있다.

다음 글의 저자는 문학을 통해 사회나 세계를 통찰하고 있다. 다음 글을 읽고 저자가 제기하는 현실문제가 무엇인지 생각해보고, 그러한 현실문제로부터 문학이 가져야 하는 정체성을 어떤 논거를 통해 어떻게 확장하고 있는지 설명해보자.

민주화 20년은 망각의 20년이다. 그간 국가가 주관하는 기억 사업들이 있었다. 그러나 그 사업들은 기억이 아니라 망각의 시작이다. 기억이 공적인 것이 되면 그때부터 우리는 기억의 의무를 면제받게 된다. 우리가 기억하지 않아도 국가가 대신 기억해준다. 국가의 기억 속에서 개별 죽음들의 단독성은 스러질 것이다.

그러니 달리 기억해야 한다. 기원전 500년 그리스의 돌연한 건물 붕괴 현장에서 죽은 자들의 이름을 하나하나 복기해냈던 시인 시모니데스가 우리에게도 있어야 한다. 시인 이시영은 2003년부터 매년 한 권씩 세 권의 시집을 연이어 출간했다. 『은빛 호각』(창비, 2003), 『바다 호수』(문학동네, 2004), 『아르갈의 향기』(시와시학사, 2005). 이 겸손한 제목의 시집들 안에는 눈물겨운 기억의 의례들이 장중했다.

시모니데스의 재림이라서 반가웠다. 죽은 줄도 몰랐던 사람들, 죽은 줄 알았으나 어느덧 망각된 사람들, 죽음을 앞두고 있으나 결코 죽어서는 안 되는 사람들이 기억되고 있었다. 윤리적이어서 좋은 시집이었던 것만은 아니다. 그 시집들은 '시적인 것'이 발생하는 최초의 순간을 향해 거슬러 가고 있었다. 뜨거운 소재들이 무기교의 기교로 수습되고 있었다. 김수영의 심장으로 김종삼의 손이 쓰고 있는 시들이었다.

시모니데스가 2년 만에 새 시집 『우리의 죽은 자들을 위해』(창비, 2007)를 출간했다. 이 시집의 제목은 이미 출간된 세 시집을 아우르는 것처럼 보인다. 2년의 시간 동안 시인은 더 넓어졌다. 이번 시집에서 그는 한국의 과거는 물론이고 세계의 현재를 향해 더 큰 눈을 뜬다. 전쟁, 환경, 빈곤의 문제를 두루 아파하면서 평화, 공존, 인륜의 메시지를 조용하지만 단호하게 품는다. 두 편을 옮긴다.

> 32년 만에 열린 재심 선고공판에서 무죄가 선고되었다는 소식을 들은 '인혁당 재건위 사건'의 김용원 도예종 서도원 송상진 여정남 우홍선 이수병 하재완 씨들은 무덤 속에서 벌떡 일어났다가 다시 누웠다. 그러나 그들의 뼈는 결코 웃을 수가 없었다. 누가 그들에게 젊은 육신의 옷을 입혀줄 수 있단 말인가.
>
> -「젊은 그들」전문

시모니데스의 분노다. 마지막 두 문장 때문에 시가 되었지만, 여덟 명의 이름이 빠짐없이 호명되는 순간이야말로 시라고 해야 한다.

> 달라이 라마께서 인도의 다람살라에서 중국의 한 감옥에서 풀려난 티베트 승려를 친견했을 때의 일이라고 한다. 그동안 얼마나 고생이 심했느냐는 물음에 승려가 잔잔한 미소를 띠며 대답했다고 한다. '하마터면 저들을 미워할 뻔했습니다그려!' 그러곤 무릎 위에 올려놓은 승려의 두 손이 가만히 떨렸다.
>
> -「친견」전문

시모니데스의 경외다. 내가 울컥했던 것은 승려의 말 때문이 아니라 그 뒤에 어김없이 떨렸던 그의 두 손 때문이다. 이 순간 인간은 인간적이어서 얼마나 숭고한 것인가.

이것은 백 편이 넘는 시 중에 고작 두 편일 뿐이다. 사진작가 로버트 카파는 "만약 당신의 사진이 만족스럽지 않다면 그것은 충분히 가까이 가지 않았기 때문이다"라고 말했다. 이시영의 최근 시들은 사태들을 향해 '충분히 가까이' 간다. 그러면서 그가 발견한 것과 끝내 시적인 거리를 유지한다. 그래서 그의 시는 한 장의 사진 같다. 이것은 '시적인 것'을 발견하는 신선한 기술이면서 시가 '윤리적인 것'에 도달하게 만드는 지극한 태도이기도 하다.

시적으로도 윤리적으로도 올바른 시는 드물다. 시가 아직도 공공 영역이라고 믿는 시인은 더더욱 드물다. 드문 시인의 드문 시집 한 권을 읽는 데 걸린 시간은 한 시간이 채 안 된다. 그 한 시간 동안 독자는 '이런 식으로 써도 되는 것인가' 하는 놀라움과 '이런 것이야말로 진정 시가 아닌가'하는 감동을 동시에 맛보면서 어리둥절할 것이다. 독자 여러분의 한 시간을 빼앗아 거기에 이 시집을 놓아두고 싶다.

-<**신형철**, 우리 시대의 시모니데스, 느낌의 공동체, 문학동네, 2011, 79~81쪽> 에서

연습문제 3 학술논문을 활용한 논설문쓰기

각 과의 특성에 맞게 자신의 전공 논문을 하나 선택해서 그 논문이 어떻게 구성되어 있는지 탐색하고, 그 논문에 대해 자신의 반대 입장을 제시하고 논거를 확장하는 글을 한 편 써보자.

1. 서론 : 참조논문의 논조 요약과 나의 반대 관점 제시
2. 본론 : 내 주장을 뒷받침하는 논거 확장
3. 결론 : 본론의 내용 요약정리, 주장명시, 연구결과의 기대효과, 미비점과 과제 등 제시.

3. 논설 읽고 생각하기

<토론1> 헬레나 노르베리 호지의 "오래된 미래" 서문을 읽고 필자가 주장하는 것이 무엇인지 생각해보자. 그리고 그 주장을 뒷받침하는 논거가 무엇인지 제시해보자.

<토론2>

레이첼 카슨의 "침묵의 봄" 2장 '참아야 하는 의무'를 읽고 우리가 세계와 소통해야 할 이유와 세계와 소통할 방법을 생각해보자. 또한 2장의 마지막에 제기된 '복종의 의무는 우리에게 알아야 할 권리를 부여한다.'는 명제에 부합하는 사례를 우리 사회의 여러 부문에서 찾아 소개해보자.

제4부

인문학 전공자를 위한 실용 글쓰기

제1장

자기소개서

자기소개서는 주로 취업을 준비하는 자가 입사지원서, 성적증명서 등과 함께 서류 전형 시 반드시 구비해야 하는 서류 중 하나로 알려져 왔다. 따라서 대학에 갓 입학한 신입생에게는 멀게만 느껴져 온 것이 사실이다. 그러나 최근에는 대학 재학 중 사회봉사 활동, 장학금, 연구 프로젝트 신청 시 자기소개서를 요구하는 교내외 기관이 증가함에 따라 자기소개서 작성이 대학생에게 그리 낯설지 않은 일이 되었다.

기업 제출용으로만 인식되어 왔던 자기소개서의 용도가 다양해지고 있다는 것은 자기소개서의 목적 및 제출 기관에 알맞게 작성하는 기술이 학부생에게도 필요함을 말한다. 취업용이라면 인사 담당자에게 자신이 해당 기업의 발전에 기여할 적임자임을 밝혀야 할 것이며, 사회봉사 신청용이라면 자신이 봉사 활동에 큰 뜻을 품고 있으며 봉사에 대한 인식이 탁월함을 알려야 할 것이다. 장학금 및 연구 프로젝트 신청용이라면 자신이 학업에 성실할 뿐만 아니라 연구력 또한 인정받고 있음을 보여주어야 한다. 따라서 자기소개서는 어떤 용도로 쓰이든 자신이 지원하는 기관 및 분야에 적합함을 심사자에게 피력하는 글이라 할 수 있다.

내가 해당 기관 및 분야에 왜 필요한지를 보여주면서 나를 전혀 알지 못하는 자를 설득하기 위해서는 구체적이며 객관적인 근거가 필요하다. 자신의 성격, 신조, 능력 등에 대해 기술할 때 "저는 이런 사람입니다", "저는 이런 능력이 있습니다"라는 단순 진술은 설득력이 떨어진다. 따라서 어떤 경험과 과정을 통해 이런 성격과 신조가 생겼으며,

이런 능력을 갖추게 되었는지에 대한 근거를 제시해야 한다. 이러한 근거를 탄탄하게 작성하기 위해서는 자기소개서 작성 전 우선적으로 자기 자신이 어떤 사람인가에 대한 성찰의 시간이 필요하다.

1. 자기소개서 작성을 위한 준비 사항

① 자기 성찰의 시간

자기소개서에는 기본적으로 성장 과정, 학교 생활, 성격의 장단점 등이 포함된다. 이러한 항목을 작성하기 위해서는 자신의 어린 시절부터 지금까지의 모습을 반추하는 자기 성찰이 필요하다. 자기 성찰을 위해 다음에 대해 생각해 보자.

가. 나의 부모님 및 형제자매는 어떤 사람들인가? 그리고 이들은 나에게 어떤 영향을 주었는가?
나. 지금까지 가장 기억에 남는 슬펐던 일이나 기뻤던 일은 무엇인가?
다. 가장 존경하는 사람은 누구이며, 그 이유는 무엇인가?
라. 나의 신조는 무엇이며, 그 이유는 무엇인가?
마. 스스로 자랑스럽다고 느꼈던 일이나 부끄럽다고 여겼던 일은 무엇인가?
바. 나의 자존감을 높였던 일은 무엇인가?

② 제출 기관 및 업무에 대한 조사

자기소개서는 취업, 봉사 활동, 장학금, 연구 프로젝트 신청 등을 위해 다양한 기관에 다양한 목적으로 제출된다. 금융 기관, 교육 기관, 공공 행정 기관, 출판사, 이벤트 회사, 전자제품 업체, 사회적 기업, 한국국제협력단, 한국국제교류재단, 한국장학재단, 한국연구재단 등 자기소개서를 제출해야 하는 기관은 무궁무진하다. 이때 자기소개서 심사자에게 자신을 선택하도록 설득하기 위해서는 제출 기관이 지향하는 기업 정신, 업무의 성격, 기업이 선호하는 인간상 등에 따른 맞춤형 자기소개서를 작성해야 한다. 이를 파악하기 위해서는 제출 기관에 대한 꼼꼼한 정보 조사가 선행되어야 한다. 흔히 샘플용 자기소개서를 써 놓고 여러 기관에 동일한 내용을 제출하는 일이 있는데 이는 절대적으로 삼가야 한다.

요즘 웬만한 기관은 홈페이지를 갖추고 있으므로 기관에 대한 정보 조사는 크게 어려운 일이 아니다. 만일 홈페이지가 없는 경우라면 각종 기사를 통해 간접적으로 정보를 얻을 수 있으며, 이조차 힘든 경우라면 기관의 인사 담당자에게 직접 전화를 해보는 것도 좋다. 자기소개서를 제출 예정인 기관에 대해 알아볼 내용은 다음과 같다.

> 가. 기관의 기업 정신, 경영 철학은 무엇인가?
> 나. 기관의 장단기 목표는 무엇인가?
> 다. 기관의 연혁은 어떠하며, 현재 대표자는 누구인가?
> 라. 기관에서 요구하는 인재상은 어떠한가?
> 마. 기관의 규모는 어떠한가?
> 바. 지원하는 분야 및 업무 내용은 구체적으로 어떠한가?

만일 취업이나 봉사 활동이 아닌 장학금이나 연구 프로젝트를 신청하기 위한 자기소개서라면 다음과 같은 정보를 수집할 필요가 있다.

> 가. 기관에서 장학금이나 연구 프로젝트를 지원하는 학생의 자격은 어떠한가? 학과 및 전공, 학점 등에 제한은 없는가?
> 나. 장학금이나 연구 프로젝트 지원 후 학업 결과보고서, 연구 결과보고서 등 기관에서 추가로 요구하는 사항은 없는가?

※ 추천자 섭외 및 추천 요청

취업은 물론, 장학금이나 연구 프로젝트 신청 시, 기관에 따라 추천서를 제출해야 하는 경우가 있다. 이때 학생들은 주로 지도교수에게 추천서를 부탁드리게 되는데, 추천서 작성에 필요한 시간을 충분히 계산하여 지도교수에게 요청해야 한다. 또한, 추천서 작성에 참고가 되는 자기소개서, 연구계획서 등을 지도교수에게 함께 드리도록 한다. 지원자 자신에 대한 풍부한 정보 제공 및 충분한 시간이 설득력 있는 추천서 작성에 도움이 되므로 기본 자료를 미리 준비해 두어야 한다.

추천자는 자신의 이름을 걸고 지원자를 해당 기관에 추천하는 것이므로 지원자의 선발 결과를 궁금해 할 수밖에 없다. 따라서 지원자는 선발 여부와 관계없이 지원 결과가 발표되면 추천자에게 반드시 그 결과를 직접 말씀드리는 예의를 갖추어야 한다.

2. 자기소개서 작성 방법

① 인과 관계를 구체적으로 기술하라.

자기소개서는 나를 모르는 사람에게 나를 소개하면서 선택해 달라고 설득하는 글이다. 따라서 지금의 나를 형성하는 데 근거가 되는 것을 구체적으로 기술해야 한다.

"저는 매우 성실합니다"라는 것만으로는 성실함을 보여줄 수 없다. 지원자는 자신을 성실하다고 생각하나 주위의 다른 사람들은 그렇지 않다고 판단할 수도 있다. 또한, 지원자 스스로 본인은 그다지 성실하지 않다고 생각하나 시중에 출판됐거나 인터넷에 돌아다니는 '자기소개서 쓰는 방법'의 단골 메뉴가 '성실'이기 때문에 자기소개서에 썼을지도 모르기 때문이다. 따라서 어떤 과정이나 경험을 통해 성실함이 입증되었는지에 대한 구체적 기술이 필요하다. 즉, "저는 초등학생 때부터 지각이나 결석을 한 적이 없으며, 대학 신문사에서 기자로 활동할 때 기사 제출 마감 시간을 놓친 적도 없습니다" 등 성실성을 입증할 수 있는 구체적인 근거를 보여주어야 한다.

"영어 실력은 고급 수준으로 외국인과 대화를 하는 데 불편함이 없습니다"라고 썼다면 영어 면접을 하기 전까지는 지원자의 영어 실력이 고급 수준인지 알기 힘들다. 따라서 호주에서 중학교 시절을 보냈다거나 학원에서 좋은 성적으로 고급반을 수료했다, 또는 대학생 영어 토론 대회에서 수상을 했다 등의 근거를 구체적으로 기술해야 한다. 외국인과 영어로 대화할 때 생긴 작은 일화를 소개하는 것도 자기소개서의 재미를 더하는 데 중요한 역할을 한다.

② 다른 지원자와 차별되는 경험을 기술하라.

오늘을 살아가는 우리들이 흔히 듣는 말 중의 하나가 '정답 사회'이다. 많은 학생들이 정답이라고 하는 거의 유사한 경로를 따라 성장해 왔으며, 대학에서의 스펙 쌓기도 마치 정답이 정해져 있는 듯하다. 따라서 유사한 스펙을 지닌 지원자들 중에서 독특한 경험이나 경력이 있는 지원자가 돋보이기 마련이나, 인사 담당자의 입장에서는 그런

지원자를 찾는 데 어려움이 많은 것도 사실이다. 그렇다고 '정답 사회'를 비판만 하고 있을 수도 없는 일이며, 지금까지 갖추지 못한 스펙을 추가로 더하기 위한 부담을 감수하기도 어려운 일이다.

여섯 가지의 아르바이트, 3개월간의 배낭여행, 6개월간의 해외 연수, 한 학기 동안의 동아리 임원 활동, 일 년간의 봉사 활동 등 학교 생활에서의 활동에 거의 차이가 없는 세 가지의 자기소개서가 있다고 치자. 인사 담당자는 세 가지의 자기소개서에 모두 동일한 점수를 줄 것인가? 결국 자기소개서의 점수를 결정하는 것은 다양한 활동에서 지원자 스스로 의미를 부여한 독특한 경험이다. 따라서 어떠한 활동들의 단순 나열이 아니라, 그 활동들에서 경험한 것, 그리고 그 경험이 나에게 어떤 가치가 있는지를 찾아야 한다.

"3개월간 10개국을 돌아다니며 세계 여러 나라의 친구들을 만났습니다"보다는 "3개월간 배낭여행을 하는 동안 다양한 배경과 생각을 가진 친구들을 만났으며, 그들과 지금까지도 SNS를 통해 교류하면서 제가 알지 못하는 세계에 관심을 갖게 되었습니다"와 같이 지금의 나에게 배낭여행에서의 경험이 어떤 가치를 부여하는지를 기술하도록 한다. 그리고 이러한 경험에 대한 가치 부여가 내가 지원하는 분야에 적합하다면 인사 담당자의 눈길을 끌 것이다. 이 경우에는 해외 영업이나 해외 봉사 업무에 적합할 수 있다.

한편, 평점평균 4.0점, 즉 A학점 이상의 지원자가 수두룩한 가운데 3.4점인 자신의 학점은 부족하게 보일뿐더러 이 때문에 자신감을 잃기도 한다. 그러나 다른 지원자가 A학점을 받기 위해 공부하는 동안, B학점을 유지하면서 다른 지원자가 겪지 못한 경험으로부터 지원하는 분야에서 더욱 돋보일 수 있는 그 무언가를 찾았다면, 기업은 B학점의 지원자를 환영할 수 있다. 사회에서의 인정은 성적순이 아니다. 단지 그 무언가를 못 찾았을 뿐임을 기억해야 한다.

③ 간결하고 명료하게 기술하라.

자기소개서는 나를 글로 보여주는 수단이므로 한 치의 오류도 없어야 한다. 대화 상황이라면 상대방이 나에 대해 추가로 알고 싶어하는 내용이나 잘못 인식할 수 있는 내용을 직접 구두로 설명할 수 있으나, 자기소개서에서는 그럴 수 없다. 따라서 오해 없이 나에 대해 정확하게 소개하기 위해서는 간결하며 명료하게 기술해야 한다.

내용 설명을 위한 미사여구가 들어가고 수식 성분이 추가될수록 문장은 길어지게 마련이다. 그리고 문장이 길어질수록 의미 파악에 혼선이 올 가능성은 커진다. "나와 같이 기숙사에서 지내던 친구의 동생은"은 나와 내 친구 또는 나와 내 친구의 동생이 함께 지냈다는 두 가지 의미로 해석 가능하다. 이런 오해를 줄이기 위해서는 "나는 기숙사에서 친구와 함께 지냈다. 그 친구의 동생은"과 같이 한 문장을 나누어 표현하는 것이 좋다. 이처럼 가급적 짧고 간단한 문장으로 기술하는 것이 의미를 정확하게 전달하는 데 유용하다.

한편, 지나치게 전형적이며 틀에 박힌 미사여구는 읽는 이가 누구든 매력적으로 느껴지지 않는다. "엄하신 아버지와 자상하신 어머니는 우리 삼남매를 키우시며 화목한 가정을 일구셨습니다", "넓고 푸른 바다가 보이는 작은 집에서 푸른 꿈을 안고 성장하였습니다" 등과 같이 전통적으로 흔히 쓰여 온 표현은 신선함을 떨어뜨린다. 자기소개서는 나를 매력적인 인물로 보이도록 해야 한다. 다른 지원자와 차별되는 매력을 보여주기 위해서는 내용뿐만 아니라 문장에 사용되는 표현에도 신선미가 넘쳐야 할 것이다.

④ 진심을 담아 사실대로 기술하라.

한때, '진정성'이라는 단어가 방송에서 유행어처럼 자주 쓰인 적이 있다. 그래서 지금은 오히려 '진정성'의 가치가 떨어진 듯 보이기도 한다. 그러나 '진정성'이야말로 나를 투명하게 보여줄 수 있는 것임을 명심해야 한다. 진정성 있는 자기소개서는 자신이 진정으로 원하는 업무 분야에 지원할 때 비로소 나타난다.

본래 그리 창의력이 풍부하지 못함에도 불구하고, 일단 취업을 하고 보자는 심정으로 기획부에 지원하면서 자기소개서에 창의적인 사람이라고 쓰는 경우가 있다. 다행스럽게도 서류 전형에 합격하여 면접을 보게 되었다고 해도 면접 시 몇 가지 질문을 통해 자신의 본래 성격은 들통 나게 마련이다. 이런 식으로 취업 전선에서 고배의 잔이 늘어날수록 자신감은 떨어진다. 따라서 우선적으로 자신에게 맞는 업무가 무엇인지 탐색하고 그 업무에 적합한 준비를 차근차근 해 나가야 한다.

한편, 창의력이 풍부하지 못한 지원자라면 창의성이 업무 수행에 크게 중요하게 여겨지지 않는 분야에 지원을 하면 된다. 창의력이 뛰어나서 늘 새로움과 개성이 강한 아이디어를 만들어내는 직원을 선호하는 기업이 있는 반면, 맡은 일을 안정적이며 변함없이 차분하게 수행하는 직원을 선호하는 기업도 있다.

⑤ 지원 기관에서 제시한 형식을 지켜 기술하라.

최근에는 입사지원서나 봉사, 장학금, 연구 프로젝트 신청서와 함께 자기소개서 양식을 제공하는 기관이 많아졌다. 자기소개서 양식을 제공하는 기업에서는 보통 성장 배경, 학교 생활, 성격의 장단점, 지원 동기, 입사 후 포부 등을 적는 공간을 별도로 만들어 두며, 대체로 A4용지 두 장 정도의 분량을 작성하도록 요구한다.

그러나 특별한 자기소개서 양식이 없는 경우에는 입사 동기 및 입사 후 포부에 50% 정도의 비중을 두도록 한다. 나머지는 자신이 해당 기업 및 업무 분야에 적합한 사람임을 부각할 수 있는 경험을 중심으로 작성한다.

자기소개서 양식이 제공된 경우 글자 모양은 양식에 맞춰야겠지만 그렇지 않은 경우에는 명조체가 가장 무난하다. 글자 크기 11포인트, 줄간격 170% 정도로 읽기 편하게 작성한다.

3. 자기소개서의 주요 내용

자기소개서 양식이 주어진 경우, 기본적으로 기술하게 되는 내용은 다음과 같다.

① 성장 배경

기업의 인사 담당자에 따라 다르겠지만 성장 배경이 다른 가정과 별반 다르지 않은 평범한 지원자를 원하기도 한다. 그러나 평범한 내용이라도 자신의 기억에 남는 일화를 소개하면 훨씬 매력적인 글이 될 수 있다. 수백 장의 자기소개서를 읽으면서 평범한 성장 배경에 흥미를 잃은 인사 담당자의 눈을 끝까지 잡도록 해야 한다. 일반적으로 성장 배경은 자기소개서의 초반에 나오기 때문에 초반에 인사 담장자의 흥미를 유도해야 하는 것이다.

만일 가정 환경이 어려웠다면 이를 극복한 경험을 소개하는 것도 좋으며, 여러 측면에서 평범하다고 보기 어려운 경우라면 그러한 환경이 자신의 인성 및 가치관 형성에 긍정적인 영향을 미쳤다는 것을 부각할 필요도 있다.

저는 1984년 5월 3일, 따스한 봄날에 2남 1녀 중 장남으로 태어났습니다. 대단하지는 않지만 그런 대로 안정적인 직장에 다니시던 아버지 덕에 크게 어려움을 모르고 어린 시절을 보냈습니다. 그러다가 중학교 때 아버지께서 불의의 사고로 직장을 그만두신 후부터 약간의 경제적 어려움을 겪었습니다. 그러나 그것이 오히려 가족 간의 끈끈한 정을 키우고 저 자신도 혼자만의 좁은 울타리를 벗어나 좀 더 넓게 현실을 볼 수 있는 계기가 되었습니다. 게다가 아버지는 비록 몸이 불편하셨지만, 자식들에게 부끄럽지 않은 인생을 보여주시려고 노력하셨고, 어머니는 궁핍한 가운데 절약 속에서도 풍요로운 삶이 어떤 것인지 보여주셨습니다. 세상을 살아가는 데 있어 돈이 없어도 안 되지만 돈만으로 행복이 보장되지 않는다는 것을 가르쳐 주신 것입니다. 한때 온 가족이 둘러앉아 수제비를 만들어 먹으며 가난도 별 것 아니라며 함께 웃던 기억이 지금도 생생합니다.

② 학교 생활

대학 생활이 주를 이루게 되며, 전공을 비롯하여 부전공 및 복수전공과 관련된 내용이 포함된다. 인상적이었던 교과목이나 특강이 있을 경우 이것이 지원자의 가치관이나 인생의 행로에 미친 영향을 기술할 수도 있다.

만일 업무 분야가 전공과 관련되지 않는다면 학업과 관련된 내용은 간략히 작성하되, 아르바이트, 봉사 활동, 동아리 활동 등 사회에서의 다양한 경험을 부각하면 된다. 중요한 점은 앞서 언급한 바와 같이 경험의 단순 나열이 아니라 각각의 활동을 통해 무엇을 배우고 어떤 능력을 기르게 되었는지를 구체적으로 기술해야 한다는 점이다.

저는 원하던 대학에 들어간 후에 무엇보다도 학업에 충실하고자 노력하였습니다. 제 전공인 국어국문학 공부를 열심히 하는 가운데 틈틈이 언론정보학과의 강의를 듣기도 했습니다. 그리하여 언어와 문학, 문화의 연결짐에 대해 많은 생각을 하게 되었습니다.

대학에서의 아르바이트와 취미 생활을 저는 대학신문사에 들어가 학생 기자로 일하는 것으로 대신하였습니다. 등록금 보조를 받기도 하였지만, 무엇보다도 제 취향에 맞아 나중에 문화부장까지 맡게 되었고, 특히 대학 문화의 올바른 방향 정립에 대해 관심을 기울였습니다. 모두들 취업 공부에 매달려 대학 문화가 황폐해지는 것을 보며, 대학 문화의 지향점에 대한 특집을 기획하여 학우들의 호응을 받은 일도 있습니다. 4학년 때는 후배들에게 신문사 일을 물려주고 제 자신의 내실을 다지기 위해 집중적으로 전공 공부를 하느라 다소 신문사와 멀어졌지만, 신문사에서의 경험은 저에게 사회를 보는 눈과 문화적 기획력을 키워 주었습니다. 남들이 많이 가는 해외연수는 비록 못 가 보았지만, 신문사의 취재 활동으로 몇 번 짧은 해외여행을 하는 동안 세상을 보는 시야를 넓힐 수 있었습니다.

③ 성격

누구나 장·단점이 있다. 따라서 장점만을 강조하는 것은 신뢰를 떨어뜨리므로 단점도 함께 기술하도록 한다. 그러나 단점이 장점으로 작용하는 경우가 있었다면 이를 상세히 기술하는 것도 좋다.

요즘 '선택 장애'라는 말을 흔히 한다. 만일 자신이 '선택 장애'라고 생각한다면 오히려 선택을 할 때 신중하게 생각하고 결정하므로 결정은 느리나 이 때문에 큰 시행착오를 겪지 않았다는 점을 부각하면 된다. 이러한 경험을 기술하기가 힘들다면 단점을 개선하기 위한 노력과 의지를 솔직하게 표현하도록 한다.

성격은 자칫 잘못하면 주관적인 기술에 머물 수도 있기 때문에 자신의 별명, 취미, 가치관에 영향을 미쳤던 인물이나 일화를 소개하면서 구체적인 근거를 제시하는 것이 좋다. 또한 자신의 성격이 조직 생활 및 업무 수행에서 어떤 역할을 담당할 수 있는지 보여주도록 한다.

제 성격을 한 마디로 표현하자면 어려운 생활 속에서 닦아 온 은근과 끈기라 하겠습니다. 어떤 일이고 한번 손대면 빠르지는 못하나, 은근히 그리고 끈기 있게 해나가며 나중에는 완벽하게 해 놓아야 만족하는 성격입니다. 게다가 신문사 문화부장을 맡아 리더십과 책임감도 길렀습니다. 학내의 현안에 대해 여러 의견들을 조율하고 사태의 내면을 파악하는 힘도 길렀습니다. 그리하여 겉으로는 그리 강인해 보이지는 않지만, 저 자신과의 싸움에서는 항상 강하다고 생각합니다.

대학신문사도 하나의 '작은 사회'였기에, 그 속에서 열심히 일한 만큼 저 자신도 그만큼 성장했다고 봅니다. 취업을 위한 공부와 신문사 기자 생활 사이에서 고민하던 후배들이 내분에 휩싸여 신문사가 위기를 겪었을 때, 후배들과 술을 마시며 세상을 넓게 보자며 설득하여 위기를 넘겼던 적이 있습니다. 그 당시 한 후배는 저에게 이렇게 말했습니다. "형 속에는 형보다 더 훌륭한 또 다른 형이 있는 것 같아." 저는 그 말을 생각하며 더욱 저 자신을 채찍질하고 있습니다.

④ 지원 동기

해당 기업 및 업무 분야에 지원하는 동기를 분명히 밝혀야 한다. 인사 담당자가 지원자의 분명한 동기를 파악하기 힘들다면 탈락 대상 1순위를 차지하고 말 것이다. 자신의 성격과 가치관, 전공, 사회에서의 경험들이 지원하는 기업에 얼마나 적합한지를 기술하고 해당 기업의 업무를 위해 어떤 역량을 키워 왔고 노력해 왔는지 밝혀야 한다. 이를 좀 더 구체적으로 작성하기 위해서는 기업의 창업 정신, 경영 이념, 장단기 목표, 업무 내용 등에 대한 사전 조사가 반드시 선행되어야 할 것이다.

대학 졸업을 앞둔 지금, 저는 귀사의 문을 두드리고 있습니다. 무엇보다도 제가 그 동안 관심을 가져온 문화 콘텐츠 사업을 하는 회사라는 점이 지원 동기의 핵심입니다. 비록 규모는 크지 않지만 회사 구성원의 개성이 존중받고 있으며, 자유로운 분위기라는 선배의 조언도 도움이 되었습니다. 게다가 귀사의 창업 정신인 '올바른 한국 문화 정립'이 저에게는 무척 보람 있는 일로 보였습니다.

⑤ 입사 후 포부

입사 후 기업의 발전을 위한 자신의 포부와 비전을 강조하도록 한다. 시키는 일을 잘하겠다는 식의 소극적인 태도보다는 기업의 발전을 위한 아이디어를 간략히 기술하면서 자신의 희망과 능력을 부각하는 것도 좋다. 그러나 회사의 실정에 맞지 않는 지나치게 큰 포부는 인사 담당자에게 부담으로 느껴질 수 있다. 따라서 포부를 작성할 때도 회사의 규모나 장단기 계획을 꼼꼼히 살펴봐야 한다.

또한, 회사의 발전을 위해 자신의 건강과 시간을 모두 바치겠다는 식의 무모한 희생은 신뢰성이 떨어진다. 따라서 회사의 발전뿐만 아니라 자기 계발을 위해 어떤 계획을 세우고 있으며 어떤 노력을 할지 구체적으로 언급할 필요가 있다.

> 귀사에 들어가면 우선 열심히 업무 파악을 하여 회사에서 꼭 필요한 인재가 되도록 노력할 것입니다. 귀사에 들어오기 위해 그 동안 갈고 닦은 역량을 발휘하여 '준비된 신입 사원'이라는 말을 듣기 위해 노력하겠습니다. 저에게 입사의 기회를 주신다면 회사의 발전과 저의 발전이 일치하는 행복한 삶을 이루어 나갈 자신이 있습니다. 저에게 기회를 주시기 바랍니다.

연습문제

① 다음 장학생 선발 공고를 읽고, 제시된 양식에 알맞게 자기소개서를 작성하시오.

2016년도 한국지도자육성장학재단 장학생 선발 안내(www.kosffl.or.kr)

다음 세대를 이끌어갈 우리 사회의 참다운 일꾼을 찾기 위해 장학생을 선발합니다.

- 목적: 다양한 분야에서 공동체가 공감할 수 있는 비전을 제시하고 긍정적 모범을 통하여, 공동체의 신뢰와 협력을 이끌어 내어 국가와 민족을 위해 헌신할 수 있는 차세대 지도자 육성-
- 추천대상: 2016학년도 1학기 기준 3학년 진학 예정자
- 추천인원: 1~2명 (2016년도 재단 장학생 최종 선발예정 인원 75명 중 본교에서 추천한 학생들 모두가 선발 또는 탈락할 수도 있음)
- 장학금액: 등록금(수업료 및 기성회비) + 학업보조비(연간 150만원)
- 지급기간: 2년(4학기 이내) 단, 장학금 지급 중지 사유에 해당하지 않아야 함
- 선발절차: 대학교[장학팀] 지원서류 접수 → 대학교 추천(2명) → 재단심사(서류 및 면접) → 선발
- 자격요건: 공동체(교내·외)의 발전을 위해 리더십을 발휘하여 활동한 경험(공동체 활동, 창의 활동, 봉사 활동 중 최소 1가지 이상)이 있고, 앞으로도 구체적 계획을 하고 있는 학생 중 아래 모두에 해당하는 학생
  1) 2016년 1학기 기준 3학년 진학 예정 학생 중 60학점 이상 이수한 학생
  2) 전체학년 평점평균이 3.5/4.5 이상인 학생
  3) 소득분위 8분위 이하인 학생
  4) 교내외 장학금을 수혜 받지 않는 학생
  5) 학칙에 의한 징계사실(학사징계 포함)이 없는 학생
- 구비서류
  1) 장학생지원서(재단양식) 1부
  2) 추천서(재단양식) 3부
  3) 자기소개서(재단양식) 3부
  4) 성적증명서 1부【전체학기(2015년도 1학기까지 기재) 성적증명서】
  5) 소득분위 8분위 이하 증빙서류(한국장학재단 소득분위 화면캡쳐)
  6) 자기소개서 관련 증빙서류【공동체활동, 창의활동, 봉사활동, 수상실적】
  7) 개인(신용)정보 수집·이용·제공 및 조회 동의서 1부

자 기 소 개 서(1)

■ 인적사항

성명		성별		생년월일		학번	
학교	대학교				학과(부)		학년
성적	전체학기 평점평균 성적 /				총 취득학점 수	( )학점	
추천 경로							

■ 성장 배경과 장학금을 받고자 하는 이유를 간략히 기술하시오.

【자기소개서(1), 작성방법】

- 『추천경로』 항목에는 소속대학교에서 추천 받은 경로를 간략히 기술(2~3줄)
- 3부 제출(워드로 작성하여 3부 출력해 제출하시면 됩니다)
- 작성방법은 삭제하고 위의 양식에 따라 작성하되 서식의 크기, 여백 등은 편집해서 사용 가능《자기소개서(1) 전체분량은 A4 용지 1매》

자 기 소 개 서(2)

항목	내　　　용
공동체 활　동	1. 사회공동체 또는 타인을 위하여 공동체(단체)에 참가하여 활동한 경험 【사회단체, 학생회, 동아리, 학보사, 학회 등】
창의 활동	2. 사회공동체에 유익한 새로운 창안이나 제안, 창작 등의 경험과 실적 【창안대회, 발명대회, 공모전, 학술제, 경진대회, 신춘문예 등】
봉사 활동	3. 사회공동체 또는 타인을 위한 봉사활동(나눔, 배려 등) 경험 【봉사활동, 기부, 헌혈, 장기기증 등】
향후 계획	4. 앞으로의 활동(공동체 일원으로 사회발전에 기여)에 대한 계획
수상 실적	5. 수상 실적이 있는 경우 대회의 수준, 수상내역, 참가자 수 등을 구체적으로 기술

【자기소개서(2), 작성방법】

- 재단에서 작성한 항목별 내용 설명은 삭제하고 위의 양식에 따라 작성하되 항목별 분량은 자유롭게 조절하여 작성할 것《자기소개서(2) 전체 분량은 A4용지 3매 이내》
- 대학교 입학 이후 활동실적만 기술할 것
- 3부 제출(워드로 작성하여 3부 출력해 제출하시면 됩니다)

② 다음의 코이카 해외봉사단원 선발 안내를 읽고, 인터넷에 제시된 양식에 알맞게 자기소개서를 작성하시오.

코이카 해외봉사단(www.koica.go.kr)

• 사업 개요

1) 해외봉사단 파견 사업은 대표적인 국민참여형 협력사업으로 개발도상국에 파견된 우리 국민들의 봉사활동을 통해 파견국의 빈곤감소와 지속가능한 발전을 지원하는 사업입니다. 교육, 보건의료, 정보통신, 농촌 개발 등 다양한 분야에 파견되는 우리 해외봉사단원들은 자신의 지식, 기술, 경험의 전수를 통해 개발도상국의 발전을 지원하고 있습니다.

2) 해외봉사단원들은 현지 주민들과 함께 생활함으로써 서로의 문화를 배우고 이해하는 계기를 마련하고, 한국에 대한 이해와 관심을 높이고 나아가 양국 간 우호관계를 증진하고 있습니다.

3) 2년간의 활동을 마치고 귀국한 해외봉사단원들은 해외봉사활동 경험과 활동 중 습득한 현지어 능력을 우리 사회에 환원하거나 한국국제협력단, NGO 및 국제기구를 통해 지속적으로 개발원조사업에 참여하고 있습니다.

• 파견 기간 : 2년(현지적응교육 8주 포함)

※해외봉사단원이 희망하는 경우 파견국 주재 공관, 국제협력단 해외사무소, 현지 소속기관 등의 의견과 현지 봉사활동 평가를 종합하여 활동기간 연장 가능

• 지원 자격 : 일반 단원은 만 19세 이상으로 대한민국 국적을 가진 자

(단, 남자는 병역을 필했거나 면제된 자)

• 전형 방법

1) 1차 전형 : 지원 직종과 관련된 전공, 경력, 자격증 등 서류

2) 2차 전형

- 기술면접 : 지원 직종에 대한 전문지식 심사
- 일반면접 : 봉사자로서 갖추어야 할 기본소양 심사

지원서작성 및 확인

지원서 작성

다음 버튼을 누르면 이전 화면까지 적은 내용이 자동 저장됩니다. ◀PREV 이전 | 임시저장 | 다음 NEXT▶

1. 기본사항	2. 경력사항	3. 기타사항	4. 자기소개서 »	» 5. 지원서확인

■ 자기소개서

자기소개서 항목을 불성실하게 작성할 경우 불합격처리 될 수 있음을 유념하여 주시기 바랍니다.
* 자기소개서 작성시, 메모장, 한글이나 다른 워드 프로그램에서 미리 작성하신뒤, 복사 및 붙여넣기 해서 사용하시기를 권장합니다.
* 한시간 이상 입력이 없을 경우 자동 로그아웃 됨을 유의하시기 바랍니다.

* 해외봉사단에 지원하게 된 동기는 무엇입니까? (최소 400Byte 이상) [0 / 1000]byte

* 자신의 삶에서 가장 중요한 사건이나 경험과 그로 인한 영향 또는 변화는 무엇입니까? (최소 400Byte 이상) [0 / 1000]byte

* 지원분야와 관련하여 다른 지원자와 차별화되는 자신만의 강점은 무엇입니까?[0 / 1000]byte

* 지원분야와 관련있는 교육, 훈련, 연구 등의 경험과 파견국에서 그 경험의 활용방안은 무엇입니까? [0 / 1000] byte

* 해외봉사활동 기간 동안 반드시 해보고 싶은 일과 그 이유는 무엇입니까? [0 / 1000]byte

* 해외봉사활동을 마친 후의 계획은 무엇입니까? (최소 400Byte 이상) [0 / 1000]byte

1. 기본사항 | 2. 경력사항 | 3. 기타사항 | 4. 자기소개서 » | » 5. 지원서확인

다음 버튼을 누르면 이전 화면까지 적은 내용이 자동 저장됩니다. ◀PREV 이전 | 임시저장 | 다음 NEXT▶

③ 졸업할 무렵에 취업을 위해 쓰게 될 자기소개서를 상상하면서 앞으로의 대학 생활에 대한 계획을 A4용지 1~2매로 작성해 보시오.

1) 대학 졸업 무렵을 현재 시점으로 하여 대학 생활 4년을 돌아보며 쓸 것

2) 대학 4년간의 학업을 비롯하여, 아르바이트, 봉사 등의 활동을 구체적으로 쓸 것

3) 자신의 진로를 분명히 하고 지원하는 기업이나 업무에 맞춰 쓸 것

4) 성장 배경, 학교 생활, 성격, 지원 동기, 앞으로의 포부 등이 드러나도록 쓸 것

보고서

보고서는 어떤 사실이나 행위를 수행한 결과를 정리하고 보고하는 목적의 글이다. 학부생이 주로 쓰게 되는 보고서는 어떤 사실에 대해 조사한 내용을 정리한 조사 보고서, 특정 지역에 답사를 다녀온 후 답사 경위와 결과를 정리한 답사 보고서, 각종 공연이나 작품을 보고 이를 소개하며 자신의 소감을 밝히는 참관 보고서, 이밖에 강의를 수강하면서 교수가 제시한 다양한 과제에 대해 자료를 수집하고 정리하여 이를 바탕으로 자신의 주장을 피력하는 연구 보고서 등이 있다.

보고서는 취업 후에도 다양한 형태로 활용되는데, 출장 후 출장 경위 및 결과를 정리한 출장 보고서, 매출 현황을 분석하고 매출을 증대시키기 위한 방안을 제시한 매출 현황 보고서, 수요자의 요구를 분석하고 이를 새로운 제품을 개발하는 데 활용하는 수요자 요구 분석 보고서 등 보고서의 종류와 양식, 구성은 각기 다르더라도 사회생활을 한다는 것 자체가 '보고의 삶'이라고 해도 과언이 아닐 정도이다.

이에 보고서 작성 시 반드시 염두에 두어야 할 사항들을 파악하고 실제 보고서를 써보는 일은 대학에서의 학업 능력과 사회에서의 업무 능력을 향상시키는 밑거름이 될 것이다.

1. 보고서 작성 시 주의 사항

① 보고서의 제시 의도를 정확하게 파악한다.

대학에서 보고서는 주로 교수가 제시한다. 교수가 제시하는 보고서가 문헌 조사 보고서라면 문헌을 읽고 이것의 핵심 내용을 정확하게 요약하는 능력을 평가하기 위한 것이다. 답사 보고서라면 특정 지역을 돌아다니며 교수가 제시한 과제를 성실하게 수행했는지, 결과물을 정확하게 수집하여 정리했는지를 평가하기 위한 것이다. 이밖에 참관 보고서, 연구 보고서 등은 어떠한 요인이 평가 대상이 될지를 파악해야 한다. 자료 수집의 정확성인지, 자료 분석력인지, 창조적 대안인지, 학생의 감수성을 최대로 끄집어내기 위한 것인지 등 교수가 보고서를 통해 학생이 성취하길 바라는 것이 무엇인지를 정확하게 파악하지 않으면 좋은 보고서를 쓰기 힘들다.

교수의 의도를 파악할 자신이 없으면 질문하면 된다. 그러나 사회에서는 질문을 할 대상조차 찾기 힘들므로 지금부터 보고서에서 요구하는 바가 무엇인지 스스로 파악하는 연습을 해야 한다.

이는 기본적으로 교수가 강의를 통해 지향하는 바가 무엇인지 분명히 알아야 해결된다. 또한, 강의의 흐름을 전체적으로 잘 따라가면서 보고서가 부과되는 시점에서의 강의 전후의 내용에서 답을 찾을 수 있다. 따라서 학기 초 수업 첫 주에 결석해서는 안 된다. 간혹 결석이 잦은 학생이 보고서를 빠짐없이 제출했다고 해서 좋은 성적을 받기를 원하는 경우가 있는데, 이는 큰 오판이다. 강의의 지향점과 전체적인 흐름을 파악할 수 없었으므로, 교수의 의도 파악에서 실패했기 때문이다.

② 사실에 기반한 정보를 제공한다.

보고는 사실에 기반해야 한다. 조사, 답사, 참관, 연구 등의 내용에 거짓이 있어서는 안 된다. 교수가 보고서를 제시하는 이유는 학생이 사실적 자료를 찾아 정리하면서 과제에 대해 고민하고, 문제 해결에 적절한 대안을 탐구하면서 사고력과 분석력을 향상시키도록 하는 데 있다. 사고력과 분석력의 바탕이 되는 자료가 사실성이 떨어진다면 대학에서 지향하는 사고력과 분석력은 찾을 길이 없다.

요즘 출처가 불분명한, 또는 출처가 명시되어 있더라도 신뢰성이 떨어지는 인터넷 자료를 보고서에 그대로 싣는 경우가 증가하고 있다. 더욱 심각한 것은 이것을 마치 자신이 조사한 자료인 양 출처를 명시하지 않고 이에 대해 어떤 문제점도 느끼지 못한다는 것이다.

조사한 자료가 부족하면 부족한 대로 보고서를 쓰면 된다. 자신의 자료가 아닌 것을 가져와 분량을 채운 보고서보다는, 주어진 여건에서 거짓 없이 성실한 태도로 쓴 보고서가 좋은 인상을 준다는 점을 명심해야 할 것이다.

③ 체계적이며 논리적으로 전개되어야 한다.

보고서의 종류는 다양하며 종류에 따라 그 나름의 정해진 구성 양식이 있다. 답사 보고서라면 답사의 목적을 시작으로 하여, 준비 과정, 답사 과정이 시간적 순서에 따라 기술되고, 답사 결과와 함께 보완점이 명시되어야 할 것이다. 이것의 체계는 아주 단순하다. 시작부터 끝이 명확하다.

연구 보고서에서는 이것을 '인과적 구성'이라는 말로 바꿔 사용할 뿐이다. 특정 연구 주제를 잡았다고 생각하자. 그렇다면 이 연구 주제를 왜 선정했는지가 문제 제기 및 선행 연구를 통해 드러나야 한다. 연구를 통해 어떤 주장을 했다고 생각하자. 그렇다면 그런 주장을 왜 어떻게 하게 되었는지가 자신의 연구 방법 및 결과를 통해 드러나야 한다. 학문은 기본적으로 '왜'라는 질문에서 시작하고 이를 해결하기 위한 답을 찾아가는 과정이다. 따라서 "이러이러하다, 그래서 이렇다"를 명쾌하게 밝히지 못한 연구 보고서는 가치가 없다.

④ 독창성이 돋보이는 아이디어를 제시한다.

독창적인 아이디어는 주로 연구 보고서에서 큰 부분을 차지하게 된다. 즉, 기존 연구에서 문제점을 찾고, 이를 해결하기 위해 독창적인 연구 방법을 사용하고, 이를 통해 드러난 결과를 분석하여, 마지막으로 독창적인 제언 또는 대안을 제시하는 것이다. 그런데 독창성은 단숨에 나오는 것이 아니다. 사실적 자료를 면밀히 검토하고, 비판적이며 논리적으로 분석하기 시작해야만 비로소 독창성이 드러나게 되는 것이다.

간혹 어떤 학생들은 이러한 과정에 소요되는 시간과 노력을 견디지 못하여, 또는 소홀히 여겨 발등에 불이 떨어졌을 때 기존의 연구물을 이것저것 붙이는 경우가 있다. 다른 학자의 독창성을 베끼는 것이다. 다른 학자의 연구물이라 하더라도 이를 잘 읽으면서 체계적으로 정리하고, 인용 표지를 하고 참고문헌에 기술하는 등 출처를 밝히면 그 나름의 윤리적 태도와 성실성을 인정받을 수 있다. 그러나 자신의 양심을 속이면서 다른 사람의 글에서 빌려 왔다는 표시 없이 표절하는 일은 도둑질이나 다름없다. 은근 슬쩍 넘어가려 하지 말자. 최근 교육부의 연구윤리 관련 규정은 매년 강화되고 있다. 문단의 한두 문장만 읽어도 이런 표절은 드러난다. 만일 다른 사람을 속일 수 있을 정도의 기가 막힌 문장력을 뽐내는 학생이라면 훌륭한 문장력으로 다른 사람에게 지식과 감동을 전달하는 일에 사용해야지, 자신의 양심을 파는 데 사용하는 일이 없기를 바란다.

⑤ 독자가 편하게 읽을 수 있어야 한다.

보고서는 그야말로 보고를 위한 글이다. 따라서 독자가 그 글을 술술 읽으며 어렵지 않게 사실을 파악하고, 정보를 전달 받을 수 있어야 한다. 강의실에서의 독자는 교수와 수강생이라 할 수 있다. 따라서 자신과 동일한 수강생의 수준에 맞춘 글이 좋다. 만일 독자가 읽기에 낯선 용어를 반드시 써야 한다면 각주를 활용하거나 본문에 추가 설명을 해주면 된다.

그럴 듯한 단어와 표현으로 포장한 현학적인 글이 반드시 좋은 글은 아님을 알아야 한다. 간혹 쉬운 단어와 표현, 간략한 문장을 쓴 경우 낮은 점수를 받지나 않을까 걱정하는 학생이 있다. 그러나 좋은 글은 편하게 술술 읽히는 글임을 명심해야 한다. 또한, 글자체나 크기, 문단 간격 등을 잘 편집하고, 그림, 표, 사진 등을 적시적소에 잘 활용하는 것도 내용의 이해를 돕는 데 도움이 될 수 있다.

한편, 보고서를 검토하다가 간혹 문장 전후 맥락과 어울리지 않는 지나치게 어려운 표현, 어색한 단어가 튀어나오기도 한다. 이는 표절의 예고임을 금방 눈치 챌 수 있다. 따라서 자신의 목소리로 자신의 문체에 알맞은 글을 평이하게 써 내려가야 한다.

2. 보고서의 구성

보고서는 내용뿐만 아니라 형식도 일정한 틀을 갖추어야 한다. 보고서의 형식은 글의 논리적 흐름에 맞춘 정해진 틀이므로 보고서가 체계적으로 구성되었다는 인상을 준다. 보고서는 주로 '표지-목차-본문-참고문헌'의 형식으로 이루어지며 본문은 '서론-본론-결론'의 체계를 갖춘다.

① 표지

보고서의 표지는 제목, 교과목, 담당 교수, 제출자의 소속 학과/학부, 학번, 학년, 제출일에 대한 정보를 담고 있어야 한다. 표지가 A4용지 한 장으로 구성되기도 하나 10페이지 내외의 짧은 보고서인 경우, 별도의 표지나 목차를 두지 않고 본문을 바로 기술하는 경우도 많다. 그러나 이때에도 보고서 표지에 들어가는 정보는 모두 있어야 한다.

별도의 표지가 있는 경우	별도의 표지가 없는 경우
○○○에 대한 연구 교과목: ○○○ 담당 교수: ○○○ 제출자: ○○○(학번) 소속: ○○학과 ○학년 제출일: ○○○○년 ○○월 ○○일	○○○에 대한 연구 교과목: ○○○ 담당 교수: ○○○ 제출자: ○○○(학번), ○○학과 ○학년 제출일: ○○○○년 ○○월 ○○일 1. 서론

요즘은 이메일이나 '강의지원'의 '리포트' 방을 통하여 보고서를 제출하는 경우가 흔하다. 이때 제출자가 자신의 이름을 밝히면서 보고서를 제출하였다고 해도 보고서 파일을 열어보면 교과목명은 물론이고 제출자 관련 정보, 심지어 제목조차 없는 경우가 허다하다. 한 학기에 수십 개에서 수백 개의 보고서를 받고 성적은 부여해야 하는 교수의 입장에서 보고서 파일을 열었을 때 보고서 표지에 기본적으로 있어야 하는 정보가 없다면 제출자 파일 관리가 난감할 수밖에 없다. 따라서 웹을 통한 보고서 제출에도 보고서의 제목, 교과목명, 제출자의 기본 정보 등 보고서 표시에 작성하는 정보가 상세히 기재되어야 한다. 공 들여 쓴 보고서를 학생 스스로 끝까지 관리하겠다는 책임감을 가져야 한다.

② 목차

목차는 보고서의 내용을 일목요연하게 보여주는 기능을 한다. 본문인 '서론-본론-결론'의 순서대로 목차를 나열하되, '본론'은 보고서의 내용에 따라 두세 개의 장으로 나누는 경우도 있다. 목차의 마지막에는 보고서에서 참고한 연구물이나 자료 목록을 정리한 '참고문헌'이 반드시 있어야 한다.

목차의 구성 형식은 크게 수와 문자를 혼합한 수문식과 수만 사용한 수식으로 나뉘나, 특별히 정해진 형식은 없다. 보고서 내용의 순서와 위계를 잘 보여줄 수 있도록 작성자가 글자체와 글자 크기는 물론 들여쓰기에 신경을 쓰도록 한다. 또한, 별도의 표지를 만든 경우에도 이와 별개로 목차 위에 제목을 다시 한 번 써야 함을 잊어서는 안 된다.

본론을 하나의 장으로 구성한 목차를 예로 들면 다음과 같다.

수식 목차
○○○에 대한 연구
- 목차 -
1.
2.
2.1.
2.1.1.
2.1.2.
2.2.
2.2.1.
2.2.2.
3.
참고문헌

수문식 목차
○○에 대한 연구
- 목차 -
Ⅰ.
Ⅱ.
A.
1.
2.
B.
1.
2.
Ⅲ.
참고문헌

③ 본문

본문은 서론, 본론, 결론으로 구성된다.

서론에서는 보고서의 목적과 연구 방법을 밝혀서 보고서에서 다룰 내용 전체를 간략하게 기술하는 부분이다. 보고서의 도입에 해당되므로 독자의 흥미를 유발하는 기능도 한다. 따라서 새로 발견한 자료나 사례를 쉽고 간단하게 소개하여 보고서의 필요성을 부각할 필요도 있다. 보고서의 성격 및 분량에 따라 자신이 주장하고자 하는 바와 관련된 선행 연구 일부를 소개하기도 한다.

본론은 보고서의 핵심에 해당되므로 가장 많은 분량을 차지한다. 본문이 10페이지를 차지한다면 본론은 7~8페이지 정도로 기술하는 것이 일반적이다. 본론의 제목은 '서론'과 '결론'에 맞춰 '본론'을 그대로 사용해도 좋으나, 본론 부분이 두 개 이상의 장으로 구성될 때는 '본론1', '본론2' 등으로 할 수 없으므로, 일반적으로 각 장에 알맞은 제목으로 교체한다.

본론 작성에서 잊지 말아야 할 것은 자신이 주장하는 바를 뒷받침할 수 있는 근거를 체계적이며 논리적으로 제시해야 한다는 점이다. 또한, 다른 사람의 자료를 인용한 부분과 자신의 의견을 분명히 구분하여 작성해야 한다.

결론은 앞서 언급한 주요 내용을 요약정리하고 자신의 주장을 강조하여 보고서의 본론을 읽지 않은 사람이라도 보고서의 전체 윤곽을 파악할 수 있도록 하는 기능을 한다. 따라서 서론이나 본론에서 다루지 않은 새로운 근거나 주장이 제시되어서는 안 된다. 또한, 보고서의 한계점이나 해결해야 할 과제를 제시함으로써 앞으로 보고서에서 다룬 내용과 관련된 연구가 지속적으로 이루어져야 함을 밝힐 수 있다. 이러한 방법도 자신이 선정한 보고서의 주제가 가치가 있음을 드러낼 수 있는 방법 중 하나라 할 수 있다.

④ 참고문헌

참고문헌은 보고서 작성 시 참고하거나 인용한 자료를 참고문헌의 저자명 순으로 정리한 부분이다. 기본적으로 저자명, 출판연도, 자료명, 출판사가 반드시 있어야 하나, 학문 분야에 따라 참고문헌을 표기하는 방법에 약간의 차이가 있다. 또한, 보고서에서 인용한 참고문헌은 주석을 통해 본문에 기입을 했더라도 참고문헌에 다시 표기해야 함을 잊어서는 안 된다.

3. 보고서 작성 과정

보고서도 한 편의 글이므로 앞서 살펴본 글쓰기 과정과 크게 다르지 않다. 주제를 선정하고 주제와 관련된 자료들을 수집 조사하고 개요를 짠다. 그리고 집필에 들어가고 퇴고를 하는 과정을 거친다.

연구 보고서는 객관적인 근거로 자신의 논리와 주장을 뒷받침해야 하므로 '자료 조사와 정리'에 신중을 기해야 한다. 또한, '개요 작성'에 해당하는 '목차 구성'이 '자료 조사'와 함께 '집필' 과정에서 지속적으로 수정 보완된다. 즉, '집필' 과정에서 부족한 근거를 보완하기 위해 '자료 조사'가 다시 이루어지기도 하고 추가된 자료를 통해 '목차'

가 수정될 수도 있는 것이다.

① 주제 선정

보고서를 처음 쓰는 학생의 경우, 주제를 잡고 제목을 정하는 것부터가 쉬운 일이 아니다. 자신의 관심에 맞춰 주제를 잡는 것은 당연한 일이지만, 관심 분야에 대한 기존의 연구 성과를 어느 정도 알아야 하기 때문이다. 따라서 대체로 먼저 막연한 주제나 연구 대상을 잡고 기존 연구 논문들을 찾아 읽어 나가면서 보고서의 주제나 제목을 정하는 경우도 있다.

학생들이 연구 주제를 선정할 때 가장 많이 범하는 실수 중의 하나가 연구 주제를 너무나 넓게 잡는다는 것이다. 연구 주제의 범위가 지나치게 넓으면 연구 보고서라 할 수 없는 수박 겉핥기식의 설명문으로 끝날 수 있으며, 다른 한편으로는 연구자가 말하고자 하는 논지가 불분명해진다.

선행 연구물들이 많이 축적되어 있을수록 새로운 것을 보태기 위해서는 연구 주제를 더욱 좁게 잡아야 하는데, 그렇지 못한 경우가 허다하다. 따라서 기존의 연구 성과에 대한 검토가 반드시 선행되어야 한다.

'춘향전'에 대해 써 보고 싶다고 할 때 처음부터 지금까지 연구되지 않은 '춘향전'의 어떤 점에 대해 쓰겠다면 그보다 좋은 일은 없겠지만, 그렇지 않고 막연하게 '춘향전'에 대해 써보고 싶은 상황이라면 '춘향전'에 대한 기존 논문이나 저서를 읽으며 자신의 관심을 좁혀나가야 한다.

윤동주 시에 대해 쓰겠다고 했을 때, '윤동주 시 연구'라는 주제를 잡았다면 그 범위가 너무 넓어 '부제'를 붙여 제한하거나 아니면 아예 '윤동주 시에 나타난 저항 의식 연구', '자화상에 나타난 윤동주의 고뇌에 대한 연구' 등으로 제목을 더 좁게 잡아야 할 것이다.

한편, '이광수의 삶과 문학'은 단행본 한 권 정도의 범위를 포괄하고 있기 때문에 어떤 보고서로든 감당하기 힘든 제목이다. 또한, '이광수 작가론 및 작품론' 등의 주제는 범위도 넓거니와 주제도 둘로 갈라져서 보고서의 주제로 좋지 않다.

② 자료 수집과 정리

연구 주제를 선정하고 잠정적으로나마 제목을 정했다면 그 주제에 대한 기존의 연구 목록을 작성하여야 한다. 연구물은 저서(단행본), 학위 논문, 학술지 논문 등을 대표적으로 꼽을 수 있는데, 단행본은 도서관 서고에, 학위 논문은 학위논문실에, 학술지 논문은 연속간행물실 또는 정기간행물실에 소장되어 있는 것이 보통이다. 이들 연구물을 찾아 목록을 작성하고 읽는 과정은 상당히 힘들고 더딘 것이기는 하지만, 자신이 정한 연구 주제의 올바른 가치를 확인하기 위해서 그리고 좀 더 충실한 보고서 작성을 위해서 꼭 필요한 작업이다. 연구를 빨리 시작하고 마무리하겠다는 생각에 기존의 연구 성과 검토를 소홀히 해서는 독창적인 보고서를 쓰기 힘들다. 과거를 정확하고 올바르게 검토할 때 과거와 또 다른 발전적인 현재와 미래를 만들 수 있는 것처럼 말이다.

요즘에는 학위 논문 및 학술지 논문을 인터넷에서 검색할 수 있는 시스템이 발달되면서 도서관에 연결된 인터넷망을 통해 논문들을 검색하고 원문도 내려 받을 수 있는 경우가 많아졌다. 예를 들어 DBpia(http://www.dbpia.co.kr), Kiss(http://kiss.kstudy.com), RISS(http://www.riss.kr) 등에 접속해 보면, 관련 논문들 상당수를 내려 받을 수 있게 되어 있다. 여기에 들어가 '춘향전'을 치면 핵심어가 '춘향전'인 논문 목록이 죽 뜨는 것이다. 또한, 근래 발행된 단행본의 경우에는 e-book을 통해 인터넷으로 전문을 볼 수도 있다. 예전에 도서관 복사 카드를 사서 배낭 한 가득 복사한 자료를 채워 넣고 끙끙거리던 시대는 지나갔다. 참으로 공부하기 편한 시대이다.

그러나 아직은 논문 및 단행본 검색 시스템이 완벽하지는 않으므로 다양한 방법으로 연구물을 찾고 그 참고문헌을 뒤져 또 다른 연구물을 찾는 작업이 끊임없이 이루어져야 한다. 그야말로 꼬리에 꼬리를 무는 이 작업은 논문이 완성될 때까지도 계속되어야 하는 것이다.

도서관도 아닌, 일반 인터넷 검색을 통해 자료를 찾는 경우도 많은데, 여기에는 주의할 점이 많다. 무엇보다도 인터넷에 떠다니는 자료는 신빙성에 문제가 있을 수도 있다는 점을 명심해야 한다. 여기저기서 편집한, 정체불명의 자료들은 우리를 오히려 혼란스럽게 하며, 자료로서의 가치도 떨어진다. 또한, 인터넷상의 자료는 극히 제한적이고, 우리에게 필요한 분류가 제대로 되어 있지 않아 정작 필요한 자료는 적고 엉뚱한 자료가 함께 뒤섞여 출몰하기도 한다. 고급 지식일수록 함부로 돌아다니지 않는다.

자료를 모으면서 연구 보고서의 주제와 관련된 내용, 그리고 보고서에 인용할 만한 내용을 정리하도록 한다. 자료 정리는 자료의 주요 내용을 간략하게 요약하여 기록하고, 자료의 부족한 점이나 돋보이는 점에 대한 평가를 추가하도록 한다. 예전에는 독서

카드를 마련하여 메모하는 방식을 취했으나 요즘에는 컴퓨터에 파일로 정리할 수 있으므로 나중에 보고서에 참고문헌을 정리하거나 인용을 넣을 때 더욱 편리하게 사용할 수 있다.

③ 목차 구성

자료를 충분히 정리했다면 보고서의 구도를 짜야 하는데, 이는 보통 '목차'로 표현된다. 모든 보고서의 기본 구도는 '서론-본론-결론'이다. 그러나 목차를 통해 드러나는 것은 보통 '본론'을 두세 개로 나누어 제시한 형태이다. 예를 들어 다음 목차를 보자.

Ⅰ. 머리말
Ⅱ. 골목의 문화적 가치와 스토리텔링
Ⅲ. 대구 골목 스토리텔링의 의미와 실제
Ⅳ. 맺음말

(박승희, "지역 역사 공간의 스토리텔링 방향과 실제", 『한민족어문학』 63권, 한민족어문학회, 2013, 403-429쪽)

위의 목차는 '서론-본론-결론' 체제의 가장 단순한 변형인데, 본론이 다시 Ⅱ와 Ⅲ의 두 개의 장으로 나뉘었다. 그리고 '서론'을 '머리말'이라고 하였는데, 논문에 따라서는 '들어가며', '시작하며', '문제 제기'라 하기도 한다. '결론'도 '맺음말', '나오며', '결론을 대신하여', '문제 해결 방안' 등으로 변화를 주기도 한다. 그러나 어떤 형태이든 그것은 '서론-본론-결론'의 변형이다.

④ 집필과 퇴고

앞 단계까지의 준비가 끝나면 집필을 해야 하는데, 문제는 보고서를 쓰는 것은 '예정된' 길로만 가는 것은 아니라는 데 있다. 주제를 정하고 자료를 정리하여 목차를 정한 뒤, 어느 정도 예상된 길을 따라 써 나가지만, 보고서를 쓰다 보면 '보고서 자체의 길'이 있어 다소 옆길로 비껴가는 수도 있는 것이다. 그럴 때는 목차도 재조정하고 자료 수집도 보충해야 한다. 이러한 작업들이 지루하게 보일 수도 있으나 좋은 보고서를 쓰기 위한 당연한 과정임을 알아야 한다.

어려움은 이것만이 아니다. 때로는 컴퓨터로 작성하다가 실수로 '도로나무아미타불'이 되어 땅을 치기도 한다. 그래서 보고서를 작성하는 중에는 수시로 다른 저장 장치에 백업을 하거나 인터넷 디스크에 업로드하는 습관을 들여야 한다. 지금처럼 저장 방법이 다양한 시대에 "보고서를 다 썼는데, 파일이 날아가서 제출 마감 시간을 놓쳤다"라는 말은 비겁한 변명으로 들린다. 따라서 학생 스스로 작성 중인 보고서를 잘 관리하도록 해야 한다.

4. 인용, 주석, 참고문헌 작성

보고서 작성 시 자신의 논지를 탄탄하게 만들고 설득력을 얻기 위해 참고한 자료의 일부를 인용하는 것은 잘못된 일이 아니다. 물론 인용의 출처를 밝힐 때에 수용될 수 있는 일이긴 하다. 그런데 출처를 밝혔다고 해서 무턱대고 아무 자료나 보고서에 인용하여 상당 분량을 인용으로 채우는 것은 바람직하지 못하다. 그렇다면 어느 정도까지 인용이 허용되는지, 인용할 때 염두에 두어야 하는 몇 가지 원칙은 다음과 같다.

우선, 인용할 자료는 보고서의 주제와 관련하여 다른 사람들에게 충분히 인정받고 있으며, 그 분야에서 권위 있는 자료여야 한다. 그래야 자신의 논지를 설득력 있게 전달할 수 있다. 다음으로 인용은 적시적소에 활용해야 한다. 원자료를 잘못 해석하여 엉뚱한 곳에 배치시켜 이 부분에서 왜 인용을 하였는지 의문시되는 인용은 없느니만 못하다. 따라서 원저자의 의도를 정확하게 해석하고, 자신의 논지에 합당한 부분에서 인용을 하도록 한다.

또한, 인용하는 자료의 내용이나 형식을 함부로 바꾸어서는 안 된다. 원저자가 사용한 특정 단어나 표현이 마음에 안 든다고 해서 바꾸면 자칫 원저자의 의도가 왜곡될 수 있다. 따라서 다른 사람의 글을 인용할 때 정확한 뜻을 전달할 수 있도록 신중을 기해야 한다. 이와 관련하여 인용의 출처를 정확하게 기재해야 한다. 간혹 원저자의 이름, 자료명, 발행 연도나 인용한 페이지가 빠지거나 틀린 경우를 발견할 수 있다. 이는 기본적으로 원저자에 대한 예의가 아니며, 보고서의 신뢰성을 떨어뜨리는 일이다.

인용은 가급적 최소한의 분량으로 짧게 하는 것이 좋다. 보고서 전체 분량에서 10% 이상의 분량을 인용이 차지한다면 본말이 전도된 것이다. 또한, 인용이 지나치게 길거나 자주 등장하면 독자가 보고서의 흐름을 파악하는 데 방해가 될 뿐만 아니라 보고서의 논지를 흐리게 할 우려가 있으므로 주의해야 한다.

참고 자료를 보고서에 인용하는 형식뿐만 아니라, 인용한 자료의 출처를 밝히는 형식 또한 매우 다양하다. 일반적인 인용, 각주, 참고문헌 작성 형식은 다음과 같으나, 이 또한 보고서를 작성하는 학생의 전공에 따라 다르므로 전공에서 주로 사용하는 형식을 참고하길 바란다.

① 인용

인용에는 원문을 본문과 구별하여 인용하는 직접 인용과 보고서 작성자의 말로 바꾸어 요점만 인용하는 간접 인용이 있다. 그런데 직접 인용은 내용이 길 경우 문단 구성을 아예 달리할 뿐만 아니라 글자 크기를 줄여 시각적으로 구별하고, 짧을 경우에는 큰따옴표를 사용하여 본문에 그대로 쓴다.

한편, 인용은 자신의 연구 대상인 자료(작품)의 본문을 그대로 인용하는 경우와 그에 대한 다른 사람의 글을 인용하는 경우로 나눌 수 있다. 보통 전자를 '1차 자료'라 하고 후자를 '2차 자료'라 하는데, 1차 자료 인용은 그 대상 자료를 해석하기 위한 것이지만 2차 자료 인용은 보통 자신의 의견을 내세우기 위해 비판하거나 아니면 동의를 얻고자 하는 것이다.

이러한 인용을 드러내는 데는 나름대로의 약속이 있는데, 기본적인 것만 살피면 다음과 같다.

<긴 인용>

> 윤동주는 '서시'에서 일제강점기의 힘든 상황에서도 꿋꿋이 살아가겠다는 의지를 한껏 드러내고 있다.
>
> 죽는 날까지 하늘을 우러러
> 한 점 부끄럼이 없기를
> 잎새에 이는 바람에도

나는 괴로워했다.

별을 노래하는 마음으로
모든 죽어가는 것을 사랑해야지.
그리고 나한테 주어진 길을
걸어가야겠다.

오늘 밤에도 별이 바람에 스치운다.

<짧은 인용>

박종갑(2010:254-255)에서는 "사지 관련 단어들의 다의성을 분석해 보면, 중심의의에서 주변의의로 전이되어 나가는 과정에 거의 대부분 환유적 인식이 개입되어 있다"라고 하였다. [손]의 의미에서 [사람]의 의미가 전이된 '손이 모자라다'도 부분으로 전체를 가리키는 환유의 방식이라 할 수 있는 것이다.

<간접 인용>

서인석(2014:62)에서는 〈배비장전〉을 연극적 놀이 텍스트로 읽을 때 얻는 재미는 이 작품이 갖는 문화 콘텐츠로서의 잠재력과도 관련된다고 하면서, 판소리로서의 음악성에다 연극적 놀이로서의 연극성을 활용한 사례로 뮤지컬 〈살짜기 옵서예〉(1966)과 창극 〈배비장전〉(2013)을 언급한 바 있다.

② 주석

주석은 자신이 참고하거나 인용한 다른 사람의 글에 대해 그 글의 저자, 제목, 출전 등을 밝힘으로서 학문적 양심을 지키고 보고서를 읽는 사람들로 하여금 다음 단계의 연구에 참고할 수 있도록 하는 것이다. 물론, 주석 중에는 다른 사람의 글을 인용하는 것과는 달리 보고서 이해에 도움이 될 만한 추가 사항을 쓰기도 한다.

주석은 보통 인용문이 있는 면의 가장 아래에 본문과 구별시키기 위한 짧은 선을 긋고 그 밑에 달게 되는데, 이를 보통 '각주(脚註)'라 한다. 그리고 논문의 가장 뒤에 몰아서 주석을 다는 경우도 있는데, 이때는 '후주(後註)'라고 한다. 컴퓨터로 작업할 때 주석의 번호는 보통 1), 2), 3)의 형태로 자동으로 부여된다.

다음은 일반 논문, 학위 논문, 단행본 저서, 외국 저서의 차례로 예를 든 것인데, 필자 이름, 논문(저서) 이름, 논문(저서)가 나온 지역, 논문(저서)의 출판사, 논문(저서)가 나온 연도, 인용 면의 순서로 되어 있다. 단행본의 경우 '2판'과 같이 판수를 쓴다. 그리고 이들 사이에 쉼표나 괄호가 들어간다. 면수 표시의 경우 '쪽' 대신 p.23나 pp.45-46로 page를 표시하는 경우도 있다.

1) 옹골찬, "상업 문화의 대학 침투에 대한 연구", 『문화연구』 제12호, (경산: 경산문화연구학회, 2003), 23쪽.
2) 옹골찬, "1990년대 이후 대학 문화 지형의 변화 연구", 영남대학교 박사학위 논문, 2004.
3) 옹골찬, 『1980년대 대학 문화 연구』 2판, 경산: 압량출판사, 2001, 45-46쪽.
4) Northrop Frye, *Anatomy of Criticism*, Princeton: Princeton University Press, 47쪽.

같은 인문계열 전공이라 해도 요즘 각주나 후주를 번거롭게 생각하여 다음과 같이 본문 속에 그대로 주를 넣어 쓰는 경우도 있는데, 이를 '내각주(內脚註)'라고 한다. 앞서 예로 든 짧은 인용의 '박종갑(2010:254-255)'와 간접 인용의 '서인석(2014:62)'도 내각주에 해당되며, 각각 '박종갑 선생님이 2010년에 쓴 논문의 254쪽에서 255쪽 사이', '서인석 선생님이 2014년에 쓴 논문의 62쪽'을 의미한다. 이 경우에도 당연히 내각주를 통해 간략하게 제시된 참고 문헌이 어떤 것인지를 보고서 말미의 '참고 문헌'에 밝혀야 하므로 참고 문헌 표시는 일반적인 방식과는 좀 다르게 한다.

③ 참고문헌

참고 문헌에는 보고서의 가장 뒤에 보고서에서 인용된 문헌들을 체계적으로 제시한다. 보통 독자가 보고서의 서론, 본론과 함께 가장 먼저 보는 곳이기도 하다. 참고 문헌은 보고서의 필자가 어떤 선행 연구들을 주로 참고했는지를 한 눈에 알 수 있도록 해주는 것이기 때문에 인용하지 않은 논문을 장식처럼 덧붙여서는 안 된다.

참고 문헌의 작성 형식도 전공이나 논문마다 다르기는 하나, 제시하는 순서에는 약간의 원칙이 있다. 일차적으로 국내 문헌과 국외 문헌으로 나누고, 각각의 경우 필자의 이름을 기준으로 하여 가나다순(ABC순)으로 제시한다. 그리고 서양 사람의 경우, 보통 주석에서는 필자를 Northrop Frye라고 쓰지만, 참고 문헌에서는 성(Frye)을 앞세워 쓰고, 단행본의 경우 『 』와 같은 부호를 쓰지 않고 이탤릭체로 쓴다.

같은 필자의 논문 중 같은 해에 발표된 두 개 이상의 논문을 인용할 경우는 옹골찬(2015a), 옹골찬(2015b)와 같이 구별한다.

> 박종갑(2010), 한국어와 중국어의 사지(四肢) 관련 다의어 대조 연구, 『민족문화논총』 46, 영남대학교 민족문화연구소, 247-269쪽.
> 서인석, 「연극적 놀이 텍스트로 읽는 〈배비장전〉 -고전의 재미를 찾는 방법의 한 사례-」, 『고전문학과 교육』 27집, 한국고전문학교육학회, 2014, pp.39-68.
> 최동주, 『국어 시상체계의 통시적 변화』, 서울: 태학사, 2015.
> Frye, Northrop, *Anatomy of Criticism*, Princeton: Princeton University Press, 1957.

연습문제

① 자신의 전공과 관련된 학위 논문이나 학술지 논문의 제목과 목차를 찾아 적어 보라.

② 자신의 전공과 관련된 학위 논문이나 학술지 논문에서 인용된 부분과 이것의 출처 표시를 어떻게 했는지 찾아 적어 보라.

③ 다음은 학부생의 보고서 제목과 목차의 초고이다. 문제점을 지적한 후, 새로운 목차를 작성해 보라.

> **시인 윤동주의 자아성찰에 대한 연구**
>
> 1. 서론
>   (1) 윤동주에 대하여
>   (2) 윤동주를 택한 이유
> 2. 본론
>   (1) 부끄러움의 미학
>   (2) 작품 속에 나오는 기독교적 사상
> 3. 결론
>   (1) 시인 윤동주

문제점

새로운 제목과 목차

④ 다음은 "이문열 소설 연구"라는 제목의 논문 중 '서론'과 '결론' 내용의 일부를 요약한 항목이다. 다음 항목들을 읽고 물음에 답하라.

가. 이 글의 목적은 이문열의 출신 기반과 관련해서 그의 소설의 본질적인 문제라 할 수 있는 권력, 애정, 예술이 그의 작품에서 어떻게 상호 관련을 맺고 있는지 살펴보고자 하는 것이다.
나. 본 연구의 대상은 <황제를 위하여>, <영웅시대>, <레테의 연가> 세 작품에 한정한다.
다. 논의의 내용을 요약해 보면 다음과 같다.
라. 본 논문의 순서는 먼저 이문열의 전기적 기록들을 검토하고, 그의 출신 기반이 작품에 어떤 영향을 미쳤는지를 작품별로 검토하는 것으로 한다.
마. 본 논문에서 다루지 못한 이문열의 다른 작품들은 앞으로 별도의 논의를 통해 보완하고자 한다.

(1) 위에서 논문의 '결론'에 들어갈 수 있는 항목을 찾아라.

(2) 위에서 '서론'에 들어갈 내용을 보충하고자 한다면 어떤 내용을 더 넣을 수 있는지 써 보라.

제3장

발표

발표는 발표자 자신이 직·간접적으로 경험한 사실이나 이에 대한 독창적인 의견을 다른 사람에게 알린다는 점에서 보고서와 동일한 성격을 갖는다. 그러나 성격이 동일하다고 해서 보고서와 발표를 같은 것으로 인식하는 것은 큰 오산이다.

발표는 보고서와 달리 입말을 통해 전달한다는 점에서 보고서와 차이가 있음을 기억해야 한다. 입말과 글말이라는 의사소통의 전달 방법이 달라짐으로써 동반되는 차이가 많음을 알아 두어야 할 것이다. 우선적으로 보고서는 독자가 스스로 읽는 시간과 분량, 장소를 선택적으로 조절하면서 자유롭게 읽을 수 있다. 그러나 발표는 일정한 수의 청중을 대상으로 정해진 시간과 장소에서 자신이 조사하거나 연구한 성과를 알려야 한다. 읽고 듣는 행위적 측면에서 본다면, 보고서는 이를 읽는 독자에게 주도권을 주는 반면, 발표는 이를 전달하는 발표자에게 주도권이 있는 행위라 할 수 있다. 따라서 발표자는 자신의 발표를 들으러 온 청중의 귀한 시간을 책임져야 하는 의무가 있다. 청중의 관심을 유도하면서, 가급적 간결하게, 새로운 정보나 연구 내용을, 흥미롭게 풀어나가는 기술이 발표에서 요구된다.

대학에서 수업 시간에 처음으로 발표를 할 때는 모든 것이 어설프다. 그러나 많이 해볼수록 발표의 기술도 늘게 마련이다. 1학년 학생의 발표와 4학년 학생의 발표가 확연히 다르다는 것은 이를 충분히 증명하고도 남는다.

'발표의 세계'에 입문한 학생들은 다음의 몇 가지 사항을 반드시 기억해야 할 것이다.

1. 발표의 요건

① 충분한 준비가 자신감을 만든다.

낯선 강의실, 낯선 청중들 앞에 서면 떨리는 것은 당연한 일이다. 떨리지 않는다고 해도 자신이 준비한 정보나 지식을 많은 청중들에게 정확하고 매끄럽게 전달하는 일은 쉽지 않다. 발표를 하면서 생각이 안 나는지 우물쭈물 머뭇거리거나 발표가 끝난 학생들이 “이걸 잊어버렸어”, “내가 무슨 말을 했는지 기억도 안 나”라고 말하는 모습을 흔히 볼 수 있다. 이 모든 것은 연습 부족에서 오는 현상이다.

피아노 연주회, 연극 공연, 노래 대회 등은 모두 무대에서 이루어지는 행위이다. 그리고 이러한 행위를 많은 청중들에게 보여주기 위해 피나는 연습을 한다. 발표도 마찬가지이다. 발표자는 자신의 발표를 듣기 위해 온 청중들 앞에서 공연을 하는 것이다. 아예 무대가 마련된 강의실도 있지 않은가.

자신이 파워포인트로 발표 자료를 만들었다고 해서 발표 준비가 다 끝난 것이 아니다. 마찬가지로 발표할 보고서를 완벽하게 작성했다고 해서 발표 준비가 다 끝난 것도 아니다. 발표도 보고서 작성 때와 마찬가지로 ‘제목’과 ‘목차’를 서두에 간략히 소개하고, ‘서론-본론-결론’의 흐름에 따라 진행해야 한다. 단, 보고서를 읽는 듯이 해서는 안 된다. 청중들은 보고서를 읽으려고 앉아 있는 것이 아니기 때문이다.

따라서 발표의 핵심 내용을 명확하게 정리하고 발표할 때 꼭 사용해야 하는 핵심어를 메모하면서 외워두어야 한다. 필요하다면 발표를 준비할 때 발표 대본, 즉 발표문을 별도로 작성하여 외워두는 것도 좋다. 시종일관 고개를 푹 숙이고 보고서나 발표문을 읽는 학생도 있는데, 발표는 보고서 낭독 시간이 아님을 명심해야 한다.

② 연습을 해야 청중과 호흡할 수 있다.

긴장한 발표자는 청중이 적으로 보이기까지 한다. 왜 나에게 이런 시련을 주는가라는 생각이 들 정도이다. 그러나 청중과 호흡하고 있다는 느낌을 받는 순간 발표는 즐거운 활동이 된다.

발표의 주도권은 발표자가 가지고 있다. 따라서 발표장의 분위기를 부드럽고 즐겁게 만드는 일 또한 발표자의 몫이다. 청중들에게 고루고루 시선을 맞추면서 진지하게 경청해 주고 있다는 데 감사를 표할 수도 있고, 자신의 발표에 호응을 유도할 수도 있다.

또한, 부드러우면서도 자신감 있는 목소리를 유지하되, 새로우면서 중요한 부분은 조금 더 천천히 큰 목소리로 말하며 핵심 내용을 강조할 수도 있다. 발표 내용에 대해 청중들이 의아해하는 표정을 지으면 좀 더 상세한 설명으로 궁금증을 풀어줄 수 있는 여유도 있어야 한다. 이처럼 발표는 청중과 호흡이 가능하다는 점에서 큰 매력이 있다.

발표의 매력을 충분히 느끼기 위해서는 시선 처리, 목소리 크기, 발표 속도에 대한 연습도 필요하다. 연습을 해야만 여유가 생기며, 청중들의 반응에 신경을 쓸 수 있다. 거울 앞에 서서 발표 내용을 외우는 동시에 자신의 눈짓, 몸짓, 목소리 크기 및 속도를 잘 관찰해야 할 것이다.

③ 청중을 존중해야 한다.

학우들 앞에서 발표할 때 간혹 반말을 사용하는 경우가 있다. 일상생활에서는 친구이지만 발표 상황은 격식적인 장면이라는 점을 기억해야 한다. 경어를 사용하되 손짓과 몸짓에서도 예의를 갖추어야 한다.

발표가 끝난 후 일반적으로 질의응답 시간이 주어진다. 한 학우가 손을 들어 질문을 했을 때, "수정이가 말한 것처럼"이라고 반응하기보다는 "김수정 씨의 의견에 동의합니다", "김수정 씨의 질문에 답을 드리면" 등과 같이 경어를 쓰는 것이 옳다. 학생을 지목할 때도 검지손가락 하나만을 사용하기보다는 손 전체를 사용하여 가리키도록 한다. 또한, 발표 또는 질문에 답변을 하면서 발표자가 자신의 생각에 빠져 흥분하거나 청중들은 잘 모를 거라는 생각에 장황하게 설명하지 않도록 해야 한다.

수업 시간에 이루어지는 발표에서는 복장에 신경을 쓰지 않는 경우가 허다하다. 그러나 자신의 발표를 제대로 전달하기 위해서는 복장에도 신경을 써야 한다. 복장이 지나치게 화려하거나 노출이 심하면 청중들은 발표보다는 복장에 주의를 기울이게 마련이다. 친구들과 함께 식사를 할 때나 도서관에서 공부할 때는 그리 유난스럽게 보이지 않는 복장이라도 발표 시간에는 청중들의 시선을 독차지하는 무대에 홀로 있기 때문이다. 따라서 자신의 복장이 발표 내용을 희석시킬 수 있다는 점을 염두에 두고 발표 복장에 주의를 기울이도록 한다.

2. 파워포인트 작성 시 유의 사항

현재 대학에서 발표할 때 가장 많이 사용하는 발표 도구는 MS사의 파워포인트라고 할 수 있다. 발표를 하기 위해 파워포인트를 작성할 때 다음의 몇 가지 사항에 유의하면 보다 효과적으로 발표 내용을 전달할 수 있다.

① 내용의 체계성

발표도 보고의 일종이므로 보고서의 형식과 마찬가지로 제목과 목차, 서론-본론-결론의 구성 체계를 갖추어야 한다. 자세한 내용보다는 핵심 내용을 선별하여 제시하도록 하며, 발표 연습을 하면서 핵심 내용을 재배치하도록 한다.

요즘에는 팀별로 발표 준비를 하고 팀 대표가 나와서 발표를 하는 경우가 많다. 이때 파워포인트를 만든 학생, 발표를 하는 학생이 각기 다른 경우가 있어, 발표의 체계성이 떨어질 뿐만 아니라 핵심 내용 전달에 혼선을 빚는 경우가 종종 있다. 팀원의 합의 하에 파워포인트 작성자와 발표자를 동일하게 하는 것이 가장 좋겠으나, 팀원의 역할 분담으로 어쩔 수 없는 경우도 있을 것이다. 이 경우에는 적어도 발표자가 파워포인트를 미리 검토하면서 핵심 내용이나 내용의 전달 순서를 숙지하거나 파워포인트 작성자와 함께 논의하면서 파워포인트를 수정하는 작업이 필요하다.

② 형식의 통일성

파워포인트에는 그림, 사진, 표 등을 어렵지 않게 추가할 수 있으며, 글자체, 글자색, 글자 크기, 애니메이션 효과 등을 다양하게 선택할 수 있다. 그러나 파워포인트를 사용하는 것은 발표 내용을 효과적으로 전달하기 위함이지, 파워포인트 작성 기술을 뽐내기 위한 것이 아니다. 따라서 너무 다양한 글자체, 색깔, 효과 등은 청중들의 시선을 분산시켜 발표 내용에 집중할 수 없게 만든다. 글자체나 색깔은 물론이고 그림, 사진, 표 등의 틀은 두세 가지로 제한하는 것이 좋으며, 애니메이션 효과도 지나치게 많이 넣지 않도록 한다. 발표가 끝난 후 청중들이 그림이나 글자가 위에서 떨어지거나 가운데에서 밖으로 펼쳐지는 효과만 기억한다면 효과적인 발표라 할 수 없다.

한편, 파워포인트에 제공되는 글자체는 계속 업그레이드되면서 다양해지고 있다. 개인적으로 '예쁘다, 귀엽다, 새롭다'라는 이유만으로 글자체를 선택하는 경우도 있다. 그러나 가독성을 고려한다면 청중들이 읽기 편한 글자체는 명조체나 고딕체이므로 이를 적극적으로 활용할 필요가 있다.

③ 줄 수의 최소화와 글자 크기의 최대화

파워포인트에 빼곡하게 쓰인 글자들을 발표자가 그저 읽는 경우가 있다. 파워포인트 작성자와 발표자가 동일하지 않을 때 작성자가 주요 내용을 발표자에게 가급적 친절하게 보여주고 싶어하기 때문에 흔히 볼 수 있는 일이다.

그러나 파워포인트에 지나치게 많은 내용을 넣어서는 안 된다. 한 화면에 너무 많은 글이 들어가면 파워포인트의 최대 장점이라 할 수 있는 시각적 전달력이 떨어질 수밖에 없다. 따라서 핵심 내용 위주로 작성하되, 덧붙일 내용은 발표자가 추가로 설명을 하도록 한다. 본문의 경우 한 화면에 들어가는 줄 수는 6~7줄 정도가 적당하다.

글자 크기는 클수록 좋기는 하나, 본문 내용인 경우 25포인트 정도가 적절하며, 이 또한 한 화면에 들어가는 줄 수에 따라 조절하도록 한다. 그러나 15포인트 이하의 글자 크기로 작성하면 청중들이 아예 읽을 수 없는 경우도 있으니 주의해야 한다.

④ 신뢰성과 정확성

사진, 통계 자료, 동영상 등 각종 자료를 활발하게 사용하여 발표의 신뢰성을 높이도록 한다. 또한, 오탈자가 없도록 주의를 기울여 청중들이 발표 내용을 정확하게 이해하고 신뢰할 수 있도록 해야 한다.

연습문제

① 다음은 공자의 제자들에 대해 발표하기 위해 학부생이 작성한 파워포인트의 일부이다. 문제점을 지적한 후, 새로운 슬라이드를 작성해 보라.

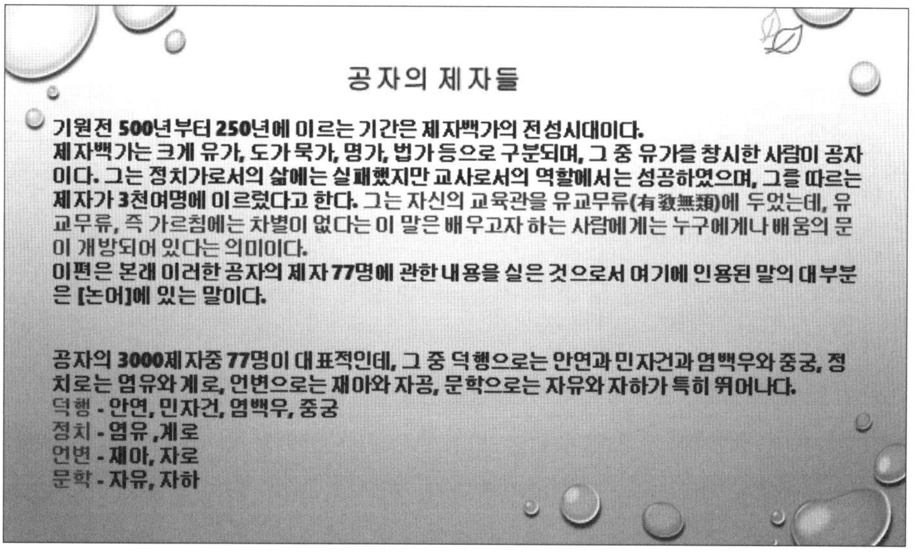

문제점

새로운 슬라이드

② 다음은 간디의 일생에 대한 글이다. 발표를 위한 파워포인트를 만들어 보라.

간디는 영국의 지배를 받던 포르반다르에서 1869년에 태어난 인도 민족 운동의 지도자이며 사상가로, '마하트마(위대한 영혼)'이라 불리는 인도 건국의 아버지이다.

런던에 있는 이너템플대학을 졸업했으며 변호사의 자격을 얻어 귀국한다. 1893년 소송 사건을 의뢰받아 1년 계약으로 부인과 함께 남아프리카 연방의 더반으로 건너가며, 이 여행은 간디의 생애에 커다란 전기를 가져온다. 당시 남아프리카에 거주하던 약 7만 명에 달하는 인도인의 지위와 인간적인 권리를 보호하고자 남아프리카 연방 당국에 대한 인종차별 반대 투쟁 단체를 조직하여 지도자로 활동한다.

이때 처음으로 '사티아그라하(진실관철투쟁)'을 시작한다. 모국에 돌아온 뒤 제1차 세계대전에서 인도의 독립을 촉진하기 위해 영국의 입장을 지지하나 1919년에 민중 탄압법인 롤라트법이 제정되자 영국의 지배에 반기를 들기 시작한다. 그해 봄 사티아그라하 투쟁을 선언했고, 곧 봉기가 일어나 펀자브에서 400명에 달하는 인도인이 영국군에게 학살되는 사건이 일어난다. 이후 영국 정부에 대한 비폭력 불복종 운동을 전개한다. 61세가 된 간디는 1930년 3월 소금세 신설에 반대하여 사티아그라하 운동을 다시 시작하며, 영국 통치에 대한 간디의 비폭력 운동 중 가장 성공적이었던 이 운동에서 6만 명 이상이 투옥된다.

제2차 세계대전이 일어나자, 영국은 인도의 동의도 없이 인도를 전쟁에 투입하며, 이에 간디는 1942년 영국에 즉각적인 철수를 요구한다. 전쟁이 끝난 후 국민회의파, 이슬람동맹, 영국정부 간의 3자 협상이 벌어졌으나, 협상 중에 힌두교도와 이슬람교도 사이에 유혈 충돌이 계속 일어나며, 1947년 간디의 뜻과는 달리 인도와 파키스탄의 분리 독립이 결정되었다. 양쪽으로부터의 비난을 무릅쓰고 두 종교의 갈등을 해결하고자 간디는 단식에 들어간다. 간디의 단식에 의해 1947년 9월 캘커타의 폭동이 가라앉았고, 1948년 1월에는 델리에서 휴전이 이루어지기도 했다.

간디는 1948년 1월 30일 나투람 고드세라는 반(反)이슬람 힌두교 광신자에게 암살당하였다. 주요 저서로는 '인도의 자치(自治)', '자서전', '비폭력으로부터 오는 힘' 등이 있다.

인문 콘텐츠 **기획서**

건축 회사에서는 새로운 건물을 짓기 전에 다양한 건물 설계도를 만들고, 인근 환경 및 회사의 형편에 가장 적합한 설계도를 채택한다. 기획서도 건물 설계도와 마찬가지의 기능을 한다. 지금까지 없었던 새로운 일을 하기 위해 생각을 설계한 것이 기획서이기 때문이다.

대학생이 주로 쓰는 기획서는 주로 '계획서'라는 이름으로 불리는 연구 계획서, 탐방 조사 계획서 등이다. 물론 '기획'과 '계획'에 사전적인 의미 차이는 있으나 특정 행위를 수행하기 전에 그 행위의 목적, 방법, 과정, 추진 일정을 설계하고, 기대 결과 및 효과를 예측한다는 점에서 큰 차이는 보이지 않는다. 여기에서는 인문 콘텐츠 기획을 주된 내용으로 삼고자 한다.

현재를 살아가고 있는 개인을 문학, 역사, 철학, 예술 등과 소통하게 함으로써 과거와 현재의 관계, 타인과 나의 관계를 탐구하고 궁극적으로 인간의 본질과 가치를 깨닫도록 하는 데 인문학의 가치가 있다. 그렇다면 인문 콘텐츠란 무엇을 말하는가? 기존의 문학, 역사, 철학, 예술 등 인문 분야를 기반으로 한 인문학적 지식과 사유, 그리고 상상력과 창의력을 문화와 결합하여 인문학적 가치를 제고하는 동시에 경제적 부가가치를 높이는 하나의 상품이라 할 수 있다. 따라서 학문 간의 융합, 학문과 경제와의 융합을 기반으로 한다.

'대구문화지도' 만들기와 '대구 新택리지 프로젝트'는 인문 콘텐츠 기획의 성공적인 모델이라 할 수 있다. 2001년, 대학 YMCA 대구시연맹 소속 대학생들이 만든 대구문화지도는 공간을 평면적인 시선에서 기술하는 교과서 지도가 아닌 사람의 기억과 흔적, 역사와 문화를 도시의 존재로 받아들이는 '의미의 지도'였다. 도시를 바라보는 새로운 시선과 정신은 결국 지역 시민들과 지자체 등이 참여하면서 도시 프로젝트로 성장하게 되었다.

그리고 '대구 新택리지 프로젝트'(2007)는 도시 재생의 주요 콘텐츠이자 하나의 정신 모델로 주목받게 된다. 그것은 공간 스토리텔링 기반을 전제함으로써 시민의 증언과 이야기 중심의 인문지리지를 지향하고 있으며, 일종의 생활사를 바탕으로 대구의 내부를 풍부하게 바라볼 수 있는 도시 스토리를 지역 시민 스스로가 만든 것이다. 이런 의미에서 '대구 新택리지 프로젝트'는 시민 중심의 인문 콘텐츠의 가치와 브랜드 창출의 과정을 보여주는 좋은 예가 된다. 도시화 과정에서 골목길은 버려지거나 잊힌 공간이었다. 그래서 100년의 역사를 지닌 대구의 골목길을 역사적 눈높이로 바라보는 것, 시간이 세월이 되고 생활이 역사가 되는 과정을 우리 골목이 담고 있다는 사실을 눈치채는 일, 나아가 골목길을 역사 교육의 공간으로, 근대 지역 정체성을 확인하는 장소로 발견하는 과정은 말 그대로 도시의 재발견이라 할 수 있다.

'新택리지 프로젝트'는 골목이라는 장소성을 기반으로 생활 동선을 지도 구성의 틀로 삼았다. 공간에 대한 기억의 원재료를 토대로 다양한 이야기를 지도에 담았다. 이는 다시 문화적 기억의 탐색 과정에서 수집된 정보와 장소성에 따라 새로운 문화 지형으로 재구성되고, 개별적인 장소성을 하나로 잇는 코스로 기획되었다. '청소년문화공간'과 '역사문화공간', '마을과 거리' 등으로 기존의 도심 공간을 새롭게 범주화하고 이를 '청소년문화 인큐베이터', '대구 100년사 골목', '인간과 마을 네트워크' 등 새로운 문화 지형으로 테마화하였다. '대구문화지도'가 도심의 투어 가이드 북 역할을 한 것이라면, '대구 新택리지'는 도심에 대한 인문적 기획과 함께 건축, 조경, 축제로 이어지는 원천 정보를 담고 있는 도심지(city ethnography)로 기능한다.

한편, 2002년 4월 이후 대구광역시 종합지원봉사센터와 함께 골목문화해설사 양성과정을 시작하면서 골목문화답사를 본격적으로 운영한 것이나 기존의 대학 YMCA 대구시연맹 '新택리지 프로젝트' 팀이 2002년 12월 '(사)거리문화시민연대'를 조직한 것은 시민과 행정 조직이 연대하는 도시 인문 콘텐츠 개발의 가능성을 보여준 것이라 할 수 있다.

이와 같은 프로젝트는 개인이 혼자서 하기 힘든 일이다. 따라서 개인이 인문 및 문화 관련 기관에 기획서를 제출하거나 해당 기관이 주제를 공모하여 기획서를 선별하는 과정을 거쳐 이루어진다. 기획서 공모는 궁극적으로 독창적이며 창의적인 내용을 찾기 위한 것이므로 정해진 양식이 없다. 그러나 기본적으로 포함되어야 하는 내용들이 있으므로 기획서의 요건 및 구성을 살피도록 한다.

1. 기획서의 요건

① 실행 가능성

모든 기획서는 현 시점에서 실현 가능한 것이어야 한다. 아이디어가 창의적이며 독창적이라 하더라도 현실적으로 실행 불가능하거나 기관의 예산이나 여건, 인력 구성에 어려움이 크고, 기관의 기획 목표에 부합하지 않는다면 기획서는 수용되기 힘들다. 따라서 객관적인 근거와 자료를 바탕으로 자신의 기획이 실현 가능하며 타당함을 밝혀야 한다.

② 구체성과 융통성

기획서에는 어떤 행위 또는 사업에 대해 누가, 언제, 어디에서, 무엇을, 어떻게, 왜 실행하는지, 그리고 소요되는 시간과 비용을 분명하며 구체적으로 밝혀야 한다.

이렇게 구체적이며 상세하게 기술된 기획서일지라도 모든 기획이 계획대로 이루어진다는 보장은 없다. 만일 첫 번째 계획이 잘 이루어졌다고 하더라도 두 번째 시행 단계에서 예상치 못한 걸림돌이 발생할 가능성은 충분히 있다. 따라서 수행 단계에서의 장애를 예측하고 각각의 경우에 어떤 방법으로 기획서의 내용이 수정될 수 있는지 융통성을 발휘해야 하며, 목적 달성에 필요한 구체적 대안을 함께 제시하는 것이 좋다.

만일 '다문화 체험 축제'를 기획했다고 하자. 애초에 각 지역의 결혼이민자 10명을 섭외하여 각 나라의 음식 및 놀이 체험을 기획했지만, 실행 과정에서 결혼이민자를 3명밖에 섭외할 수 없는 상황에 직면했을 때 어떻게 할 것인가. 이때 7명의 결혼이민자를 대신할 사람들을 어떻게 섭외할 것인지 구체적인 섭외 대상과 방법을 기술해 놓은 기획서가 심사자에게 좀 더 큰 신뢰와 설득력을 줄 수 있을 것이다.

③ 보편성과 명료성

기획서는 누구나 이해할 수 있도록 보편적으로 사용하는 단어와 표현으로 쉽게 작성되어야 한다. 기획서는 새로운 아이디어를 제안하는 것이다. 아이디어가 새롭다고 해서 낯선 말들로 쓴다는 것은 아니다. 그리고 도표나 시각 자료를 이용하는 것도 정해진 지면에 많은 내용을 함축적으로 전달하는 데 효과적일 수 있다. 누구나 공감할 수 있는 간결하고 명료한 내용이 설득력을 높일 수 있음을 기억해야 한다.

2. 기획서의 구성

① 목적

기획 목적은 공모 기관의 의도에 부합해야 한다. 이를 위해서는 기획 공고를 세심하게 살피는 것이 기본이며, 주관 기관의 주요 사업 내용을 조사할 필요도 있다.

② 기획 배경

현재의 문제점을 해결하기 위해서 본 기획이 필요하며 그만큼의 의의를 가짐을 주장한다. 현황 분석은 수치나 선행 자료를 근거로 삼아 객관성과 타당성을 잃지 않도록 해야 한다.

만일 아파트 층간 소음이 심하므로 이를 줄일 수 있는 제품을 개발하기 위한 상품 기획서를 작성한다고 치자. 현재 아파트 층간 소음이 심각한 것은 모두가 아는 사실이나 이것만으로는 새로운 제품 개발을 승인받기 힘들다. 지금 아파트 층간 소음이 평균적으로 어느 정도이며, 새 제품을 사용했을 때 어느 정도까지 줄일 수 있다는 것을 수치로 보여 주지 않는 한 이 기획서는 채택되기 힘들 것이다.

③ 내용 및 방법

기획의 진행 방향을 거시적으로 보여주는 것만으로는 부족하다. 기획서가 채택되었을 때의 실행 내용 및 방법이 구체적으로 기술되어야 할 것이다. 예를 들어 한글날 행사를 기획한 기획서에서 행사 장소, 일시와 진행 시간, 행사 진행 요원의 인원만 있을 경우, 장소 섭외를 어떻게 할 것이며, 다섯 시간 동안 어떤 순서로 어떤 세부 행사를 진행할지, 그리고 행사 진행 요원은 어떤 방법으로 모집할지에 대한 구체적인 방안이 없다면 좋은 기획서라 보기 어렵다.

④ 기대 효과

기획한 사업이 실행되었을 때 얻을 수 있는 결과 및 효과를 예상하여 작성한다. 기대 효과가 큰 기획일수록 기획서의 가치가 높게 평가되는 것은 당연한 일이다. 그러나 지나치게 비현실적인 기대 효과는 역효과가 날 수 있다. 기대 효과도 기대되는 바가 충분히 도출될 수 있음을 논리적으로 보여야 한다. 기대 효과는 경제적 측면, 사회적 측면, 학문적 측면 등으로 활용이 기대되는 분야를 세부적으로 나누어 작성하면 좀 더 체계적이며 구체적으로 보인다.

⑤ 추진 일정

사업이나 행사 수행에 소요되는 기간에 따라 월 단위나 주 단위로 추진 일정을 제시한다. 기획 단계부터 실행까지 누가 봐도 1년 안에 해 낼 수 없는 사업을 1년 계획으로 제시한다거나 6개월이면 끝날 사업을 1년 계획으로 기획한다면 신뢰성은 급격히 감소한다. 따라서 치밀한 시간 계산이 필요하다.

또한, 사업에 참여하는 인원이 여럿일 경우, 개인의 역할과 이에 따른 업무 기간을 기재하는 것도 설득력을 얻는 데 도움이 된다.

⑥ 소요 예산

사업의 소요 예산은 보통 기획 공모 기관에서 제시한다. 따라서 제시된 예산을 넘지 않는 범위에서 예산을 세울 수 있도록 해야 한다. 이때 제시된 예산보다 적게 잡는다고 해서 기획서 채택이 유리한 것만은 아니다. 소요 비용이 적을수록 사업의 규모나 질은 떨어질 수밖에 없기 때문이다. 따라서 제시된 예산 안에서 최대의 효과를 낼 수 있도록 좋은 프로그램을 기획하는 것이 더욱 중요하다.

연습문제

① 다음은 대구치맥페스티벌 대학생 청년기획위원 모집 안내이다. 안내문 중 '활동 내용'을 참고하여 기획 활동 신청서를 작성해 보라.

> **대구치맥페스티벌 2016년 대학생 청년기획위원 모집 안내**
>
> • 모집개요: 2016 대구치맥페스티벌 청년기획위원을 모집합니다.
> • 기간 및 일정: 2016년 치맥페스티벌 끝나는 날까지(2016년 7월 말 예정)
> • 지원자격: 대한민국 대학생 누구나 (외국인도 가능)
> • 활동주제: 2016 대구치맥페스티벌 축제 기획 단계부터 직접 참여
> • 활동내용:
> 1) 우리가 만든다: 대구치맥페스티벌 사전 기획
> 2) 우리가 부른다: 축제 홍보대사 및 연예인 공연 서치&섭외
> 3) 우리가 알린다: 축제 사전 홍보
> • 접수기간 및 방법: 2015년 12월 4일(금)부터 31일(목)까지 대구치맥페스티벌 홈페이지 온라인 접수(www.chimacfestival.co.kr)
> • 혜택내역: 활동기간 동안 활동비 지급, 대구시장 명의 위촉장, 다양한 치킨 시식 기회 제공
> • 유의사항: 일정은 추진일정에 따라 다소 변동될 수 있습니다.
> • 문의: (사)대구치맥산업협회
> T: 053-248-9998

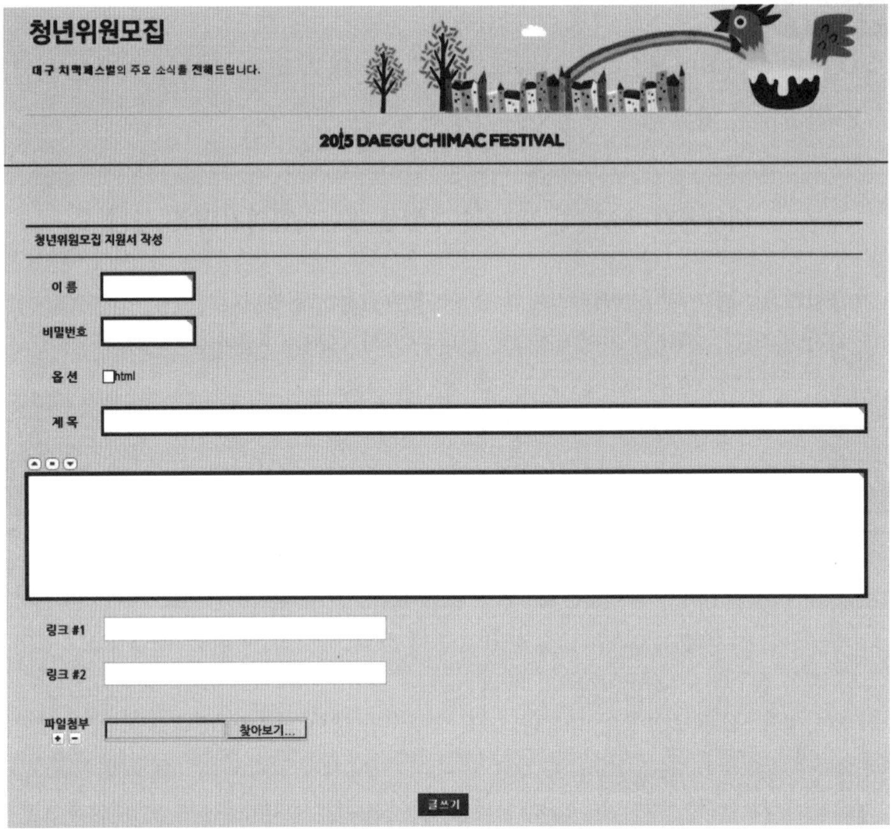
청년위원모집
대구 치맥페스벌의 주요 소식을 전해드립니다.
2015 DAEGU CHIMAC FESTIVAL
청년위원모집 지원서 작성
이 름
비밀번호
옵 션
html
제 목
링크 #1
링크 #2
파일첨부
찾아보기...
글쓰기

활동 내용

1) ....

....

....

....

2) ....

....

....

....

3) ....

....

....

....

② 다음은 소상공인시장진흥공단의 대국민 아이디어 공모전이다. '아이디어' 분야에 제출할 기획서를 작성해 보라.

정부3.0

소상공인·전통시장 성장지원

대국민 아이디어 공모전

공모전 개요

응모자격 학생 및 일반인(개인 또는 3인이내 팀)

접수기간 2015년 11월 23일(월)~12월 15일(화)

접수방법 소상공인시장진흥공단 홈페이지 www.semas.or.kr에서 온라인 접수

공모분야 및 주제

공모분야	공모주제
공 통	소상공인 · 전통시장 활성화 방안
아이디어	골목형시장의 차별화를 위한 '1시장 1특색화' 방안
	한국의 대표시장을 세계적인 명소로 육성할 수 있는 방안
	소상공인협동조합 공동(협업)사업 분야 개선
	소상공인협동조합 판로확대 방안
논 문	온누리상품권(전자포함) 활성화를 위한 정책제언
UCC	외국인대상 글로벌명품시장 및 문화관광형시장 소개와 흥미유발 UCC

※ 소상공인시장진흥공단에서 개방한 공공데이터를 활용한 창업지원 등 민간이용 아이디어 포함

제출서류 및 형식

분야	구분	내용
아이디어	분 량	제한없음
	형 식	한글(hwp) / 15Point, 줄간격 160%, 휴먼명조
	제출서류	요약본 1부(1장 이내), 본문
논 문	분 량	A4 15장 이상
	형 식	한글(hwp) / 11Point, 줄간격 160%, 휴먼명조
	제출서류	요약본 1부(2장 이내), 본문
UCC	분 량	20초~60초
	형 식	AVI, WMV, MP4 / 640*480 해상도, 50MB이내
	제출서류	영상파일

시상내역 온누리상품권(50%) + 현금(50%)

구분	아이디어	논 문	UCC
대 상	150만원(1명/팀)	300만원(1명/팀)	300만원(1명/팀)
최우수상	70만원(1명/팀)	150만원(1명/팀)	150만원(1명/팀)
우 수 상	30만원(2명/팀)	70만원(2명/팀)	70만원(2명/팀)

※ 제세공과금은 수상자 본인 부담이며, 내부 평가기준에 따라 수상작이 없을 수도 있습니다.

결과발표 추후 개별통보

문 의 1566-9082

<table>
<tr><th colspan="5">2015년 소상공인·전통시장 아이디어 공모제안서(요약본)</th></tr>
<tr><td colspan="2">응모부문</td><td>□ 아이디어 □ 논문</td><td>성 명</td><td>대표자성명만 기재</td></tr>
<tr><td rowspan="2">개요</td><td>주제</td><td colspan="3">소상공인·전통시장 활성화 방안(해당주제 기재)</td></tr>
<tr><td>제목</td><td colspan="3"></td></tr>
<tr><td rowspan="4">주요 내용</td><td>배경</td><td colspan="3">아이디어를 제안하게 된 배경(근거, 현안 문제점 등) 기술</td></tr>
<tr><td>내용</td><td colspan="3">제안 아이디어 특성에 따라 주요 핵심내용 작성
(개요, 특징 및 차별점, 동향, 적용 가능성, 추진 전략 및 방법 등)</td></tr>
<tr><td>효과</td><td colspan="3">아이디어를 통해 소상공인과 전통시장의 성장발전에 미치는 효과기술
(필요에 따라 수치화)</td></tr>
<tr><td>과제</td><td colspan="3">해결과제, 소요예산, 행정상 문제 등 기술</td></tr>
<tr><td colspan="5">본문파일 : 공모분야_참가자명_제목(ex.아이디어_홍길동_온누리상품권활성화방안)</td></tr>
</table>

※ 작성요령 : 아이디어는 A4 한 페이지, 논문은 A4 두 페이지 이내로 작성(휴먼명조 11 포인트)

③ 다음은 서울시립 마포청소년수련관 대학생 학과스토리텔러 모집 안내이다. '학과스토리텔러' 지원서를 작성해 보라.

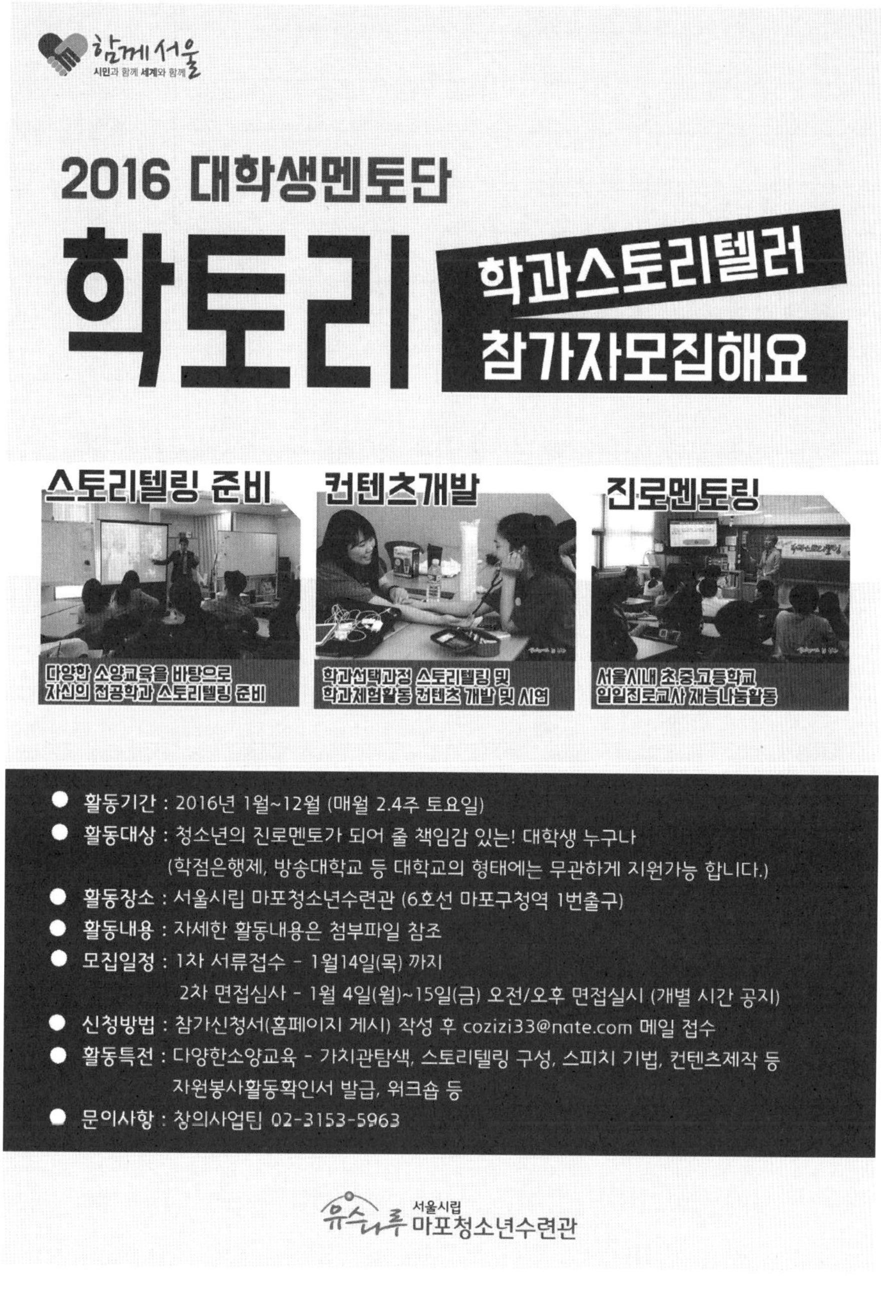

2016 대학생 학과 스토리텔러 신청서

<table>
<tr><td>성 명</td><td></td><td>생년월일</td><td colspan="2"></td><td rowspan="6">(사 진)
※필히 부착
(일반사진가능)</td></tr>
<tr><td>주 소</td><td colspan="4"></td></tr>
<tr><td>학 교</td><td>학교</td><td>과</td><td>학번</td><td>학년</td></tr>
<tr><td>복수전공</td><td colspan="4"></td></tr>
<tr><td>연 락 처</td><td colspan="4">핸드폰:</td></tr>
<tr><td>이 메 일</td><td colspan="4"></td></tr>
<tr><td rowspan="2">주 요
활동경력</td><td colspan="3"></td><td colspan="2"></td></tr>
<tr><td colspan="3"></td><td colspan="2"></td></tr>
</table>

본인은 시립마포청소년수련관 대학생 학과 스토리텔러로서 수련관의 방침과 운영 규정에 따라 지역사회의 건전한 청소년 문화형성과 청소년 활동의 활성화를 위해 맡은바 일을 성실히 수행할 것을 다짐하며, 자발적으로 가입신청을 합니다.

년 월 일

신청자 성명 : (서명)

서울시립 마포청소년수련관장 귀하

자 기 소 개 서

대학생 학과 스토리텔러 지원동기

본인의 학과에 대한 인상

대학생으로서 청소년에게 해주고 싶은 이야기

대학생 학과 스토리텔러에 궁금한 점

④ 다음은 경산갓바위소원성취축제 갓바위 스토리텔링 쓰기 공모이다. 스토리 원고를 작성해 보라.

제15회 경산갓바위소원성취축제 갓바위 스토리텔링 쓰기 공모

오는 2015년 9월 18일(금요일) 경북 경산시갓바위추진위원회가 개최하는 제15회 경산갓바위소원성취축제에 여러분의 소중한 체험을 적은 갓바위 스토리텔링 쓰기 원고를 다음과 같이 공모하오니 많은 응모바랍니다.

2015. 8. 17.
경산갓바위소원성취축제 추진위원장

1. 응모기간(원고접수기간) 2015. 8. 17 ~ 9.10.(24일)
   ※ 2015. 9. 10일 이전 우체국 소인분에 한해 유효
2. 응모지역 : 전국(지역 제한 없음)
3. 응모대상 : 성별, 학력, 연령제한 없음
4. 응모 원고매수 : 200자 원고지 20매 이내, 또는 A4용지 3매 이내(초과시 감점), 1인 1건으로 제한(A4용지, 11포인트, 줄간격 160%, 좌우 여백 20으로 제한.)
5. 스토리 소재 - 갓바위를 찾는 이유를 주소재로 활용

○ 본인이 체험한 갓바위 관련한 연기론 ○ 갓바위와 경산역사와 관련 스토리 ○ 설화 속에 잠재된 전이적 효과 ○ 그밖에 실제 경험 또는 간접 체험적 스토리

6. 쓰기 방법 - 한글 또는 한문 겸용
   - 문체는 간결하면서 호소력 있는 스토리 형식으로 전개
   - 응모자 주소, 성명, 핸드폰 번호(집전화 가능)를 필히 응모 표지에 기록할 것. (접수된 원고는 당락(當落) 상관없이 반환하지 않음)
7. 수상작품 시상금 - 상장 및 상금 수여
   최우수상 1명 200만원, 우수상 2명 각 100만원, 장려상 2명 각 50만원

부록: Y형 인재가 읽는 명저 100선

문학 계열	01	1984	조지 오웰
	02	고리오 영감	오노레 발자크
	03	광장	최인훈
	04	구운몽	김만중
	05	그리스 비극	소포클레스 외
	06	난장이가 쏘아올린 작은 공	조세희
	07	네루다 시선	파블로 네루다
	08	다산시선	정약용
	09	당시선	두보 외
	10	당신들의 천국	이청준
	11	루쉰 소설집	루쉰
	12	마음	나쯔메 소세키
	13	멋진 신세계	올더스 헉슬리
	14	미당시선	서정주
	15	백년 동안의 고독	가브리엘 마르케스
	16	백석 시선집	백석
	17	변신	프란츠 카프카
	18	변신 이야기	오비디우스
	19	부활	톨스토이
	20	삼국유사	일연
	21	삼대	염상섭
	22	설국	카와바타 야스나리
	23	셰익스피어 희비극선	셰익스피어

문학 계열	24	아라비안나이트	리처드 버턴
	25	열하일기	박지원
	26	오만과 편견	제인 오스틴
	27	위대한 유산	찰스 디킨스
	28	인간조건	앙드레 말로
	29	주홍글자	다니엘 호손
	30	춘향전	
	31	카라마조프가의 형제들	표도르 도스토예프스키
	32	태백산맥	조정래
	33	태평천하	채만식
	34	파우스트	괴테
	35	픽션들	호로헤 보르헤스
	36	한국고전시가선	임형택
	37	한중록	혜경궁 홍씨
	38	황석영 단편	황석영
	39	희곡선	안톤 체홉
인문 계열	40	간디 자서전	마하트마 간디
	41	난중일기	이순신
	42	논리철학 논고	비트겐슈타인
	43	논어	공자
	44	니코마코스 윤리학	아리스토텔레스
	45	도덕의 계보	프리드리히 니체
	46	뜻으로 본 한국역사	함석헌
	47	물리계 안에서의 마음	김재권
	48	백범일지	김구
	49	봉건사회	블로크
	50	사기	사마천
	51	소유냐 존재냐	에리히 프롬
	52	에밀	장자크 루소
	53	역사란 무엇인가?	에드워드 헬릿 카
	54	우파니샤드	
	55	유림외사	오경재
	56	자성록	이황

인문 계열	57	장자	장자
	58	주역	
	59	플루타르코스 영웅전	플루타르코스
사회 계열	60	감시와 처벌	미셸 푸코
	61	거대한 전환	칼 폴라니
	62	국가	플라톤
	63	국부론	아담 스미스
	64	리바이어던	토마스 홉스
	65	문명속의 불만	지그문트 프로이트
	66	미디어의 이해	미셸 매클루언
	67	사회계약론	장 자크 루소
	68	세계화의 덫	한스 페터 마르틴
	69	슬픈 열대	끌로드 레비 스트로스
	70	에로스와 문명	허버트 마르쿠재
	71	오래된 미래	헬레나 노르베리 호지
	72	오리엔탈리즘	에드워드 사이드
	73	옥중수고	안토니오 그람시
	74	원형과 무의식	칼 구스타프 융
	75	월든	헨리 데이빗 소로우
	76	유토피아	토마스 모어
	77	인간의 조건	한나 아렌트
	78	자본론	칼 마르크스
	79	자유론	존 스튜어트 밀
	80	정의론	존 롤즈
	81	프로테스탄티즘 윤리와 자본주의 정신	막스 베버
	82	혁명의 시대	에릭 존 에른스트 홉스봄
자연 계열	83	거의 모든 것의 역사	빌 브라이슨
	84	과하혁명의 구조	토마스 쿤
	85	부분과 전체	하이젠 베르그
	86	엔트로피	제레미 리프킨
	87	이기적 유전자	리차드 도킨스
	88	이중나선	제임스 왓슨
	89	종의 기원	찰스 다윈

자연 계열	90	카오스	제임스 글리크
	91	코스모스	칼 세이건
	92	털 없는 원숭이	데즈먼드 모리스
	93	파인만의 여섯 가지 물리이야기	리처드 파인만
	94	현대물리학과 동양사상	프리초프 카프라
	95	혼돈으로부터의 질서	일리야 프리고진 외
예술 계열	96	놀이와 예술 그리고 상상력	진중권
	97	문학과 예술의 사회사	아놀드 하우저
	98	예술과 환영	에른스트 한스 곰브리치
	99	점·선·면	바실리 칸딘스키
	100	호모 루덴스	요한 호이징하